Une histoire
de l'informatique

Du même auteur

L'Explosion de la communication :
la naissance d'une nouvelle idéologie
(en coll. avec Serge Proulx)
La Découverte/Boréal, 1989

La Techno-Science en question :
éléments pour une archéologie du XXe siècle
(en coll. avec A.-M. Rieu, F. Tinland)
Champ Vallon, 1990

La Tribu informatique
A.-M. Métailié, 1990

Philippe Breton

Une histoire de l'informatique

Éditions La Découverte

La première édition de ce livre a été publiée
sous le titre *Histoire de l'informatique*
aux Éditions La Découverte en 1987
et a obtenu le « prix du Jury 1988 »
de l'AFIN (Association française des informaticiens).

EN COUVERTURE : circuit imprimé. © Pictor International

ISBN : 2-02-012348-7
(ISBN 1re publication : 2-7071-1676-9)

© ÉDITIONS LA DECOUVERTE, 1987
© ÉDITIONS DU SEUIL, 1990
pour la mise à jour bibliographique.

La loi du 11 mars 1957 interdit les copies ou reproductions destinées à une utilisation collective. Toute représentation ou reproduction intégrale ou partielle faite par quelque procédé que ce soit, sans le consentement de l'auteur ou de ses ayants cause, est illicite et constitue une contrefaçon sanctionnée par les articles 425 et suivants du Code pénal.

Avant-propos.
Culture, histoire, technique

L'ordinateur, pendant longtemps, a été la seule vitrine de l'informatique aux yeux du grand public. Chacun sait mieux maintenant que ce domaine comporte de multiples dimensions : les enjeux industriels, l'univers complexe de la programmation et des langages, le foisonnement des différents usages, mais aussi l'affirmation que la logique et une certaine forme de rationalité font désormais partie de notre culture contemporaine à côté — ou au détriment — des valeurs traditionnelles marquées par l'humanisme. En effet, derrière ces machines puissantes, il y a surtout l'homme, comme créateur, aussi bien que comme concurrent, de l'« intelligence artificielle ».

Il y a quelques années, quand l'informatique était encore une affaire de spécialistes, la question principale restait la maîtrise des matériels ; plus tard il a fallu dominer les langages qui permettaient un accès plus facile aux machines ; la période qui vient de s'écouler a été caractérisée par la nécessité de mieux contrôler les utilisations de l'ordinateur, de mieux en connaître les limites mais aussi la puissance potentielle. Désormais de très larges publics sont directement concernés par l'informatique. La question qui est aujourd'hui d'actualité en matière d'informatique est celle de la maîtrise des enjeux que soulève son insertion dans la vie quotidienne. Voilà pourquoi on parle tant de « culture informatique ».

L'intégration de l'informatique — des machines mais surtout de ses valeurs profondes — dans la culture de nos sociétés modernes passe-t-elle par l'apprentissage que chacun devrait faire des techniques de programmation ou du fonctionnement des circuits électroniques ? Répondre par l'affirmative serait se méprendre sur ce qui est vivant dans l'idée de « culture informatique ». Le partage de cette nouvelle culture passe par une connaissance de l'univers de l'informatique qui n'implique pas nécessairement une pratique technique. Cette dernière pourrait être réservée à ceux qui entendent en faire un métier ou la base d'une activité de loisir soutenue. Mais, de la même façon qu'il n'est pas nécessaire de savoir ce qui se passe sous le capot d'une voiture pour s'en servir (même si l'on envie parfois les mécaniciens professionnels), il est en contrepoint indispensable, voire vital de bien connaître la conduite automobile. Les qualités d'un bon conducteur sont diverses : ce sont des qualités sociales (connaissance du code, respect des règles élémentaires, comportement convivial), mais aussi une compétence — plus difficile à cerner — qui permet la maîtrise de son véhicule en toutes circonstances, grâce à la connaissance intime que l'on acquiert de ses réactions. Ce savoir intime sur l'objet et sur son emploi en société relève de ce que l'on pourrait appeler la culture technique. L'informatique aujourd'hui correspond à ce modèle, commun à toutes les techniques de la vie quotidienne. Chacun peut désormais apprendre à conduire l'informatique.

L'objectif de ce livre est d'introduire à l'informatique tous ceux qui souhaitent en faire un élément de leur culture, mais aussi tous ceux à qui l'abord purement technique paraît insuffisant pour en comprendre les mécanismes profonds. Il peut sembler paradoxal qu'un livre qui prétende introduire à l'avenir soit entièrement consacré au passé. Il y a au moins trois raisons à cette plongée dans l'histoire. La première tient au fait que l'informatique, au-delà du renouvellement sans fin de ses matériels, est un domaine qui semble largement déterminé par son passé. Les principes techniques essentiels ont été mis au point il y a quarante ans et n'ont guère bougé jusqu'à présent. De la même façon, le rôle social joué par les ordinateurs, l'information, les réseaux ou l'intelligence artificielle a été pensé et prévu dès l'après-guerre. La connaissance du passé nous met ici en prise directe avec l'actualité.

La deuxième raison qui fait de l'approche « historique » de l'informatique un élément décisif de la compréhension des enjeux du présent tient à ce fait fondamental : l'informatique est un produit de la culture, spécialement de la culture occidentale. L'invention technique, en effet, ne tombe pas du ciel comme la foudre, elle n'obéit pas à la métaphore simpliste qui fait de l'inventeur un génie inspiré hors de tout contexte. Même si l'acte de création reste en grande partie mystérieux, il n'en est pas moins guidé par ce qui l'a précédé. Le milieu du XXe siècle, qui voit l'explosion de l'informatique et des techniques de traitement de l'information, peut être considéré autant comme un aboutissement que comme un nouveau départ : il s'y produit une mutation sans précédent dans l'image que l'homme se forme de lui-même. Cette mutation, profondément culturelle, rend possible l'invention des nouvelles machines. Comprendre l'informatique passe donc par la compréhension du système des valeurs culturelles qui en sont le fondement et qui mettent en avant une conscience aiguë de l'imperfection de l'homme, couplée avec un certain idéal de rationalité et de logique, que les machines incarneront après coup.

La troisième des raisons qui enracinent ce livre dans la culture et dans l'histoire est essentiellement liée à la volonté d'atteindre un public qui dépasse largement celui qui serait simplement motivé au départ par une curiosité d'ordre technique. Beaucoup de lecteurs s'intéressent à la technique non pas tant pour elle-même qu'à partir de questions qu'ils se posent à travers des champs qui leur sont plus familiers. Ce livre est écrit dans l'espoir de mêler dans son public, et ainsi de permettre qu'ils communiquent entre eux, ceux qui s'attachent d'abord à la culture, à l'histoire et ceux que passionnent les machines, les techniques. La volonté de décloisonnement et de communication qui inspire ces pages est soutenue par l'idée que l'avenir appartient à un véritable dialogue entre la culture et la technique.

Les multiples dimensions de l'informatique

Plus que tout autre domaine, l'informatique a de multiples dimensions. Aussi ce livre a-t-il été conçu spécialement pour rendre compte de la diversité des aires dans lesquelles elle est impliquée. Chacun des événements marquants de l'histoire de l'informatique, comme par exemple la naissance de l'ordinateur moderne — en 1945 — ou l'apparition de la micro-informatique — en 1975 —, sera examiné à partir de plusieurs sources. Les principaux éclairages qui seront apportés prendront en compte — simultanément quand cela sera possible — la biographie des inventeurs, leurs sources de créativité, les facteurs économiques et la structure de l'industrie, le poids des innovations techniques, les croyances philosophiques des créateurs, les notions scientifiques de base qui sont disponibles, le contexte social et politique, les contraintes techniques d'utilisation des matériels et des langages, les traditions dont l'informatique hérite et l'idéologie moderniste qui la soutient activement, au détriment parfois de tout réalisme.

Chacun sait que jusqu'à présent les grandes étapes du développement de l'ordinateur étaient décrites en termes de « génération ». On parlait ainsi de « première génération » pour les machines à tubes électroniques, de « deuxième génération » pour les ordinateurs à transistors, jusqu'à la fameuse « cinquième génération » annoncée par les constructeurs japonais. Cette classification reste tout à fait opératoire pour scander le rythme de l'évolution des composants électroniques. Pour rendre compte de l'histoire de l'*informatique*, notion forcément plus globale et, comme nous venons de le voir, comportant de multiples dimensions, aussi bien techniques que sociales, économiques et humaines, il fallait toutefois un cadre temporel plus vaste, plus intégrateur. Il sera donc question dans ce livre d'une *première informatique*, qui s'étend de 1945 jusque vers le milieu des années soixante, d'une *deuxième informatique*, qui court jusqu'à la fin des années soixante-dix, et enfin d'une *troisième informatique*, celle que nous vivons actuellement. Les trois figures qui suivent résument en les ordonnant quelques-uns des thèmes essentiels de chacune de ces périodes, thèmes qui seront développés tout au long du livre.

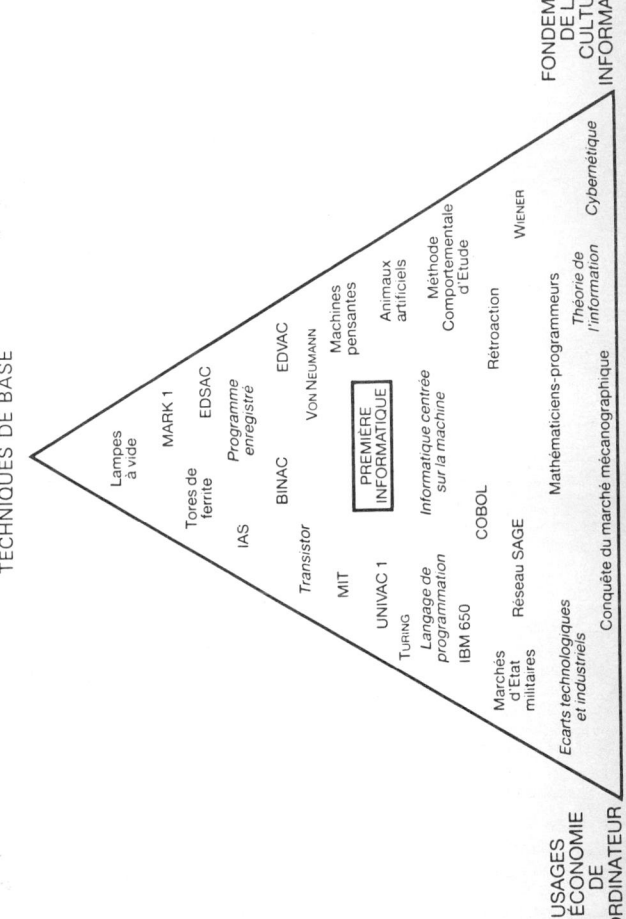

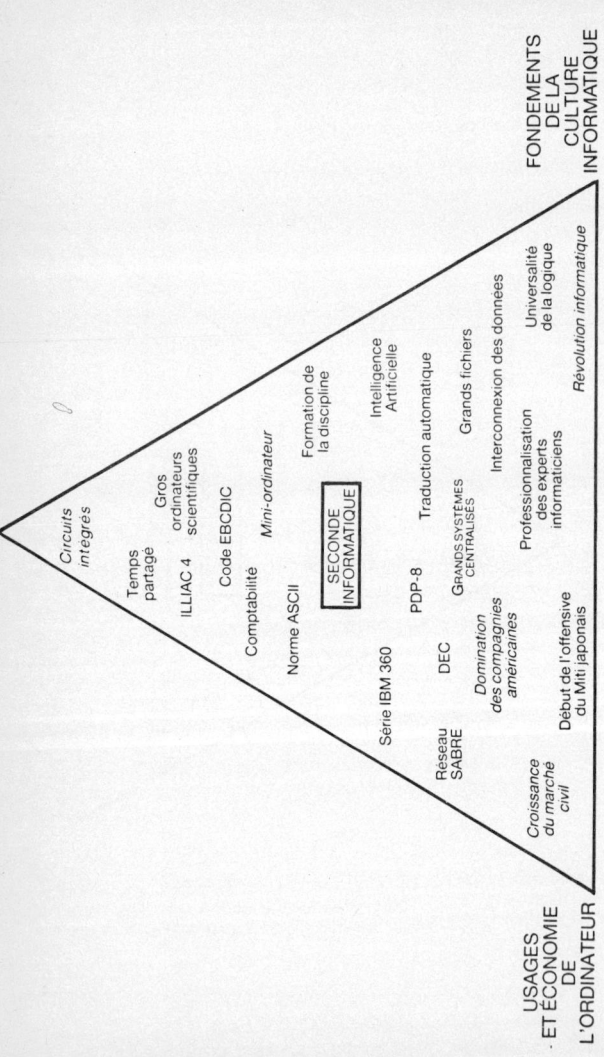

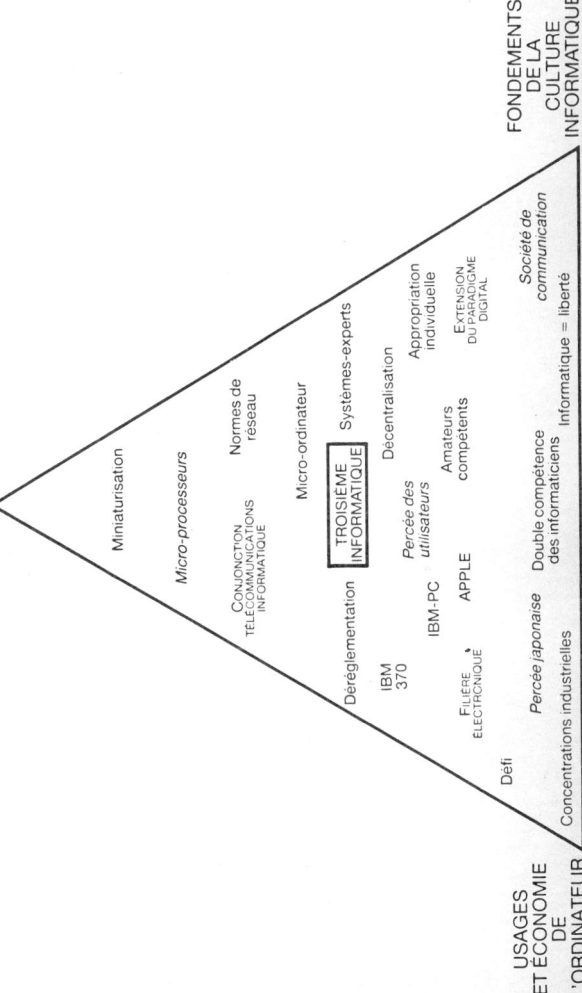

Présentation de l'ouvrage

Les différents chapitres qui composent ce livre ont été écrits pour pouvoir être lus dans des ordres différents. Les trois chapitres de la première partie décrivent les principales *racines de l'informatique*. Chacun d'entre eux aboutit en gros au milieu du XXe siècle. A partir de là, le lecteur aura le choix entre deux parcours distincts : le premier lui fera vivre les événements de l'histoire de l'informatique tels qu'ils se sont déroulés chronologiquement, le second lui proposera un voyage thématique.

Le lecteur qui choisira de pénétrer dans l'informatique en se laissant glisser au fil du temps abordera successivement la *formation de l'informatique*, essentiellement consacrée aux années quarante et cinquante et aux multiples dimensions qui concourent à sa naissance, puis la période de l'*extension de l'informatique* qui l'amènera des années soixante jusqu'à nos jours.

Le parcours thématique permettra l'accès progressivement à trois grandes régions : le *développement technique*, de l'invention de l'ordinateur jusqu'aux plus récents progrès, la *multiplication des usages et de l'industrie informatique*, des premiers pas dans le domaine militaire jusqu'à l'internationalisation des marchés, et enfin les *fondements de la culture informatique*, de la cybernétique des années quarante jusqu'au développement de la « société de communication ».

Pour suivre le chemin chronologique, il suffit de lire les chapitres... tels qu'ils se succèdent naturellement dans le livre. Le lecteur qui souhaite faire un voyage thématique devra en revanche suivre, à la fin de chaque chapitre, l'indication qui lui est fournie sous la forme :

« *Pour la suite de la lecture thématique, rendez-vous page x* » et se laisser ainsi guider tout au long des pages. Les premiers chapitres sont communs aux deux lectures, qui se séparent ainsi en cours de route. Il faut veiller à ne pas manquer l'embranchement...

A la fin de l'ouvrage, le lecteur trouvera une *table des questions* qui lui permettra d'autres entrées dans le livre et facilitera les recherches ou d'éventuelles relectures partielles. Ces questions sont du type suivant : « pourquoi a-t-on inventé le micro-ordinateur ? », « qui était von Neumann ? », « qu'est-ce qu'un algorithme ? », « quel est le rôle des marchés d'État dans la naissance de l'industrie des ordinateurs ? », « quel était le premier ordinateur ? ». A chacune de ces questions correspondront les pages du livre qui contiennent des éléments de réponse. Outre cette table, le lecteur trouvera un index des noms propres, des principales machines, et une bibliographie. Chaque chapitre est organisé de manière à ce que les premiers paragraphes soient un résumé de son contenu. Une courte bibliographie figure à la fin de chaque chapitre. Les ouvrages auxquels le chapitre renvoie (il n'y a ni citation ni renvoi en bas de page pour ne pas alourdir la lecture) y sont classés dans deux rubriques. Celle qui est intitulée : « pour en savoir plus » comprend les livres d'accès aisé par un large public ; l'autre : « pour approfondir », s'adresse à ceux qui souhaiteraient disposer d'un complément plus spécialisé.

L'ouvrage s'adresse à un large public, que l'on sait être exigeant, aussi a-t-il été nourri par de multiples discussions avec des professionnels des domaines concernés. Deux d'entre eux ont particulièrement été mis à contribution : mon ami Pierre Lévy, pour sa compétence dans le domaine de l'histoire et de l'anthropologie des nouvelles technologies, et, pour sa connaissance intime de l'informatique, le professeur Jacques Arsac, qui a soutenu et encouragé mes travaux. En outre, Éric Heilmann m'a aidé à constituer la documentation du chapitre 10. Rien de ce qui est incomplet ou insuffisant dans ce livre ne saurait bien évidemment leur être imputé. Annie Bousquet a été le premier public de ce livre : sa vigilance en a constamment guidé l'écriture. Emmanuelle et Maud ont veillé sur moi et m'ont encouragé chaque jour : cette histoire est aussi la leur.

Entrée chronologique*

I. LES RACINES DE L'INFORMATIQUE

    1. Automates et êtres artificiels 21
    2. Les origines de la notion d'information 41
    3. L'histoire du calcul artificiel 57

II. LA FORMATION DE L'INFORMATIQUE

    4. Du calculateur à l'ordinateur : la naissance d'une nouvelle lignée technique 83
    5. Les premiers ordinateurs 95
    6. L'ordinateur : une convergence d'intérêts scientifiques et militaires 115
    7. La première informatique et la cybernétique .. 139
    8. Les enjeux sociaux et éthiques des nouvelles machines 158

III. L'EXTENSION DE L'INFORMATIQUE

    9. L'explosion des perfectionnements techniques 175
    10. L'informatique : un enjeu économique et stratégique mondial 193
    11. De la « révolution » à la « culture informatique » 223

* La table des matières détaillée figure en page 265.

Entrée thématique

I. LES RACINES DE L'INFORMATIQUE

1. Automates et êtres artificiels 21
2. Les origines de la notion d'information 41
3. L'histoire du calcul artificiel 57

II. LE DÉVELOPPEMENT TECHNIQUE

4. Du calculateur à l'ordinateur : la naissance d'une nouvelle lignée technique 83
5. Les premiers ordinateurs 95
9. L'explosion des perfectionnements techniques 175

III. LE DÉVELOPPEMENT DES USAGES ET DE L'INDUSTRIE INFORMATIQUES

6. L'ordinateur : une convergence d'intérêts scientifiques et militaires 115
10. L'informatique : un enjeu économique et stratégique mondial 193

IV. LES FONDEMENTS DE LA CULTURE INFORMATIQUE

7. La première informatique et la cybernétique .. 139
8. Les enjeux sociaux et éthiques des nouvelles machines 158
11. De la « révolution » à la « culture informatique » 223

PREMIÈRE PARTIE

Les racines de l'informatique

1. Automates et êtres artificiels

L'une des traditions dans lesquelles l'informatique puise une partie de sa force et de sa substance est celle de l'automatisme. Le souci technique de construire des machines, ou des dispositifs artificiels qui disposent d'une certaine autonomie, qui soient « mus du dedans », a sans doute pour origine le souci de capturer et de transférer dans la matière certains des secrets de la nature.

La construction des horloges et des montres témoigne de la volonté de comprendre puis d'organiser un flux temporel jusque-là insaisissable, comme l'est le fleuve qui coule sous les yeux du poète ou du philosophe grec. La construction de machines automatiques, d'abord sous la forme d'automates à figures animales ou humaines, puis de machines industrielles à usages productifs qui régulent elles-mêmes leur propre activité, témoigne du souci d'imiter la nature dans ce qu'elle a créé de plus merveilleux : le mouvement de la vie. *Maîtriser le temps et le mouvement : tel est le thème fondamental de l'automatisme.*

Cette tradition de l'automatisme, fortement ancrée dans l'univers des techniques, va être rejointe, à l'époque moderne, par l'ancienne tradition des êtres artificiels. Ces figures mythologiques (statues animées, « têtes parlantes », Golem) sont à mi-chemin entre les hommes qui les façonnent et les dieux qui leur donnent la vie. Les êtres artificiels interviennent généralement dans des situations de danger où l'homme a le besoin vital de se faire assister. Les automates du XVIIIe siècle, les robots mus par l'électricité au siècle suivant, puis les « cerveaux artificiels » des débuts de l'informatique, seront au point de convergence de la technique et de la mythologie.

Le prototype de l'automatisme :
le piège du chasseur primitif

Le premier automatisme connu n'est ni une machine, au sens moderne où nous l'entendons, ni un dispositif de mesure du temps; pourtant il est en rapport direct avec le mouvement de la vie, de la mort et du temps. Le prototype de l'automatisme est sans doute le *piège* inventé par le chasseur primitif, las de courir après l'animal et de s'exposer à ses attaques meurtrières.

En quoi le piège est-il un automatisme ? Le trou creusé sur le chemin qu'emprunte l'animal pour aller boire, tapissé de pieux effilés et recouvert de feuillage, dispense le chasseur d'être présent — sinon comme constructeur — et fonctionne de lui-même, jusqu'à la capture de l'animal. Le ressort de créativité qui est à l'origine de l'invention du piège, c'est-à-dire de l'automatisation primitive de la chasse, est peut-être l'espoir de provoquer ce moment, aussi mystérieux qu'improbable, où l'animal viendrait mourir de lui-même au pied du chasseur.

On sait que le rapport à l'animal et à la chasse est un inépuisable thème de créativité artistique chez l'homme préhistorique, comme en témoignent les peintures rupestres. L'invention du piège est peut-être l'aboutissement de l'idée d'une maîtrise de la mort de l'animal, une maîtrise parfaite, puisque la mort de l'animal provient de son mouvement lui-même (parce qu'il revient toujours sur le même chemin et s'enfonce dans le piège de son propre poids). La *connaissance* que le chasseur se forme du comportement de l'animal tue plus sûrement celui-ci que ne le ferait une simple flèche dans un corps à corps dont l'issue est incertaine.

La *connaissance* est bien ici un *moyen* essentiel pour réaliser la maîtrise des processus naturels qui engendrent le mouvement et la vie. Dans la tradition des êtres artificiels, l'homme aborde une réalité qui le dépasse, du fait de son essence divine ou extrahumaine. Avec le thème de l'automatisme, la volonté de maîtrise est première : la nature doit se soumettre à l'homme et l'automatisme doit en dernière ins-

Automates et êtres artificiels

tance obéir à l'homme, être son auxiliaire efficace et opérationnel. Le thème de l'automatisme est fondamentalement un thème technique.

Les deux histoires de l'automatisme : la maîtrise du temps et le contrôle du mouvement

L'histoire des techniques de l'automatisme remonte à l'Antiquité gréco-latine. Elle empruntera, dans les siècles suivants, deux voies étroitement complémentaires ; l'une va dans le sens de la *maîtrise du temps*, l'autre dans celui de la *maîtrise de l'apparence et du mouvement*. Le glissement de l'un à l'autre se fera insensiblement au XVIIIe siècle quand la technologie des horloges mécaniques produira les premiers automates à figures animale et humaine.

A ces deux grands usages des automatismes correspondent deux principes de fonctionnement : le principe de la *régulation* (régulation d'un flux comme dans le cas des horloges hydrauliques, ou d'une tension dans le cas des horloges à ressort) et celui de la *programmation* (exécution d'un programme, c'est-à-dire d'une séquence finie d'événements que le dispositif reproduit, comme dans les automates à figure humaine ou dans les métiers à tisser automatiques).

L'invention de la clepsydre

L'histoire de la maîtrise du temps est d'abord celle de la construction d'horloges. Qu'est-ce qu'une horloge ? Quelle que soit la technologie utilisée, le principe est simple : il s'agit d'un dispositif qui utilise le découpage d'un flux quelconque en unités de base identiques à elles-mêmes et comparables avec les unités de base de n'importe quel autre dispositif similaire. Ainsi sont assurées les fonctions essentielles de la mesure du temps : la régularité interne et la synchronicité des horloges entre elles. Les premières horloges seront hydrauliques (les clepsydres), les suivantes mécaniques, celles que nous connaissons aujourd'hui sont électroniques.

Les clepsydres sont probablement un des premiers dispositifs automatiques. Ce sont des « horloges à eau » destinées à mesurer le temps d'une façon extrêmement régulière en échappant aux contraintes auxquelles les cadrans solaires — seul autre dispositif de mesure du temps connu dans l'Antiquité, avec le sablier — étaient soumis. Le cadran solaire est en effet imprécis, inutilisable la nuit et par temps couvert. Le problème consistait donc à inventer une horloge qui soit indépendante des contingences extérieures, en somme un dispositif qui se dirige lui-même, de l'intérieur.

La métaphore classique qui faisait de l'écoulement d'un fleuve l'image de l'écoulement du temps, lent, irréversible et régulier, a peut-être contribué à la genèse de la clepsydre : celle-ci utilise un flux d'eau, qui peut provenir d'une source ou d'une canalisation. L'eau s'écoule dans un réservoir cylindrique qui se remplit progressivement. Dans ce réservoir, un flotteur est posé à la surface de l'eau et sur celui-ci une statuette (un homme ou une femme, selon les reconstitutions) pointe son doigt sur un tambour extérieur fixe. Au fur et à mesure que le réservoir se remplit, le doigt indique des graduations qui correspondent aux heures de la journée et de la nuit.

Pour bien comprendre le mécanisme, il faut savoir que, dans l'Antiquité, les heures n'avaient pas la même durée selon que l'on était en hiver ou en été : entre le lever du soleil et son coucher, on comptait de toute façon douze heures. Une heure était donc plus longue en été qu'en hiver. Les graduations inscrites sur le tambour que désignait le doigt étaient donc variables selon les mois et les jours de l'année mais, au bout du compte, les douze heures de la journée, ainsi que les douze heures de la nuit, étaient franchies par la statuette d'une façon continue.

Comment cette régularité était-elle assurée ? Toute l'originalité du dispositif tient dans la réponse à cette question essentielle. La régularité est indispensable pour au moins deux raisons : d'abord pour que chaque fraction mesurée soit égale à la suivante, ensuite pour que *deux* clepsydres placées dans des conditions initiales similaires donnent à tout moment la *même* heure.

Or, l'eau apportée par la canalisation a un débit en général irrégulier et, d'une canalisation à l'autre, d'une clepsydre à l'autre, le débit n'est pas le même. Le cœur de l'invention, ce qui va en faire un véritable automatisme, est une sorte de petit pointeau flottant qui s'intercale dans une cavité intermédiaire entre la canalisation et le cylindre qui se remplit d'eau.

Lorsque la cavité est trop pleine, par exemple lors d'une accélération du débit dans la canalisation, le pointeau remonte et vient se coincer contre le sommet de la cavité, freinant ainsi l'écoulement. A l'inverse, lorsque le débit s'affaiblit, le niveau d'eau descend dans la cavité et le pointeau laisse passer plus d'eau. Ainsi la montée du liquide dans le flotteur, et donc le mouvement de la statuette, est régulier et continu. Lorsque le cylindre est plein, une ouverture permet l'évacuation de l'eau et une nouvelle journée peut commencer.

Cet automatisme a été inventé au IIIe siècle avant Jésus-Christ par un mécanicien grec du nom de Ctésibios (300-270) et fut décrit dans le *De architectura* de l'ingénieur et architecte romain Vitruve (Ier siècle avant J.-C.). Il fut à l'origine d'une longue lignée de clepsydres fonctionnant sur le même principe. Trois siècles après Ctésibios, Héron d'Alexandrie, dans son ouvrage *Pneumatica*, en décrit également plusieurs. Les soupapes flottantes furent également décrites dans un livre publié en Arabie au IXe siècle. L'usage pourtant massif de ces dispositifs à mesurer le temps tomba en désuétude à partir du XIIIe siècle pour être réinventé par les Anglais et les Russes au XVIIIe siècle.

Automatisme et régulation

Les dispositifs à régulation vont quitter progressivement l'univers des horloges pour partir à la conquête d'autres domaines techniques. Un régulateur à flotteur, toujours dans le domaine hydraulique, est décrit dans un ouvrage arabe du IXe siècle. Ce régulateur sert à alimenter un abreuvoir. Le problème posé est le suivant : comment maintenir toujours le même niveau d'eau dans un abreuvoir, compte tenu de l'évaporation et de la consommation des bêtes ? On dispose d'une arrivée d'eau, mais on suppose que l'eau est rare et qu'il n'est pas question d'en perdre en laissant un flot continu s'écouler.

Le dispositif décrit dans ce livre (qui s'appelle d'ailleurs *Sur d'ingénieux mécanismes*) est le suivant : l'abreuvoir est mis en communication, par un tuyau, avec une citerne. Par le jeu des vases communicants, le niveau est toujours le même dans les deux récipients. Dans la citerne un flotteur est relié à un robinet d'arrivée d'eau. On détermine le niveau optimal d'eau souhaité dans l'abreuvoir. Le flotteur maintient alors le robinet en position fermée. Lorsqu'il manque de l'eau dans l'abreuvoir, le flotteur descend et place le robinet en position ouverte. La citerne et l'abreuvoir se remplissent alors jusqu'au niveau où le flotteur replace le robinet en position fermée.

Ce dispositif de régulation automatique est appelé — rétrospectivement — *régulation par rétroaction* car, comme dans notre exemple, l'*action* de retirer de l'eau dans l'abreuvoir provoque automatiquement un effet en *retour* sur l'admission de l'eau en vue de maintenir le niveau constant, autrement dit de le réguler. Un ensemble du même type avait été inventé par Héron d'Alexandrie. Il s'agissait d'une fontaine à vin, conçue 50 ans avant J.-C., qui, grâce à un récipient intermédiaire suivant le principe des vases communicants, délivrait toujours la même quantité de vin sans que l'on ait besoin de fermer le robinet de l'amphore.

Le principe de la régulation par rétroaction passera du domaine hydraulique au domaine thermique sous la forme du *thermostat*, inventé au XVIIe siècle par un ingénieur hollandais, Cornelius Drebbel. Celui-ci réalisait des expériences d'alchimie en vue de transformer certains métaux en or. Le problème consistait à maintenir constante la température de chauffe d'un incubateur pendant un temps suffisamment long car, selon lui, cette maîtrise du feu était un facteur indispensable au processus de transmutation.

L'appareil de Drebbel consistait en une enceinte qui contenait un foyer, puis une sorte de four où l'on disposait les matériaux à chauffer, puis un tube en verre qui contenait du mercure. Lorsque le foyer était mis en action, l'air chaud provoquait l'augmentation de la pression dans le tube en verre et le mercure montait. Or, ce bouchon de mercure était relié au volet qui assurait le tirage du foyer. Plus la température avait tendance à augmenter, plus le jeu du mercure et du volet diminuait le tirage. La température restait donc, *grosso modo*, constante. Drebbel avait inventé là un dispositif qui sera universellement utilisé — il faudra cependant attendre le XIXe siècle pour qu'il prenne son essor — dans les systèmes de régulation thermique (fours, chauffage central domestique, etc.). Le mot « thermostat », pour désigner ce dispositif, fut créé ultérieurement par un chimiste écossais, Andrew Ure, en 1839.

Au XVIIIe siècle, les automatismes à régulation seront également développés dans d'autres domaines comme celui de la minoterie, pour domestiquer et réguler le flux du vent dans les ailes du moulin et son effet sur le meulage du grain, et surtout celui des machines à vapeur.

L'ingénieur écossais James Watt (1736-1819) installa en effet en 1790 un *régulateur à boules*, inspiré de ceux qui étaient utilisés dans certains moulins, sur les premières machines à vapeur. Le dispositif permettait de maintenir constante la pression de la vapeur dans une chaudière malgré des variations dans l'usage qui était fait de sa force motrice ou des changements dans son régime de chauffe. Le régulateur à boules frappera à ce point les imaginations qu'il deviendra rapidement le symbole de la machine à vapeur.

Des horloges aux automates à figure humaine

Les horloges, tout en continuant à obéir au principe de la régulation, furent fabriquées assez tôt grâce aux ressources de la mécanique. La première mention d'une horloge mécanique remonterait au VIe siècle de notre ère ou bien, selon d'autres sources, au Xe siècle. Jusqu'au XIVe siècle, les horloges n'eurent qu'une seule aiguille et leur marge d'erreur était de quinze minutes par jour. Elles utilisaient alors le poids descendant pour assurer le mouvement de l'aiguille.

La difficulté principale dans la réalisation des horloges mécaniques était le maintien de la régularité du mouvement. Galilée (1564-1642) inventa en Italie une horloge dotée d'un pendule qui oscillait. Il avait en effet découvert que la durée d'une oscillation ne variait pas quelle que soit l'amplitude du mouvement. Quelques années plus tard, le Hollandais Huygens (1629-1695) perfectionna l'horloge en la dotant d'un balancier à ressort spiral, qui sera bientôt en acier.

Les premiers automates reproduisant des scènes ou des figures humaines furent construits par des horlogers. Ce corps de métier maîtrisait en effet un vaste éventail de techniques, puisque l'horloger fabriquait lui-même toutes les pièces dont il avait besoin. Les horloges ne se contentent plus alors de donner l'heure, mais elles indiquent le jour, le mois, s'enrichissent de divers personnages qui symbolisent les périodes écoulées : des animaux ou d'autres simulacres de bronze venant frapper des gongs puissants. L'horloge astronomique de Strasbourg (1354), richement pourvue en automates de toutes sortes, sera pendant longtemps l'exemple vivant de l'ingéniosité des maîtres horlogers devenus créateurs de théâtres d'automates.

Le siècle d'or des automates fut sans conteste le XVIIIe siècle où, entre autres artisans renommés, Jacques de Vaucanson (1709-1782) en France et les frères Jacquet-Droz, Pierre (1721-1790) et Henri-Louis (1752-1791), en Suisse, réalisèrent des prodiges. Le *Joueur de flûte* de Vaucanson jouait, grâce à un dispositif pneumatique et mécanique, douze morceaux différents et son fameux *Canard*, animal artificiel minutieusement réalisé (une seule aile contenait plus de 400 pièces articulées), imitait tous les mouvements du modèle naturel, jusqu'à l'ingestion et la digestion complète des aliments. Ces pièces furent exposées à Paris en 1738.

On ne compta plus dès lors les « écrivains », les « dessinateurs », les « musiciens » artificiels, qui imitaient les mouvements des humains. Ils seront pour certains bientôt dotés de la voix, comme l'automate parlant de Joseph Faber (1800-1850) qui pose des questions et donne des réponses ou les « poupées parlantes » de l'inventeur américain Thomas Edison (1847-1931), ou encore du mouvement, comme « l'homme-vapeur » (1893) de George Moore, qui marchait à une vitesse de 14 kilomètres à l'heure.

Le premier inventeur d'automates fut un officier du nom de De Gennes qui construisit au milieu du XVIIe siècle un paon qui marchait et qui digérait. Il présenta également à l'Académie des sciences un projet de métier à tisser mécanique. Dès leur naissance, la mise au point des automates fut inséparable du projet d'en utiliser les principes dans l'industrie.

Le XVIIIe siècle libertin produira également des automates à usage sexuel, des « hommes ou des dames de voyage » destinés à remplacer les conjoints absents ou à satisfaire le « pygmalionisme » de certains amateurs. L'univers mécanique n'est-il pas une vaste métaphore du jeu des organes de reproduction ?

L'automatisme et la programmation

Comment fonctionnaient ces automates ? Le principe de la régulation, qui était utilisé par les maîtres horlogers, avait été remplacé dans les théâtres d'automates par le principe de la programmation. La technique principale qui permettait de mettre ces simulacres en mouvement était la technique de l'arbre à cames, inventée par les Grecs et signalée par Héron d'Alexandrie.

Qu'est-ce qu'un arbre à cames ? Il s'agit d'une roue, d'un cylindre, ou d'une quelconque pièce découpée, taillée de façon à ce que chaque crantage engendre un mouvement différent de l'ensemble du dispositif auquel elle est reliée. L'exemple le plus connu de « cylindre à cames » est celui de la boîte à musique formée d'un rouleau hérissé de picots contre lesquels viennent buter les dents d'une sorte de peigne métallique. Ces « dents » de longueurs inégale vibrent lors de leur passage sur un picot et produisent ainsi une note déterminée.

Le flûtiste de Vaucanson est un automate musicien dont le programme est inscrit sur un cylindre à cames qui met en mouvement les doigts suivant un ordre prédéterminé et qui conditionne les positions des lèvres pour obtenir telle variation dans le débit produit par une petite soufflerie.

Quelle que soit la finesse de réalisation des différentes pièces et de leur agencement, le cœur du dispositif est ici la programmation, c'est-à-dire le contrôle, selon un ordre déterminé, des mouvements de l'ensemble. Le chargement du cylindre à cames entraîne l'automate à jouer d'autres pièces, à imiter d'autres comportements. Le cylindre à cames transforme ce qui serait autrement un simple mécanisme en un véritable automatisme.

Ce principe du programme va se déplacer au XVIIIe siècle des dispositifs à cames vers les machines utilisant les « cartons perforés ». Ceux-ci ont été mis au point entre 1728 et 1734 par Bouchon, puis Falcon (1705-1765), pour automatiser le tissage des étoffes façonnées. Le mécanicien français Joseph-Marie Jacquard (1752-1834) perfectionnera le dispositif en s'inspirant également du métier à tisser que Vaucanson avait mis au point précédemment. La programmation s'appuiera ici sur le *codage binaire*.

Les êtres artificiels

La fabrication, au XVIIIe siècle, de ces simulacres automatiques de l'homme ou de l'animal n'était pas sans rappeler la longue histoire des statues animées ou des hommes artificiels qui avait ponctué les différentes mythologies des peuples anciens, mais aussi les histoires qui avaient couru sur ce sujet tout le long du Moyen Age jusqu'à la Renaissance.

Les anciens, sans doute plus sages que nous au moins sur ce point, ne croyaient pas que la technique humaine était suffisante à elle seule pour concevoir des *êtres artificiels*. La plupart des mythes sur ce thème associaient, à la main de l'homme qui façonne le matériau naturel, l'étincelle divine, seule capable de donner la vie à des êtres qui ne sont ni des dieux ni des hommes. Le Golem de la tradition juive, figure fameuse d'être artificiel, est façonné à partir de la glaise —

Automates et êtres artificiels

la même dont la Bible nous dit qu'elle servit à faire Adam —, mais le souffle de la vie ne lui viendra que des paroles sacrées inscrites sur son corps.

Pourquoi l'homme désire-t-il, depuis l'aube de l'humanité, construire de tels êtres et quel est leur rapport avec la future informatique ? Sur le premier point, toutes les spéculations sont possibles, mais il est certain que ce désir est si solidement ancré dans l'homme qu'il n'hésite pas à se laisser aller à de multiples hallucinations : Platon (427-347 av. J.-C.) se faisait l'écho d'histoires selon lesquelles certaines statues étaient si vivantes qu'il fallait les empêcher de s'enfuir. Lors de fouilles archéologiques, certaines statues furent découvertes entravées. Faut-il chercher dans ces êtres artificiels le témoignage de l'intense solitude de l'homme, seule espèce douée de parole mais ne pouvant communiquer par ce moyen avec aucune autre ? Faut-il y voir une manifestation de l'orgueilleuse prétention de l'homme à se croire égal à un dieu, à être à son tour « créateur » ?

Quoi qu'il en soit de la motivation profonde, il faut remarquer, comme une constante, que les êtres artificiels qui peuplent les légendes de la plupart des cultures de notre planète interviennent la plupart du temps dans une situation où l'homme est à la fois en danger et impuissant à réagir par lui-même.

L'exemple de Pygmalion est significatif de ce point de vue. Le jeune roi de Chypre avait fabriqué de ses mains une statue d'ivoire, dont il tomba amoureux, mais celle-ci resta sans vie jusqu'à ce qu'Aphrodite, déesse de l'amour, sensible au désespoir amoureux du jeune homme, lui donne vie. Le danger est ici représenté par le fait que la descendance du roi n'était plus assurée car aucune des femmes du royaume n'était capable de l'émouvoir. Quand on sait le rôle que jouent les filiations royales dans l'équilibre des nations, on peut mesurer l'importance du drame qui se noua alors. En donnant des enfants au roi, Galatée, la statue devenue « femme artificielle », permit un dénouement heureux dans une situation qui autrement serait restée sans issue. De la même façon, la raison d'être du Golem était de permettre à la communauté juive de se défendre contre les menaces qui la guettaient et contre lesquelles ses seuls membres ne pouvaient rien.

Comme nous le verrons plus tard, c'est bien dans un tel contexte que l'ordinateur moderne fut inventé. L'augmentation du nombre et de la vitesse de circulation des informations, dans le domaine civil mais surtout du point de vue militaire, dans l'immédiat après-guerre, rendait nécessaire la conception de ce que les spécialistes appelèrent alors nommément un *cerveau artificiel*. L'urgence absolue qu'a constituée lors de la guerre froide la nécessité de contrôler des informations *qui allaient plus vite que la perception humaine elle-même* a été un facteur de créativité décisif dans le développement de l'informatique.

Cette créativité tire ses forces d'une tradition ancestrale. La transformation des puissants mais improbables êtres artificiels en automates plus limités, mais bien réels, sera tributaire de l'avancée générale des techniques. Est-ce un progrès sur tous les plans ? Les anciens étaient protégés de l'idée qu'ils étaient « égaux à des dieux », car, même s'ils façonnaient de leurs mains des simulacres artificiels, l'intervention divine restait *toujours* nécessaire pour leur donner la vie. La laïcisation de la pensée a rendu l'homme à la fois plus moderne dans l'évaluation de l'étendue de ses propres connaissances et plus orgueilleux dans ses projets techniques : il est désormais seul créateur d'une hypothétique *intelligence artificielle*. Il n'en évite pas pour autant la crainte que ses créations ne se retournent contre lui, crainte que les Grecs avaient exprimée à travers le mythe de Prométhée.

Êtres artificiels et automates

L'Antiquité est peuplée de ces êtres artificiels qui, rappelons-le, ne sont ni des hommes ni des dieux ou des demi-dieux. Ils y seront présents sous la forme de personnages dans des légendes mais également de statues censées être animées dans certaines circonstances, ou encore d'oracles dont les signes devaient être interprétés. *L'Iliade*, par exemple, fait mention de l'existence de « servantes d'or » qui aident Héphaïstos, le dieu boiteux, à marcher. Héphaïstos crée, souvent en collaboration avec Athéna, déesse du textile, de la

Automates et êtres artificiels

guerre et des armes, des automates doués de vie : outre ses propres servantes, le dieu impotent aurait créé Talos, un géant qui protège la Crète en faisant régulièrement le tour de l'île.

Mais il ne s'agissait là que de pures légendes. Avec Dédale, le grand constructeur de statues de l'Antiquité, le thème des êtres artificiels acquiert une certaine matérialité. Dédale était un sculpteur crétois du VIIe siècle avant notre ère. Il est considéré comme le créateur des premières images divines. Il invente les statues qui représentent les dieux et dont le style est caractéristique : yeux ouverts, jambes écartées, bras décollés du corps et tendus vers l'avant. Ses statues donnent une impression de vie et elles avaient la réputation d'être capables de se déplacer seules.

Le phénomène n'est pas spécifique à l'Antiquité gréco-romaine puisqu'on le retrouve également en Inde et en Chine, par exemple dans la légende des cinq fils du roi Ta ch'ouan, où un « homme de bois » séduit la reine et est finalement détruit sur ordre du roi. La croyance dans la vie des statues a une origine semble-t-il orientale. Elle va dominer l'Antiquité et sera à l'origine de nombreuses légendes qui parcourront tout le Moyen Age. L'écrivain français Prosper Mérimée (1803-1870) se fait l'écho dans *La Vénus d'Ile* d'une histoire qui se transmet de génération en génération concernant une statue animée de Vénus. Le Golem est probablement l'héritier de cette tradition. Il aurait été créé par le rabbin Loew à Prague vers 1580.

Trois traits caractérisent le Golem : son corps d'argile qui témoigne de son origine terrestre, sa fonction de serviteur dépendant d'un maître, et l'efficacité du nom divin inscrit sur son front ou sa bouche, qui renvoie à l'origine surnaturelle de son pouvoir.

On retrouve donc dans l'histoire du Golem les traits communs à pratiquement tous les mythes de cette espèce : l'être artificiel est créé par l'homme et animé par une étincelle divine (représentée dans la tradition cabalistique juive par des *lettres*), il est au service d'une communauté humaine mais, si l'on n'y prend pas garde, le Golem risque de se retourner contre son créateur, qui paierait ainsi cher son impuissance originelle.

Par la suite, de nombreuses créatures artificielles verront le jour dans le roman. L'invention de l'électricité donnera un coup de fouet à l'imagination des auteurs car le pouvoir attribué à cette nouvelle énergie remplace aisément l'étincelle divine d'antan. La créature du docteur Frankenstein, héros du livre de l'Anglaise Mary Shelley (1797-1851), n'est qu'une chair sans âme jusqu'à ce que lui soit donnée une impulsion décisive (le titre de l'ouvrage est d'ailleurs *Frankenstein ou le Prométhée moderne*). L'écrivain français Villiers de L'Isle-Adam (1838-1889) créera, dans son roman si bien nommé *L'Ève future*, un prototype de femme idéale dont les traits de comportement sont gravés sur des disques mus électriquement. Ce roman met en scène un ingénieur fameux, qui a réellement existé : Edison — surnommé par ailleurs le « sorcier de Menlo Park », tant ses multiples inventions avaient frappé l'imagination populaire. L'Ève future était conçue pour remplacer dans le cœur d'un jeune lord une femme à la grande beauté mais à l'âme vulgaire, dont il était désespérément amoureux. La femme artificielle, tout en ayant une beauté comparable au modèle humain, disposera cette fois, sur le plan spirituel, d'une grande sensibilité et d'un véritable talent poétique.

L'automate logique

Les êtres artificiels pourraient être classés suivant différentes familles : les uns effectuent des travaux de force (construire des murs, par exemple), d'autres sont des veilleurs infatigables. Deux autres catégories attirent l'attention, les *homuncules*, qui permettent au créateur masculin de se passer des femmes dans le processus de reproduction de l'espèce, et les *êtres logiques* qui raisonnent et servent à prendre des décisions. Toutes ces fonctions ont une unité profonde, mais c'est bien évidemment de la dernière catégorie que naîtront les automates logiques modernes, après qu'au XVIIIe siècle la jonction se sera opérée entre la mythologie et les techniques.

Automates et êtres artificiels

Les homuncules de Paracelse (1493-1541) constituent une tentative intéressante pour créer des répliques de l'homme sans avoir recours à un utérus féminin. Ces nains monstrueux employés comme agents puissants et connaissant des choses secrètes qu'autrement les hommes ne pourraient pas savoir (conformément au thème de l'imperfection de l'homme) sont formés à partir de sperme et de sang selon l'ancienne croyance (Aristote et Pline, par exemple). Leur fabrication était liée à la théorie spermiste de la préformation qui supposait que toute l'espèce humaine était préformée dans les reins du premier homme ou les ovaires de la première femme. Le projet de se passer des femmes comme génitrices n'est sans doute pas étranger à toutes les tentatives ultérieures de créer des « intelligences artificielles ».

Vers l'intelligence artificielle

Les têtes parlantes de l'Antiquité, à cause de leur fonction d'oracle, sont au cœur de la tradition des êtres artificiels raisonnants. A Rome, les *neurospates*, sortes d'effigies manœuvrées grâce à un système de cordages, comportaient un dispositif permettant au prêtre de parler à travers la statue, ce qui ne constituait sans doute pas un véritable secret tant était grande la croyance dans l'inspiration divine qui transitait par la bouche à la fois du prêtre et de la statue. Plus tard, le théologien allemand Albert le Grand (1204-1282) créera une tête qui répond aux questions et surtout résout des problèmes. Elle fut détruite par son disciple italien saint Thomas d'Aquin (1225-1274) qui voyait là l'incarnation du diable. La tête parlante du franciscain anglais Roger Bacon (1214-1292) était une sorte d'ingénieur artificiel qui devait servir à expliquer comment construire un mur d'airain qui entourerait et protégerait l'Angleterre.

Le premier prototype le plus complet d'un être raisonnant fut sans doute, bien que son créateur n'ait pas cherché à lui donner une apparence humaine, la machine logique de Raymond Lulle (1234-1315), un philosophe espagnol surnommé Doctor Illuminatus à cause de son savoir encyclopédique. Son objectif était de distinguer clairement entre la philosophie et la théologie, car il croyait ardemment que la raison naît dans le doute plutôt que dans la foi. Lulle conçut une machine logique appelée *Ars magna*. L'appareil consistait en une série de cercles concentriques portant des mots significatifs rangés dans un certain ordre. En amenant une séquence donnée de mots formant une question, on voyait apparaître les mots qui fournissaient la réponse. La méthode était fondée sur l'idée que tout le savoir est commandé par un petit nombre de catégories fondamentales et nécessaires. On pouvait donc explorer la totalité de la connaissance en réalisant toutes les combinaisons possibles de ces catégories. L'*Ars magna* était le premier pas vers « un langage complet et automatique pour le raisonnement ». La raison pouvait traiter de toutes questions et arriver à la vérité sans qu'on prenne la peine de peser ou de chercher des faits.

La « mécanisation du raisonnement » et du coup son transfert possible à des êtres différents de l'homme trouva un singulier renfort dans les nouvelles conceptions produites par les XVIIe et XVIIIe siècles et développées en France par Descartes (1596-1650) et plus tard La Mettrie (1709-1751) dans *L'Homme-Machine*, ouvrage qui influencera profondément les philosophes matérialistes des Lumières. L'homme y est désormais tout entier décrit comme un automate. Descartes avait lui-même construit un automate à figure humaine, qu'il appelait « sa fille Francine » et qui fut détruit lors d'un voyage en mer par le capitaine du bateau qui pensait avoir affaire à une figure diabolique.

Avec Descartes, puis le philosophe anglais Thomas Hobbes (1588-1679), le langage formalisé devient une instance capable à elle seule de produire des raisonnements, *sans intervention de l'homme*. C'est dans ce contexte que les premières machines à calculer, ces « mathématiciens-robots », furent inventées et que furent développés par ailleurs les innombrables automates à programmation, à figures animales et humaines qui peuplent le XVIIIe siècle et dont nous venons de parler. Le philosophe et mathématicien allemand Leibniz (1646-1716) développa considérablement l'idée selon laquelle une machine pouvait être construite dans le but de décrire l'univers. En attendant la réalisation d'un tel dessein, il construisit une sorte de « programme » permettant de résoudre le problème qui consistait à choisir un nouveau roi de Pologne. Dans la lignée de Lulle, sa devise était en quelque sorte : « Ne nous disputons pas, calculons ! »

L'héritage de l'automatisme

L'héritage de l'automatisme comprend donc deux volets bien distincts (le principe de la programmation et celui de la régulation) pour un même thème, la maîtrise du temps et du mouvement. Au seuil de l'époque contemporaine, cet héritage va, dans un premier temps, féconder l'univers du machinisme industriel, puis, dans les années quarante, constituer une des racines de l'informatique naissante.

L'ère de la mécanisation et du machinisme industriel, bien préparée par les XVIIIe et XIXe siècles (Vaucanson, une fois nommé « inspecteur des manufactures de soie », avait fondé, en 1756, une soierie à Aubenas qui fut la première usine au sens moderne du terme), débute vers 1920. Les ressources de l'automatisme commencent alors à être utilisées systématiquement. Mais, dans un premier temps, la mécanisation progresse sans recourir massivement à l'automatisation.

La distinction entre ces deux domaines mérite d'être établie clairement. Une usine mécanisée, même si on y utilise certains automatismes, est bien différente d'une usine qui serait *automatisée*, c'est-à-dire qui fonctionnerait sans l'homme. L'homme en effet est le servant idéal du mécanisme alors qu'il est le grand absent de l'automatisme. Le mécanisme accroît la puissance du travailleur là où l'automatisme le remplace.

Dans les années vingt apparaît justement le terme de *robot*, en même temps que le personnage fait irruption dans la conscience populaire. La pièce de théâtre du Praguois Karel Capek (1890-1938), qui a pour titre *Rossum's Universal Robots*, met en scène les relations problématiques entre l'homme et une nouvelle race de machines qu'il a créée, les « robots », qui finissent par anéantir l'espèce humaine. Le thème du robot est indissociablement lié au monde industriel où il figure comme le remplaçant métallique de l'ouvrier, mais dans l'imaginaire il emprunte les nombreux traits communs aux êtres artificiels depuis l'Antiquité. Le robot est l'automate du XVIIIe siècle mis au service d'une cause industrielle et qui acquiert rapidement l'autonomie d'un véritable être artificiel.

L'automatique des informations

Deux siècles après Vaucanson, la plus grande machine jamais réalisée par l'homme, le système téléphonique mondial, tendra vers l'automatisme intégral grâce à cet autre dérivé de l'automatisme : l'informatique.

La maîtrise du temps, des horloges électroniques et des principes généraux de la régulation servira à concevoir les premiers ordinateurs qui sont, comme nous le verrons, des machines fonctionnant par changement d'état, selon les pulsations régulières de leur « horloge interne ». Les ordinateurs sont également des machines qui fonctionnent automatiquement. Le « carton perforé », devenu carte perforée, sera pendant longtemps le support essentiel à partir duquel un ordinateur est programmé.

En français, le terme *informatique* fut justement créé (par Philippe Dreyfus, au printemps 1962) par la réunion des deux termes *information* et *automatique*. Dans l'esprit de son créateur, ce domaine nouveau était une branche de l'automatique : l'automatique de l'information. La tradition de l'automatisme va en effet largement contribuer à féconder la nouvelle discipline. En retour, l'informatique fera plus pour le développement de l'automation que tous les domaines qui l'ont précédée.

La régulation par rétroaction, autre héritage de l'automatisme, va profondément influencer, sur un plan théorique, les cybernéticiens et les premiers informaticiens. Les animaux artificiels, puis les cerveaux électroniques créés par les ingénieurs des années cinquante, seront des réalisations concrètes du principe de régulation par rétroaction, connu alors sous le nom de *feed-back*.

Automates et êtres artificiels

Il ne manquera plus à notre automate programmable qu'un objectif : calculer, traiter de l'information. C'est sur ce point précis que la tradition de l'automatisme rencontre la tradition plusieurs fois millénaire du calcul, et celle, plus récente, de l'information.

Peu à peu s'était dégagée l'idée que l'*information* pouvait être codée et qu'un tel traitement pouvait se faire indépendamment du sens des messages : la voie était ouverte pour un langage du raisonnement qui utilise toutes les ressources de la logique et des automates modernes. Enfin, venu du fond des temps, le *calcul* devenait progressivement une affaire de machines et non plus d'outils, comme l'était encore le rudimentaire boulier. Ces nouvelles machines bénéficièrent des progrès réalisés dans la maîtrise du temps et du mouvement, dans la connaissance des mécanismes du raisonnement.

Les deux chapitres qui suivent sont consacrés à l'examen de ces courants, bien représentatifs d'un effort de créativité humaine sans précédent, et qui convergent, dans les années quarante, pour former ce qu'il est convenu d'appeler l'informatique.

Pour en savoir plus

DEVAUX, Pierre, *Automates, Automatisme, Automation*, Paris, PUF, coll. « Que sais-je ? », n° 29.
MÉRIMÉE, Prosper, *La Vénus d'Ille*, Paris, Nouveaux Classiques Larousse, 1975.
MEYRINK, Gustave, *Le Golem*, Paris, Stock, 1969.
REICHARDT, Jasia, *Les robots arrivent*, Paris, Chêne, 1978.
VILLIERS DE L'ISLE-ADAM, *L'Ève future,* Paris, J.-J. Pauvert, 1960.

Pour approfondir

BEAUNE, Jean-Claude, *L'Automate et ses mobiles*, Paris, Flammarion, 1980.
COHEN, John, *Les Robots humains dans le mythe et dans la science*, Paris, Vrin, 1968.
GIEDON, Siegfried, *La Mécanisation au pouvoir*, t. 1, Paris, Denoël-Gonthier, 1980.

GILLES, Bertrand, *Histoire des techniques*, Paris, Gallimard, 1978.
LÉVY, Pierre, « L'informatique et la civilisation occidentale », *Esprit*, juillet-août 1982.
MAYR, Otto, « La régulation des machines par rétroaction », *Histoire de machines*, Paris, Bibliothèque pour la science, 1978, 1979, 1980.

2. Les origines de la notion d'information

La notion moderne d'information — distincte comme nous allons le voir de l'« information » au sens journalistique — va être appelée à jouer un grand rôle puisque son traitement automatique sera l'objet principal autour duquel s'organisera dès l'après-guerre le monde des ordinateurs et des informaticiens.

Cette notion s'est précisée entre 1927, date à laquelle le mot est utilisé dans son nouveau sens par R.V.L. Hartley, et 1948 où le mathématicien américain Claude Shannon (né en 1916) publie sa célèbre « théorie mathématique de l'information », mais elle se trouve au point de convergence de domaines plus anciens, qui ont leur histoire propre, et dont certaines branches ont été réunies pour former un nouveau champ du savoir. L'origine de cette notion peut être recherchée dans au moins trois directions distinctes.

En premier lieu, dans le mouvement d'idées qui vise à distinguer entre la *forme* et le *sens* ; il y a là une véritable rupture mentale qui rend possible la conception de la notion d'information.

En deuxième lieu, dans les techniques issues des nécessités du *transport des messages* ; l'avancée des connaissances dans le domaine du traitement du signal, notamment électrique, conduira au télégraphe, au téléphone, puis aux télécommunications modernes.

Enfin, en troisième lieu, dans une tradition de recherche, d'abord théologique, puis logique et mathématique, sur les *conditions de vérité des énoncés*, sur la nature du raisonnement juste ; un des points d'aboutissement de cette ligne de pensée sera le perfectionnement décisif de la notion d'algorithme par le mathématicien anglais Alan Turing (1912-1954) en 1936.

Une distinction essentielle : la forme et le sens

L'imaginaire commun à toutes les recherches qui convergent vers la notion d'information semble être la possibilité d'entrevoir, dans un message par exemple, mais aussi bien dans n'importe quel fait, une distinction entre le *sens* du message et sa *forme*. Cette distinction va rendre possible un travail sur la forme qui va progressivement s'autonomiser, puis devenir un savoir, technique et mathématique, auquel nous sommes redevables de la plupart des possibilités modernes de communiquer à distance et de « traiter l'information ».

Il est relativement facile de concevoir ce qu'est le « sens » d'un message si l'on entend par là l'ensemble des significations qu'il peut avoir pour ceux qui y ont accès. Mais qu'est-ce que la « forme » d'un message ? L'exemple classique du télégramme illustre la différence entre ces notions. Lorsque quelqu'un porte un télégramme à la poste, son message est lu par le préposé, mais ce dernier ne s'intéresse pas au sens de ce qui est écrit. Il ne prend en compte que la forme du message, c'est-à-dire les symboles qu'il contient (afin d'établir le coût du service, mais aussi pour vérifier que ces symboles correspondent aux normes habituelles : il est par exemple impossible de transmettre le symbole « → »). Ces symboles vont être transformés en signaux télégraphiés. Symboles et signaux peuvent être traités indépendamment de leur signification (sauf indiscrétion du préposé !) : *ils constituent la forme prise par le message*.

Toutes les cultures ont-elles toujours établi cette distinction entre deux aspects étroitement complémentaires d'une même réalité ? Rien n'est moins sûr car la réflexion sur la forme d'un message semble corollaire d'un certain degré de connaissance technique et aussi d'une certaine recherche d'efficacité dans le transport des messages. Quoi qu'il en soit, nous pouvons imaginer que la distinction forme/sens constitue une rupture mentale importante dans la perception que l'homme peut avoir du réel qui l'entoure puisque rien, d'emblée, ne le conduit à imaginer une telle partition. Les effets de cette rupture se prolongent dans une sorte d'encouragement permanent à travailler dans une direction de recherche donnée, ayant désormais pour objet la forme prise par les messages.

Le mot « information », qui servira à décrire certains phénomènes en rapport avec les symboles d'un message, a une origine étymologique qui le rapporte à l'idée de forme. Il faut remarquer que le mot a des racines plus latines que grecques : l'étymologie du mot s'arrête en effet à la langue de Cicéron et n'a pas d'enracinement dans la langue grecque. *Informatio* désigne « action de façonner », de « donner une forme » et vient de *forma, ae* qui sert à désigner la forme extérieure d'un objet, mais aussi, concernant le corps, le maintien, le port, la beauté vue sous l'angle de ses qualités formelles. Informer, pour le latin, c'est aussi instruire au sens d'éduquer, de former l'esprit.

Le terme a plusieurs sens, mais tous renvoient explicitement à l'idée d'une élaboration, d'une construction. Même si la civilisation latine n'est pas à l'origine de la rupture mentale qui autorise à envisager la forme comme une notion autonome, elle en est un réceptacle idéal, par le souci que les Romains ont du progrès technique et aussi par leur goût développé pour les règles formelles.

Après un passage dans l'ancien français (jusqu'au XIIIe siècle, *enformer* signifiera « instruire »), le sens ultérieur de la notion d'information liera son destin en grande partie au monde judiciaire où l'on parlera d'« informer une affaire » ou d'« ouvrir une information ». A l'époque contemporaine, « information » prend le sens général qu'on lui connaît aujourd'hui, un sens un peu vague, celui d'« événement rapporté », carrière que le terme poursuit encore aujourd'hui, parallèlement à son usage dans le monde des techniques.

Le fait que le même terme serve à désigner l'information au sens journalistique et l'information au sens technique entretiendra pendant longtemps, jusqu'à nos jours encore, une confusion préjudiciable à la clarté de certains débats :

l'information que nous livrent la presse et les médias est en effet naturellement chargée de sens (c'est pourquoi elle n'est que rarement « objective »), tandis que l'information que traitent les techniques est justement dénuée de sens, au moins pendant le temps des opérations réalisées par la machine.

Cette première rupture entre la forme et le sens va s'accompagner, au XXe siècle, d'une deuxième distinction où l'on verra que la forme d'un message peut se décomposer en *symboles* et en *signaux*, ceux-ci étant essentiellement constitués par le support physique du message.

Les progrès techniques dans le transport des messages, et notamment l'utilisation du courant électrique, sont bien évidemment en partie à l'origine de cette nouvelle partition. La possibilité de manipuler assez souplement les signaux devra beaucoup à une découverte de Joseph Fourier (1768-1830), mathématicien et physicien français. Cette découverte a plongé dans l'étonnement ses contemporains et elle a eu de larges répercussions ultérieurement. Fourier découvre en effet que n'importe quelle variation d'une quantité avec le temps peut être représentée avec précision comme la somme d'un certain nombre de variations sinusoïdales, d'amplitudes, de phases et de fréquences différentes. En clair cela signifie qu'une variation quelconque d'un élément, aussi *anarchique* et *imprévisible* soit-il, est entièrement représentable par une somme de fonctions mathématiques *régulières*, elles-mêmes exprimables en termes de signaux électriques.

Le transport des messages

La communication à distance semble être, malgré des tentatives assez anciennes, une préoccupation apparue tardivement dans l'histoire humaine. Bien sûr chacun connaît les signaux de fumée des Indiens d'Amérique du Nord, ou l'usage du tambour dans certaines civilisations africaines, mais, à part ces pratiques dont l'usage était sans doute très limité, il faut attendre le XVIIIe siècle pour que soit organisé un réseau de communication à distance systématique. Jusque-là, le messager à pied, à cheval ou en carrosse avait suffi.

Les origines de la notion d'information

Même l'installation en 1794 du télégraphe aérien de l'ingénieur français Claude Chappe (1763-1805) ne détrôna pas le messager à cheval, plus lent certes, mais qui pouvait emporter avec lui une assez grande quantité de messages. Le système de Chappe, composé de bras mobiles montés sur des tours (il y en avait 116 de Paris à Toulon), convenait pour des messages brefs ou des ordres à transmettre (un signal allait de Paris à Toulon en 20 minutes, par beau temps). La maîtrise de l'électricité et son utilisation pour transmettre des signaux variés allaient permettre rapidement d'envisager une communication à distance quasi instantanée, y compris par-delà les mers.

Parallèlement au développement du transport, les nécessités diplomatiques du secret avaient favorisé une réflexion de plus en plus systématique sur le *cryptage* des messages. C'est à l'occasion de la mise au point de l'un de ces codes secrets que la notation *binaire* fut inventée (elle sera utilisée pour les nombres par Leibniz). Les recherches sur les conditions physiques du transport des messages conduiront à perfectionner la notion de signal, tandis que les recherches sur le codage des messages aboutiront à la notion de symbole. L'articulation entre le signal et le symbole se fera dans la théorie de l'information.

Le télégraphe électrique fut inventé en 1832 aux États-Unis par Samuel F.B. Morse (1791-1872), qui était par ailleurs peintre de son état. Le codage des signaux, dans la première version mise au point, était assez complexe (les points et les traits symbolisaient des chiffres qui eux-mêmes renvoyaient aux mots d'un dictionnaire). En 1838, Morse proposa la correspondance directe des traits et des points avec des lettres de l'alphabet, le E, lettre la plus usitée, étant représentée par un point.

En 1874, Thomas Edison perfectionna le télégraphe en découvrant que l'on pouvait faire transiter deux messages simultanément dans un même circuit électrique grâce à un codage approprié des signaux. Le Français Émile Baudot (1845-1903) conçut un nouveau système télégraphique qui fut présenté à l'Exposition universelle de 1848 et dont la technique se répandit rapidement. A la différence du système de

Morse (qui fonctionnait sur la base d'une combinaison de trois symboles : le trait, le point, l'intervalle), celui de Baudot fonctionnait sur une base binaire.

Le physicien américain d'origine anglaise Alexandre Graham Bell (1847-1922) inventa, outre une « oreille artificielle », le téléphone en 1875. Les signaux y sont transmis grâce à des courants électriques dont l'intensité varie sur une large gamme d'amplitudes et qui circulent à des vitesses beaucoup plus importantes que les signaux télégraphiques. Le premier message téléphoné fut strictement informatif : lors de l'essai du dispositif, Bell enjoignit à son assistant de le rejoindre... et n'attendit pas de réponse.

La théorie de l'information, véritable réflexion sur l'économie du signal, devait apparaître avec l'étude des signaux électriques car ils constituaient le premier support mesurable avec précision (ce que n'étaient évidemment pas à leur époque les signaux de fumée, les roulements de tambour ou même les messages du télégraphe de Chappe).

La théorie de l'information

Claude Shannon, après avoir soutenu sa thèse en 1938 sur l'application de l'algèbre de Boole aux circuits de commutation électrique, publie en 1948 (1949 en librairie) un mémoire appelé : « Une théorie mathématique des communications ». Le logicien et mathématicien anglais George Boole (1815-1864) avait mis au point une algèbre utilisant les règles de la logique plutôt que les notions traditionnelles de nombres et de grandeur. La théorie de Shannon est issue de l'étude des communications électriques mais elle aborde les problèmes de l'information d'une façon à la fois mathématique, c'est-à-dire exacte et précise, et en des termes plus généraux que ceux qui seraient nécessaires aux seules questions du transport de l'électricité.

La théorie de l'information fournit une mesure de la quantité d'information dont l'unité est le « bit » (contraction de « Binary digIT », terme introduit par Shannon) : quantité d'information contenue dans le choix élémentaire entre deux

Les origines de la notion d'information

possibilités également probables, comme dans le cas du lancer d'une pièce de monnaie pour obtenir pile ou face. L'information, au sens mathématique, est ainsi associée à une notion d'incertitude. En d'autres termes, empruntés à la thermodynamique, on dira que l'information est une mesure de l'*entropie*, c'est-à-dire de la dégradation d'un signal en présence de bruit. L'objectif essentiel de la théorie de l'information sera de comprendre cette entropie afin de pouvoir lutter contre elle efficacement.

R.V.L. Hartley, à partir d'une réflexion sur les problèmes de transmission, avait été le premier à proposer une mesure précise de l'information associée à l'émission de symboles. Il fut également le premier à utiliser le terme *information* dans son sens mathématique. Son mémoire, présenté en 1927 au Congrès international de téléphonie et de télégraphie, avait pour titre « La transmission de l'information ».

Un des aspects essentiels de la théorie de l'information est le problème consistant à coder de façon efficace des messages transmis en présence de bruits et de parasites, afin de les transmettre le plus rapidement possible et de les reconstituer correctement à l'arrivée. Shannon avait montré qu'une telle transmission était possible. L'exemple d'un tel codage est illustré ci-dessous. Il permet de comprendre que l'une des missions essentielles de la théorie de l'information est le codage des symboles afin de permettre aux signaux de lutter efficacement contre le bruit et d'avoir le meilleur rendement possible. Le domaine de l'information, au sens mathématique, est donc constitué par les rapports entre les symboles, les signaux et les bruits.

Une ambiguïté rend cependant parfois difficile la compréhension des enjeux d'une définition mathématique de l'information. Le terme est en effet utilisé dans deux sens qui, tout en n'étant pas sans rapport, ne sont pas exactement les mêmes. Au sens strict de la théorie de l'information, l'information est une *quantité*, mesurée à l'aide d'une formule qui est sensiblement la même (mais avec un signe inversé) que celle proposée par le physicien autrichien Ludwig Boltzmann (1844-1906) à la fin du XIXe siècle pour mesurer l'entropie des gaz.

Mais, parallèlement à ce sens strict, défini mathématiquement par une formule invariable à base de logarithmes, on utilise également le terme « information » pour désigner un symbole numérique (0 ou 1) qui est codé de façon binaire. « Information » est ainsi une notion qui désigne à la fois une *mesure* et un *symbole*. La future informatique, « domaine du traitement automatique de l'information », utilisera principalement le terme « information » dans le deuxième sens (symbole numérique binaire).

De la cryptographie à la logique binaire

Les progrès qu'incarne la théorie de l'information ont été rendus possibles, entre autres héritages, par le développement des techniques de codage binaire et par l'invention d'une algèbre un peu particulière mise au point par George Boole à la fin du XIXe siècle. Cette algèbre logique n'utilise que trois opérateurs de base et permet pourtant d'effectuer une vaste gamme d'opérations logiques et arithmétiques. La thèse de Shannon portait précisément sur le rapport entre ces opérateurs (et, ou, non) et les circuits de commutations électriques, c'est-à-dire sur les rapports possibles entre le monde des symboles et celui des dispositifs électriques de transmission du signal. Les techniques de codage binaire ont quant à elles une histoire où s'entrecroisent les nécessités de la cryptographie, les progrès de l'automatisme industriel et les inventions de la logique moderne.

L'inventeur du code binaire est le philosophe anglais Francis Bacon (1561-1626). Celui-ci souhaitait pouvoir transmettre la pensée à distance par n'importe quel moyen simple ne présentant que deux états différents (cloches, trompettes, tirs de mousquet, lumière, etc.). Il avait découvert l'intérêt du codage binaire en cryptant des messages diplomatiques secrets. Son codage reposait sur deux opérations. La première consistait dans la transformation de chaque lettre de l'alphabet en une simple combinaison de deux symboles. Si les deux symboles sont *a* et *b* (l'équivalent de l'actuel 0 et 1), alors A sera *aaaaa*, B sera *aaaab*, C *aaaba*, jusqu'à Z qui sera *babbb*.

Les origines de la notion d'information

Quelle sorte de code peut-on utiliser pour réaliser une transmission sans erreur sur un canal parasité ? Imaginons que nous souhaitions transmettre les chiffres suivants :

1101001101011000

qui peuvent bien sûr représenter n'importe quel symbole pourvu que celui-ci ait été traduit en binaire auparavant. Mais, comme notre canal de transmission est parasité, une erreur s'est glissée, qui transforme un des chiffres en un signal inidentifiable.

Comment transmettre ce message *avec son erreur* (on la suppose incompressible), tout en permettant qu'il soit entièrement reconstituable à l'arrivée ? La solution de ce problème tient à l'utilisation des *chiffres de contrôle* qui jouent un grand rôle dans le traitement de l'information. Comment procède-t-on ? On dispose d'abord les chiffres en lignes et en colonnes, puis on affecte un chiffre de contrôle à chaque ligne et à chaque colonne. Ce chiffre est choisi de telle façon que le total dans chaque ligne ou chaque colonne soit *pair*.

	0	0	1	1
1	1	1	0	1
0	0	0	1	1
0	0	■	0	1
1	1	0	0	0

Dans notre exemple le chiffre inconnu est donc forcément un 1. Remarquons que cette règle s'applique également aux chiffres de contrôle qui peuvent être eux aussi, bien entendu, l'objet d'une erreur de transmission. Le message envoyé sera donc :

0011100111010011010111000

si par convention l'émetteur et le récepteur se sont entendus sur le fait que les 4 premiers chiffres sont les chiffres de contrôle des colonnes, les 4 suivants les chiffres de contrôle des lignes, et les 16 suivants les chiffres à transmettre.

La deuxième opération consistait, dans un texte, à faire correspondre à chaque symbole, a ou b, une typographie différente. Par exemple un caractère typographié en taille normale représentera un *a*, et légèrement agrandi, un *b*. Le message suivant :

vOUs poUVeZ vENir

devra en fait être traduit :

[abba a] [abbab] [abbaa]

soit :

NON

L'une des premières utilisations du code binaire par une machine fut le métier à tisser de Jacquard. Ce dernier avait été appelé par Napoléon en 1801 pour réparer le métier à tisser automatique construit par Jacques de Vaucanson en 1745. Jacquard perfectionna la machine au point d'en permettre une utilisation à l'échelle industrielle (en 1812, 11 000 métiers de ce type fonctionnent en France).

Les trous — ou leur absence — sur les cartons qui défilaient intervenaient directement sur la position des fils de chaîne au moment du passage du fil de trame, commandant ainsi le motif du tissu. Le métier de Jacquard influencera l'Anglais Charles Babbage qui construira au XIXe siècle un « moulin à chiffres » sur le modèle du métier, lui empruntant du moins le principe de la programmation binaire et des cartons perforés.

Cette rencontre du binaire et des automatismes à programme sera à l'origine d'une lignée de machines et d'automates fonctionnant grâce au principe technique de la came, dont les picots, comme dans les automates musiciens, sont autant de symboles binaires commandant une note donnée ou son absence. La technique du codage binaire allait trouver son plein développement théorique dans l'algèbre logique.

La fameuse algèbre logique fut formulée par George Boole

Les origines de la notion d'information 51

non pas dans le but de servir à une quelconque entreprise technique, mais, dans la grande tradition logique qui prit son essor dès l'Antiquité grecque, avec le souci d'une meilleure compréhension des mécanismes du langage et des bases nécessaires pour la démonstration des vérités. Au Moyen Age occidental, la logique servait en effet à démontrer les principes théologiques fondamentaux, comme l'existence de Dieu. Boole souhaitait trouver une méthode efficace pour traduire en symboles algébriques des arguments logiques eux-mêmes à portée théologique ou morale. Quoique sa tentative se rattache à une tradition ancienne, Boole contribua à détacher la logique du monde de la philosophie et de la théologie pour l'arrimer plus solidement dans l'univers des mathématiques.

Les fonctions logiques de l'algèbre de Boole (et, ou, non) sont remarquables de simplicité et d'élégance. Elles permettent un traitement de tous les symboles, y compris les symboles numériques, ce qui permet de réaliser les opérations arithmétiques élémentaires. Les fonctions « ni... ni... » ou « si... alors... » peuvent s'obtenir par combinaison de fonctions élémentaires.

Ce mode de traitement du symbole, plus tard nous dirons du « traitement de l'information », devait trouver un complément sans précédent dans une construction — tout intellectuelle — réalisée par un mathématicien : la fameuse machine de Turing, machine logique propre à résoudre une large gamme de problèmes logiques et mathématiques.

La machine de Turing

Au XIIIe siècle, un mémoire qui avait été écrit cinq siècles plus tôt par un mathématicien arabe, Mohammed Ibn Musa Abu Djefar Al-Khwarizmi, était traduit en latin. Il commençait par la phrase : « *Algoritmi dixit...* » et c'était le premier traité complet d'algèbre (terme qui lui aussi vient de l'arabe *Al-Jabr* : « restitution », car une des propriétés de l'algèbre est de restituer une égalité lorsque l'on intervient sur les termes de l'équation). L'algorithme (les Anglo-Saxons disent aussi une « procédure effective ») est donc une notion assez

Mémoire et

Nous venons de voir comment la notion d'information, dans son sens le plus rigoureux, celui qui va nous conduire à l'informatique, « domaine du traitement automatique de l'information », était née. Nous avons examiné successivement comment l'information, en tant que symbole, s'était distinguée du sens d'un message, puis comment elle était transportée, essentiellement par des signaux électriques, comment elle se dégradait sous l'effet du bruit et de l'entropie et enfin comment elle se traitait grâce à l'algèbre logique et aux algorithmes. Plus tard nous verrons comment l'information, devenue un objet technique courant, s'échange et donne ainsi naissance à l'idée moderne de communication.

Il manque toutefois à cet examen de considérer comment l'information se conserve. Avant l'invention des grandes mémoires électroniques, qui permettront de garder la trace des symboles et de leur traitement, la mémoire principale de l'information était constituée par les différentes *notations* que permet l'écriture.

Nul doute que l'invention de l'écriture ne doive être comptée pour une des origines lointaines mais nécessaires de l'idée moderne d'information. Mais l'écriture ne se confond pas avec la pensée ; l'homme pensait, et se souvenait, bien avant d'écrire. Certains affirment même — et Socrate le premier — qu'avant l'écriture les hommes se souvenaient mieux et avaient une mémoire plus développée. Il est sûr en tout cas que les hommes d'avant l'écriture, et jusqu'à l'invention de l'imprimerie, dispo-

---

ancienne, mais c'est Turing qui lui donnera sa forme achevée. Un algorithme pourra être défini comme l'ensemble complet des règles permettant la résolution d'un problème donné.

Turing avait décrit une machine hypothétique (la « machine de Turing ») consistant simplement en une bande de papier sans fin et un pointeur qui pouvait lire, écrire ou effacer un symbole, déplacer la bande vers la droite ou vers la gauche, pointer une des cases du papier et s'arrêter. Cette machine devait être capable de résoudre *tous* les problèmes pouvant être formulés en termes d'algorithme. L'objectif de Turing, toutefois, n'était pas d'inventer une machine en tant

> **information**
>
> saient de procédés de mémorisation perfectionnés, connus sous le nom de *mémoire artificielle*. L'enseignement de la rhétorique a longtemps comporté un apprentissage de ce type.
>
> Il peut être intéressant de noter, dans ce chapitre, que l'un des procédés de mémorisation les plus connus, depuis l'Antiquité, la « méthode des lieux », s'appuie sur un usage synthétique de ce que nous nommons maintenant le sens et la forme. De quoi s'agit-il ?
>
> La méthode des lieux préconise, pour se souvenir d'une liste de mots par exemple, de se servir d'un ensemble de lieux connus (et donc déjà mémorisés), puis d'« accrocher » chacun des mots, par le biais d'une association d'idées (la plus « criante » possible conseille Cicéron), à des éléments de ce lieu, en respectant un certain ordre.
>
> Cette méthode combine l'ordre d'une forme préétablie et l'association qui fait appel au sens. Elle constitue une véritable économie du souvenir puisque la mémoire utilise des lieux déjà familiers dont l'ordre et les symboles les composant peuvent être remémorés sans effort.
>
> Les Latins étaient des grands utilisateurs de ce procédé, enseigné entre autres professeurs de rhétorique par Cicéron, qui utilisera le terme *information* dans son sens le plus moderne. Cicéron emploiera, d'ailleurs fort curieusement, le mot dans le sens d'« étymologie » : où en quelque sorte la forme historique d'un mot (son étymologie) nous guide vers son sens.

que telle, mais de réfléchir théoriquement sur les fondements et les limites de la logique, suivant en cela une tradition au moins deux fois millénaire.

Les philosophes et mathématiciens britanniques Alfred North Whitehead (1861-1947) et Bertrand Russell (1872-1970) avaient tenté, dans les *Principia mathematica*, de construire un vaste système logique universel, et depuis, certains logiciens tentaient de montrer que ce système ne répondait pas à toutes les situations. La machine de Turing, tout en montrant certaines limites de la logique (il prouva en particulier l'indécidabilité de la théorie des nombres formalisés), faisait la preuve de la puissance de la démarche algorithmique. Avec

Un exemple de

Pour mettre en action la machine dont vous disposez ici, il suffit de vous procurer quatre pièces de monnaie ou quatre cailloux (en latin : *calculi*), de la taille des cases, ainsi qu'un trombone qui servira de pointeur.

Le problème que cette machine permet de résoudre consiste à multiplier par deux une quantité initiale (ici deux, mais vous pouvez essayer avec trois, quatre, ou... mille). L'algorithme permettant de le résoudre est également décrit ci-dessous. Il vous suffit de suivre *scrupuleusement* ses instructions. En échange de quoi vous parviendrez au résultat avec certitude. La seule erreur à ne pas commettre consiste à *penser* en réalisant les opérations. L'obéissance machinale aux instructions garantit leur bonne exécution.

La bande (A) est la situation de départ et la bande (C) la situation d'arrivée. La bande du milieu (B) a été laissée vierge afin de vous permettre d'effectuer toutes les opérations intermédiaires (prenez patience, il y en a quelques-unes). Commencez par reproduire en (B), avec votre propre matériel, la situation initiale (A).

TABLEAU DES INSTRUCTIONS

ÉTATS	S'il n'y a aucune pièce en face du trombone	S'il y a une pièce en face du trombone
1	- stop -	Retirer la pièce — déplacez le trombone d'une case vers la gauche — passez à l'état 2 —
2	Mettez une pièce en face du trombone — déplacez le trombone d'une case vers la gauche — passez à l'état 3 —	Déplacez le trombone d'une case vers la gauche — revenez à l'état 2 —
3	Mettez une pièce en face du trombone — déplacez le trombone d'une case vers la droite — passez à l'état 4 —	Déplacez le trombone d'une case vers la gauche — passez à l'état 3 —

un dispositif aussi simple qu'une bande de papier, un pointeur et quelques symboles, tous les problèmes que l'on pouvait décrire exhaustivement étaient susceptibles d'être résolus par une machine (en théorie seulement, car la machine de Turing

machine de Turing

4	Déplacez le trombone d'une case vers la droite — passez à l'état 5 —	Déplacez le trombone d'une case vers la droite — passez à l'état 4 —
5	- stop -	Retirer la pièce — déplacez le trombone d'une case vers la gauche — passez à l'état 2 —

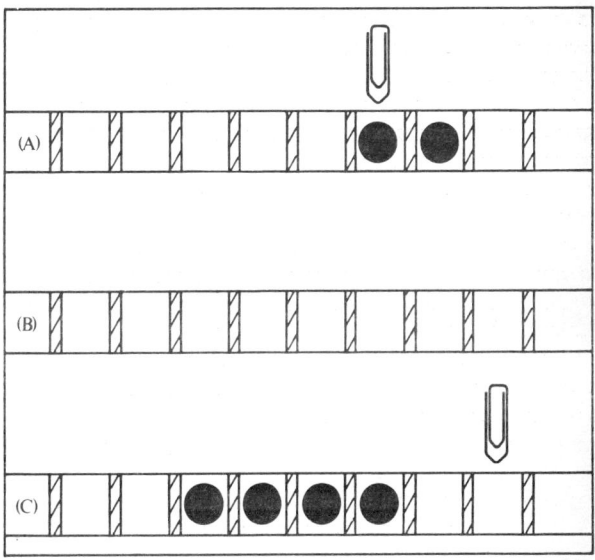

était supposée avoir une mémoire infinie). La voie semblait désormais toute tracée vers la conception d'une machine réalisant effectivement le traitement automatique de l'information.

Pour en savoir plus

HEATH, F., « Le métier Jacquard et le code binaire », in *Histoires de machines*, Paris, Belin, Bibliothèque pour la science, 1980.

Pour approfondir

CICÉRON, *De l'orateur*, livre 2, Paris, Société d'édition Les Belles-Lettres, 1927.
ESCARPIT, Robert, *Théorie générale de l'information et de la communication*, Paris, Hachette Université, 1976.
HODGES, Andrew, *Alan Turing ou l'Énigme de l'intelligence*, Paris, Bibliothèque scientifique Payot, 1988.
PIERCE, J.R., *Symboles, Signaux et Bruits. Introduction à la théorie de l'information*, Paris, Masson, Sofradel, 1966.
YATES, Francès A., *L'Art de la mémoire*, Paris, Gallimard, 1975.

3. L'histoire du calcul artificiel

L'histoire du calcul artificiel peut être divisée en trois grandes étapes. La première est aussi la plus longue puisqu'elle couvre la période s'étalant de la préhistoire jusqu'aux années 1930. Durant cette période décisive, sont inventés les outils de calcul tels que le boulier et l'abaque, puis les machines à calculer qui automatisent progressivement les opérations arithmétiques. La deuxième étape est celle des grands calculateurs des années quarante où l'on passe en quelques années des machines de bureau, posées sur une table et réalisant les quatre opérations, à de véritables dinosaures du calcul, machines occupant de vastes hangars. En quelques années, de fantastiques progrès sont réalisés, mais, pratiquement en même temps, les limites de ce type de machines sont atteintes. L'ère des ordinateurs, dont nous ne nous occuperons pas dans ce chapitre, peut alors commencer. Ce sera la troisième étape du calcul artificiel.

Pourquoi a-t-on inventé de telles machines ? Il est clair que le sentiment de frustration éprouvé devant le fait que l'être humain soit occupé à réaliser de longs et fastidieux calculs qui par ailleurs sont machinaux et répétitifs a joué un certain rôle. Puisque le calcul est en partie une répétition des mêmes règles pour parvenir aux mêmes résultats, pourquoi ne pas créer un dispositif artificiel qui réalise ce qui, dans toute opération de calcul, est machinal et répétitif ? La volonté de transférer systématiquement le calcul machinal de l'homme vers des outils puis des machines à compter paraît être un des ressorts essentiels de la créativité des inventeurs dans ce domaine. Cette volonté sera nourrie pendant longtemps par le souci de permettre à des personnes ne sachant pas calculer de pouvoir effectuer quand même, par l'intermédiaire de machines d'utilisation simple, des opérations arithmétiques.

Grâce aux machines, il n'est plus nécessaire en effet de savoir compter, il suffit de savoir afficher les opérations et de lire le résultat. Il semble qu'à une certaine époque, beaucoup de marchands aient été dans cette situation. Le souci de construire de telles machines dans le but d'effectuer des calculs qu'on ne pourrait pas réaliser autrement — du fait de leur ampleur ou de leur complexité — est apparu plus tard dans l'histoire du calcul. Dans ce sens, on peut dire que les progrès du calcul artificiel ont souvent été largement tributaires du contexte social et économique. Le développement de l'État moderne et des systèmes politiques centralisés a nécessité, pour des besoins d'inventaires et de statistiques, des volumes de calculs toujours plus importants. Le boulier a probablement été une délivrance pour des générations de scribes dans les États naissants de l'Antiquité. Pascal inventa sa machine pour libérer son père, collecteur des taxes royales, qui comme tous ses confrères passait l'essentiel de son temps à effectuer des calculs fastidieux et répétitifs. La plupart des ingénieurs qui inventeront de nouvelles machines à calculer au XXe siècle le feront en évoquant avec insistance l'irrationalité que représente, selon eux, le fait d'utiliser des hommes compétents à effectuer des tâches machinales.

Première époque : du boulier aux machines de bureau

La plupart des civilisations semblent avoir connu la main comme premier auxiliaire de calcul. Cette méthode ne se réduisait pas simplement à « compter sur ses doigts » mais incitait au contraire à utiliser toute la richesse architecturale de la main. Lorsque toutes ses parties sont mises à contribution, il est possible d'effectuer des comptes allant jusqu'à plu-

L'histoire du calcul artificiel

sieurs milliers de fois l'unité (par exemple grâce à un système de codification analogue au langage des sourds-muets).

Une tradition orientale ancienne, mais encore en vigueur au début de ce siècle, permettait aux partenaires d'une transaction commerciale de négocier un prix simplement en se touchant la main, de préférence sous un vêtement afin que la vente se fasse en dehors des regards d'un public pourtant présent. Le corps tout entier servit parfois d'outil de calcul, mais la limitation de cet instrument un peu particulier ne lui permet pas de mémoriser les chiffres de façon durable ; aussi d'autres procédés furent-ils mis au point, en particulier les *quipus* utilisés par les Incas (et dont l'usage se maintiendra jusqu'à nos jours en Amérique latine). Ce procédé de mémorisation, utilisé essentiellement à des fins d'inventaire (de troupeaux, par exemple), était à base de cordelettes nouées : trois nœuds servant à réunir un faisceau de cinq cordelettes signifieront 30 000, trois nœuds rassemblant deux cordelettes signifieront 30, trois nœuds sur une seule cordelette, le chiffre 3. Ce système ingénieux était connu également au Moyen-Orient et en Chine.

Un peu sur le même principe, le système de l'entaille sur un morceau de bois ou d'os permettait de mémoriser des chiffres. Il pourrait s'agir d'un procédé d'origine préhistorique. Un tel système de comptabilité fut utilisé jusqu'au milieu du XIXe siècle par l'administration anglaise. En France certains boulangers de campagne se serviront jusqu'à nos jours d'un système analogue pour se souvenir des dettes de leurs clients.

L'abaque fit son apparition dans l'Antiquité. Il s'agissait d'une planche de bois sur laquelle des colonnes étaient gravées en creux parallèlement. La colonne de droite représentait l'unité, sa voisine les dizaines, jusqu'au million ou plus. Des cailloux (*calculi*, en latin), et plus tard des jetons, étaient disposés dans les colonnes : cinq cailloux dans la colonne des dizaines pour le chiffre cinquante, etc. Les Romains étaient de grands utilisateurs de ce procédé qui permettait de faire des calculs assez rapidement.

Le boulier, très répandu en Orient et en Russie, où il est encore utilisé de nos jours, fonctionne selon le même principe, à la différence près que les cailloux sont ici des boules et qu'elles sont attachées à des tringles là où l'abaque avait des colonnes gravées en creux. Le boulier (*suan pan* en chinois, *soroban* en japonais, *stchoty* en russe) permet de faire rapidement des additions mais aussi des divisions, des multiplications et des extractions de racines.

En 1945, un concours organisé au Japon opposa le soldat Thomas Nathan Wood, employé aux services financiers de l'armée des États-Unis, et Kiyoshi Matsuzaki, employé à la caisse d'épargne. Wood avait été sélectionné parmi les meilleurs calculateurs de l'armée et disposait d'une machine à calculer électrique de bureau, le Japonais travaillant sur un simple boulier. Le concours consistait dans la réalisation de cinq types de calculs impliquant les quatre opérations. Sur les deux plans de la vitesse et de l'exactitude, le Japonais remporta quatre des épreuves et l'Américain seulement une.

Les premières machines à calculer

Malgré son caractère apparemment rudimentaire, le boulier représentait un procédé tout à fait perfectionné, du moins à l'échelle des calculs courants. Il incarnait un principe technique à l'œuvre dans la plupart des machines à calculer arithmétiques qui seront inventées jusque dans les années quarante. Seuls les moyens techniques utilisés pour réaliser les calculs changeront. Pascal utilisera des procédés mécaniques. L'apparition de l'électricité, sans changer fondamentalement le principe de base, permettra à la machine à calculer d'être plus autonome, notamment sur le plan de l'énergie. L'électronique, utilisée dans l'ENIAC (Electronic Numerator, Integrator, Analyzer and Computer), dernière grande machine à calculer avant l'invention de l'ordinateur, servira pour mettre en action un système d'anneaux décimal, composé de tubes à vide mais incarnant le même esprit que celui du boulier et de ses tringles décimales.

La machine à multiplier de l'Écossais John Napier (1550-1617) a constitué une transition entre le boulier et les premières machines à calculer mécaniques. Napier, qui venait d'inventer les logarithmes, construisit une machine qui permettait de lire les résultats d'une multiplication donnée, grâce à une série de cubes emboîtés les uns dans les autres et formant plusieurs colonnes. De nombreux modèles de cette machine furent mis en circulation en Europe.

Contrairement à une idée communément répandue, l'inventeur de la première machine à calculer ne fut pas Pascal, mais un Allemand peu connu, Wilhelm Schickard (1592-1635). Celui-ci appela sa machine, mise au point autour de 1623, une « horloge calculante ». Elle fonctionnait grâce à des roues dentées et réalisait mécaniquement des additions et des soustractions. La machine était complétée par le procédé de Napier permettant de faire des multiplications. Elle disposait également de repères permettant de mémoriser les résultats de calculs intermédiaires, et d'une ingénieuse clochette avertissant l'utilisateur que les calculs excédaient la capacité de la machine.

Le premier dispositif complet de calcul mécanique était né. Il devait très rapidement sombrer dans l'oubli : Schickard vivait en Allemagne du Sud, dans une région ravagée par les bandes mercenaires opérant pendant la guerre de Trente Ans. Il mourra lui-même de la peste et sa machine sera détruite lors d'un incendie. Mais, heureusement, les plans du dispositif avaient été décrits dans une lettre à son ami Kepler.

Blaise Pascal (1623-1662) naquit l'année même où Schickard mettait au point sa machine. Pascal avait conçu sa calculatrice, nommée fort joliment la *pascale* ou encore la *pascaline*, alors qu'il n'avait que dix-neuf ans, afin, comme nous l'avons vu, de décharger son père, collecteur des impôts à Rouen, des fastidieux calculs que lui imposait sa charge. Construite à l'aide de roues dentées, difficiles à fabriquer pour l'époque, la machine fonctionnait assez mal et peu d'exemplaires en furent vendus, d'autant plus qu'elle coûtait assez cher. Elle eut cependant un important succès d'estime à la cour et parmi les notables de tout genre, qui avaient d'autant plus de facilité à admirer cette nouvelle merveille de la science qu'eux-mêmes n'en avaient pas l'usage.

Le philosophe et mathématicien allemand Gottfried Wilhelm von Leibniz (1646-1716) construisit quelques années plus tard une machine à calculer plus perfectionnée, puisqu'elle effectuait les quatre opérations (dans la pascaline, la multiplication était obtenue en répétant l'addition), grâce à un dispositif appelé la *roue* de Leibniz. Un seul exemplaire semble-t-il fut construit, qui ne fonctionna d'ailleurs pas correctement.

Sur le modèle de la machine de Leibniz, un Français, Charles-Xavier Thomas de Colmar (1785-1870), construisit l'*arithmomètre*, un engin enfin pratique, portable, facile d'usage, et surtout qui fonctionnait correctement. L'arithmomètre fut la première machine à calculer commercialisée avec un véritable succès : plus de 1 500 exemplaires furent vendus en trente ans et elle obtint une médaille d'or à l'exposition de Paris de 1855.

Les machines de Babbage

Avec l'industrialisation, les besoins en calcul de tout genre allaient croissant. L'Angleterre par exemple, comme toutes les autres puissances maritimes, était grosse consommatrice de tables numériques destinées à la navigation. Mais leur imprécision, hélas courante, entraînait de nombreux naufrages. A Paris, on n'imprimait d'ailleurs pas de tables numériques à cause des nombreuses erreurs typographiques possibles (ce qui n'empêchait pas la présence de nombreuses erreurs dues aux calculateurs humains).

C'est dans ce contexte que Charles Babbage (1792-1871) conçut en Angleterre les plans de deux machines à calculer, les plus sophistiquées que l'on ait jamais connues jusque-là : la « machine à différence » (*difference engine*), et la « machine analytique » (*analytical engine*). La première ne fut toutefois réalisée que très partiellement, et la seconde resta à l'état de projet. Longtemps soutenu financièrement par le gouvernement anglais (en fait pendant dix-neuf ans), Babbage cessa la construction de la machine à différence à partir du moment où il conçut les plans de la machine analytique. Pourtant la première machine avait englouti des sommes considérables. L'échec du projet était dû semble-t-il autant au perfectionnisme de son inventeur — qui s'était fixé un

L'histoire du calcul artificiel

cahier des charges draconien pour chacune des pièces de l'engin — qu'aux difficultés rencontrées dans la réalisation, notamment avec Clément, l'artisan qui assurait la coordination de la réalisation matérielle. Cette machine devait être capable de calculer rapidement des tables de logarithmes.

Le Suédois Pehr Georg Scheutz (1785-1873), assisté de son fils Edvard (1821-1881), ayant pris connaissance des plans de cette machine, la réalisera avec le soutien financier de l'Académie royale des sciences de Suède. Mise au point dans un esprit plus pragmatique, la machine, qui s'appellera désormais « machine à tabuler », va connaître un large succès. L'un de ses modèles passera l'Atlantique en 1857. Plusieurs d'entre eux seront utilisés par des compagnies d'assurances.

Le deuxième projet de Babbage, un « moulin à chiffres » qui devait effectuer *toutes* les opérations mathématiques, devra attendre l'ère des grands calculateurs du milieu du XXᵉ siècle pour s'incarner dans un dispositif fonctionnant effectivement. De fait, les plans de cette machine prévoyaient un programme enregistré sur cartons perforés — les mêmes que ceux de Jacquard — et un magasin à chiffres (*store*). La fille de lord Byron (1788-1824), la comtesse Ada Lovelace, mettra ses talents littéraires au service de Babbage : elle décrivait la machine comme « tissant des modèles algébriques de la même façon que le métier de Jacquard tissait des fleurs et des feuilles ». Babbage avait d'ailleurs chez lui un autoportrait tissé sur soie que Jacquard avait réalisé grâce à un programme de 10 000 cartons perforés.

La machine analytique est parfois citée comme le premier ancêtre de l'ordinateur moderne, mais sa structure la rend seulement équivalente aux dernières grosses machines à calcul qui furent développées *avant* l'invention de l'ordinateur moderne. Les plans de Babbage furent néanmoins l'un des projets technologiques les plus avancés du XIXᵉ siècle. Celui-ci disait d'ailleurs que la machine analytique permettait « à une machine *finie* d'effectuer des calculs d'étendue *illimitée* » et qu'ainsi l'« infinité d'espace » avait été convertie en une « infinité de temps ». Cette machine, si elle avait été réalisée, aurait été un extraordinaire concentré des technologies de l'époque, alliant les techniques utilisées pour la machine à vapeur, le moulin, les automatismes à programmation, la mécanique.

Un ingénieur espagnol, Léonardo Torres y Quevedo (1852-1936), emprunta la voie ouverte par Babbage. Il construisit, outre plusieurs automates télécommandés et une machine à jouer aux échecs, une machine à calculer commandée par une machine à écrire. Il proposa, en 1914, les plans complets d'une « machine analytique » mais il ne la réalisa jamais car elle ne correspondait pas encore à une véritable nécessité. Un Français, Louis Couffignal (1902-1967), proposa, dès 1936, de construire une machine analytique en utilisant la représentation binaire des nombres. La guerre l'empêcha de mettre en œuvre son projet.

Les premières machines de bureau

La machine inventée par Thomas de Colmar avait connu un succès ininterrompu pendant plusieurs dizaines d'années, jusqu'à ce que les progrès dans les techniques de fabrication des pièces mécaniques permettent d'envisager un meilleur rendement. Il y eut alors, en cette fin du XIXe, une véritable explosion d'innovations en matière de machines de bureau. Toutes iront dans le sens d'une plus grande facilité d'usage grâce à un accroissement de la part des automatismes : il s'agissait de diminuer, voire de supprimer toutes les opérations intermédiaires qui pouvaient subsister entre l'action d'introduire les chiffres dans la machine et le fait d'obtenir le résultat de l'opération. L'idéal était évidemment qu'il n'y ait plus de leviers à tirer et à pousser, de manivelles à actionner, pour obtenir le chiffre désiré.

En 1872, Frank Stephen Baldwin conçut aux États-Unis une nouvelle sorte de mécanisme interne. L'industrie qu'il fonda alors sera concurrencée à partir de 1912 par Jay Randolph Monroe, qui créa, toujours aux États-Unis, la Monroe Calculating Machine Company. En 1889, un Français, Léon Bollée (1870-1913), par ailleurs fondateur de la célèbre course automobile des Vingt-Quatre Heures du Mans, mit au point une machine qui disposait d'une table de multiplication interne. Sa machine, appelée « le millionnaire », connaîtra un très grand succès jusqu'en 1935, date de l'arrêt de sa production. D'autres noms d'inventeurs resteront également célèbres : les Américains Door E. Felt (1862-1930) et William S. Burroughs (1857-1898) contribueront à ouvrir un marché assez large pour les machines à calculer ainsi qu'à créer une industrie mécanographique. Felt adapta aux machines à calculer le principe du clavier qui commençait à être utilisé sur les machines à écrire. Sa machine, nommée le « comptomètre », comportait donc des touches représentant des chiffres, là où traditionnellement il fallait tourner des roues (comme dans la machine de Pascal et ses descendantes) ou faire coulisser des curseurs dans des rainures (comme sur l'arithmomètre).

La fin du XIXe siècle avait été également l'occasion de l'invention d'une machine un peu particulière, qui était plutôt une machine à *traiter l'information*, au sens où ce terme est entendu dans le chapitre précédent, qu'une machine à calcul de type arithmétique. L'Américain Herman Hollerith (1860-1929), devant l'énorme problème que constituait le traitement des données du recensement de la population des États-Unis, décida de mettre au point une machine *ad hoc*. Pour traiter les *millions* de fiches individuelles du recensement, il s'inspira du principe des cartes perforées de Jacquard, qui décidément eurent du succès dans de multiples directions. Une machine spécialement conçue pouvait alors trier et compter (en fait additionner) inlassablement, et ainsi produire au bout du compte les statistiques dont le bureau du recensement avait apparemment besoin. Le 16 août 1890, au bout de six semaines de travail effectué par des agents du bureau du recensement assistés par de multiples machines de Hollerith (il en fallait à tous les échelons de la gigantesque pyramide statistique), le gouvernement pouvait annoncer que la population des États-Unis atteignait le chiffre de 62 622 250 habitants. Les machines d'Hollerith sont, au sens strict, les premières machines à traiter l'information et elles seront le point du départ de la lignée des machines mécanographiques. La compagnie fondée par Hollerith en 1896, la Tabulating Machines Corporation, deviendra la compagnie IBM (International Business Machines) en 1924.

Les machines à calculer scientifiques

Les employés et cadres du commerce et de l'industrie n'étaient évidemment pas les seuls utilisateurs de calcul, donc de machines à calculer. Les progrès des sciences exactes, mais surtout l'extension sans précédent du domaine des ingénieurs, constituèrent un contexte favorable à l'éclosion de machines à calculer de plus en plus puissantes.

Les *équations différentielles*, qui permettent de prévoir le comportement d'à peu près n'importe quel objet en mouvement ou soumis à une force, étaient de plus en plus massivement utilisées dans une civilisation où soudain tout allait plus vite, plus loin, plus haut. Par exemple, pour construire le toit d'un immeuble assez important — autrement que par une méthode empirique évidemment inacceptable compte tenu de la taille croissante des bâtiments —, une équipe entière d'ingénieurs pouvait passer plusieurs mois à calculer les équations différentielles et à faire les autres calculs nécessaires, même avec l'aide des calculateurs de bureau.

Comme les machines de bureau semblaient loin de pouvoir un jour être suffisamment puissantes et sophistiquées pour calculer elles-mêmes rapidement de telles équations, de nombreux inventeurs tentèrent de créer des dispositifs qui, *sans calculer*, fourniraient malgré tout le résultat souhaité. Tout le problème consistait à trouver, dans la nature ou dans un dispositif artificiel quelconque, un phénomène *analogue* au calcul que l'on voulait réaliser. Cette idée donna naissance à une lignée de machines tout à fait intéressantes, mais dont l'invention des grands calculateurs freina considérablement l'expansion. Ces machines furent appelées *machines analogiques*.

Reprenant, apparemment sans le savoir, une idée de lord Kelvin (1824-1907) qui avait par ailleurs inventé plusieurs dispositifs analogiques assez ingénieux, l'Américain Vannevar Bush (1890-1974), professeur au MIT (Massachusetts Insti-

L'histoire du calcul artificiel 67

tute of Technology), construisit vers 1930 un « analyseur différentiel » afin de résoudre certaines équations utilisées dans des problèmes de circuits électriques. Jusque vers 1940 cet analyseur, dont sept ou huit exemplaires seulement furent construits, fut la plus puissante machine permettant de faire des calculs scientifiques en service dans le monde. Une version électronique de l'analyseur différentiel fut construite au début des années quarante. Malgré certaines tentatives visant à mettre au point des calculateurs analogiques universels, cette lignée de machines ne se déploiera plus, à partir des années cinquante, que dans des secteurs extrêmement spécialisés.

Les besoins en calculs scientifiques et techniques iront malgré tout croissant. Ils deviendront particulièrement pressants dans la période des années quarante. Mais, quelques années avant le déclenchement de la Seconde Guerre mondiale, plusieurs ingénieurs s'étaient déjà mis en tête de perfectionner les machines à calculer traditionnelles pour en faire de véritables outils scientifiques, à l'échelle des besoins nouveaux d'une société en pleine expansion.

Deuxième époque :
les grands calculateurs des années quarante

Trois grands types de calculateurs ont été construits dans les années quarante, essentiellement dans des universités ou des centres de recherche : les *calculateurs numériques électromécaniques* (principalement le Model 1 de George Stibitz, le Harvard MARK 1 de Howard H. Aiken, tous deux américains, et la série des premiers Z, de l'allemand Konrad Zuse) ; les *calculateurs numériques électroniques* (l'ABC de John V. Atanasoff et l'ENIAC construit par J. Presper Eckert et John W. Mauchly) ; les *calculateurs analogiques* (comme l'analyseur différentiel de Vannevar Bush) que nous venons d'examiner.

Toutes ces machines numériques sont en réalité tout à fait semblables, dans leurs principes de fonctionnement, aux machines à calculer mécaniques traditionnelles. Seules la technologie qu'elles utilisent et, du coup, leurs performances de calcul les en distinguent véritablement. De la technologie mécanique, on était passé à l'usage de l'électricité et des relais téléphoniques. La dernière grande transformation qui affectera la technologie de ces machines sera l'usage de l'électronique, sous la forme des tubes à vide.

De tous ces modèles, seul l'ENIAC sera véritablement la machine qui opérera la transition entre les derniers calculateurs et les premiers ordinateurs. Sa conception obéissait au principe des machines à calculer classiques, mais sa technologie, l'électronique, sera celle des premiers ordinateurs.

Deux traits caractérisent, aux États-Unis, le climat des années quarante du point de vue de la construction de ces calculateurs : d'une part, la formidable demande en matière de calcul de tables numériques qui émanait des services logistiques de l'armée ; d'autre part, la situation de concurrence acharnée qui existait entre les promoteurs des différentes machines. Aiken, par exemple, se battra pour promouvoir la lignée qu'il a créée et surtout la technologie électromécanique à relais. L'usage des technologies électroniques rencontrera, jusqu'à la fin des années quarante, de fortes résistances.

Ces trois types de calculateurs (analogiques, électromécaniques et électroniques) avaient donc été construits non pas à la suite les uns des autres, comme sous l'effet d'un progrès constant, mais simultanément. Il faudra attendre jusqu'au début des années cinquante pour que les calculateurs électroniques, ayant subi la mutation qui les transformera en ordinateurs, puissent afficher, rétrospectivement, leur supériorité.

Ces machines ont en général été inventées et construites aux États-Unis, à l'exception de la série des calculateurs construits par l'Allemand Zuse en pleine guerre, qui sont, eux, les héritiers directs de la tradition des calculateurs électromécaniques.

Les grands calculateurs électromécaniques

Quoiqu'ils aient été rapidement dépassés par la suite, ces calculateurs n'en ont pas moins constitué un très grand progrès. Leurs performances de calcul, notamment la vitesse de traitement des opérations, en firent des machines modernes pour leur époque, qui surclassaient largement les calculateurs de bureau. Ces machines serviront en plus de bancs d'essai pour certaines techniques utilisées plus tard pour les ordinateurs, notamment l'usage du binaire, comme dans le cas de la machine construite par George Stibitz, ainsi que dans celles de Zuse, et le principe du registre interne dans la machine construite par Aiken.

Zuse, ou l'inventeur solitaire

Konrad Zuse a eu incontestablement le mérite d'avoir construit le premier calculateur universel binaire contrôlé par un programme. Celui-ci fonctionnait comme une série d'instructions indiquant le code d'opération, les adresses en mémoire et l'adresse du résultat (l'« adresse » est un code qui désigne un emplacement spécifique dans une partie de la mémoire). Le plus étonnant dans cette affaire est que, là où les Américains avaient plusieurs équipes en compétition au sein d'universités ou d'écoles d'ingénieurs prestigieuses et bénéficiaient de surcroît d'un abondant soutien financier de l'armée, Zuse travaillait seul, dans un environnement qui au début ne lui était pas favorable. Ce jeune ingénieur paraissait pourtant animé du même idéal créatif que ses collègues d'outre-Atlantique, dont il était isolé avant même la déclaration de guerre. Comme eux, il supportait mal que les ingénieurs passent un temps aussi long à réaliser des calculs répétitifs.

Puissamment inspiré par le désir de transférer à une machine les calculs les plus complexes qu'un homme puisse réaliser, et soutenu dans son élan par cette seule motivation, Zuse va installer dans le salon de ses parents, à Berlin, de 1936 à 1938, un premier prototype mécanique de son projet, le Z1. Cette machine, entièrement mécanique, était constituée par un ensemble de plateaux mobiles. Des positions prises par une tige dans une fente sur un plateau rainuré en constituaient la mémoire. La position, à gauche ou à droite, de la tige figurait un 0 ou un 1. La mémoire était formée par un millier de plateaux figurant autant de chiffres binaires.

La machine, hélas !, ne fonctionnait pas très bien. De plus le salon de la famille Zuse avait des limites. Aussi, sur les conseils de son ami Helmut Schreyer, qui était ingénieur électricien, Zuse décida pour construire le Z2 de remplacer les parties mécaniques de l'unité arithmétique par des relais de téléphone — achetés d'occasion. Ces relais étaient des commutateurs électromécaniques « ouvert/fermé » qui accroissaient la vitesse de calcul, car ils opéraient plusieurs centaines de fois par minute. L'unité arithmétique était connectée à la mémoire qui restait celle du Z1.

Schreyer se demanda s'il ne valait pas mieux utiliser des tubes à vide, qui commutaient, eux, des milliers de fois par seconde. Mais Zuse, plus à l'aise avec l'électromécanique, et compte tenu des difficultés d'approvisionnement en tubes du fait de la guerre, continua à travailler avec des relais.

Zuse, mobilisé, puis affecté à l'usine d'aviation Henschel, construisit, avec une équipe d'une quinzaine de personnes, le Z3, *premier calculateur universel contrôlé par un programme*. Celui-ci fut achevé en décembre 1941. Il s'agissait d'une petite machine, avec un lecteur de bandes, une console pour l'opérateur et deux sortes de placards contenant 2 600 relais. Elle était dotée d'une mémoire emmagasinant 64 nombres de 22 bits et réalisait une multiplication en trois à cinq secondes. Elle pouvait également calculer des racines carrées. Mais, dans tous les cas, les valeurs initiales devaient être introduites à la main dans la mémoire. Le programme était constitué par une suite d'instructions fournies au fur et à mesure (sur bandes) à la machine et qui lui indiquaient les opérations qu'elle devait effectuer. Un tel calculateur était dit « universel » car il n'était pas dédié à une seule série de calculs (certaines machines étaient construites pour calculer uniquement, par exemple, des équations différentielles).

Peu après, Zuse construisit la machine Z4, sur la base du même principe, mais plus rapide et plus puissante (des mots de 32 bits, une mémoire de 512 mots — au lieu de 64). Zuse installa également deux machines à calcul non universelles, qui avaient la préférence des responsables de l'usine, pour effectuer certains calculs aéronautiques liés à l'emploi des bombes volantes, lâchées par avion. Ces nouvelles armes, guidées par des signaux radio à partir des avions, étaient utilisés depuis août 1943 contre les bateaux alliés en Méditerranée et contre les Russes en Pologne (ces bombes étaient distinctes des « bombes volantes » de la série des V1, V2, V3, utilisées contre l'Angleterre et à la conception desquelles Zuse n'a pas participé).

Lors des raids systématiques anglo-américains de 1944, les installations de Zuse furent endommagées à plusieurs reprises et la machine Z4 dut être déménagée trois fois, tandis que le modèle précédent, Z3, était détruit en avril 1945 sous un bombardement. Juste avant la fin de la guerre, Zuse put quitter Berlin en emportant avec lui son calculateur, en partie démonté. Il entama avec son équipe un long périple qui les amena d'abord à Göttingen, puis, à travers les montagnes, au village d'Hopferau dans les Alpes bavaroises. Les troupes alliées, qui avaient pénétré en Allemagne, trouvèrent dans une ferme de ce village tout l'équipage : Zuse, ses assistants et la machine. Celle-ci fut jugée sans danger pour la sécurité des troupes alliées, et après qu'un dénommé R.C. Lyndon eut fait un rapport sur la machine pour le compte de l'Office de recherches navales des États-Unis, Zuse put l'apporter jusqu'à Zurich où elle fut installée, en 1950, à l'École polytechnique fédérale. Il y eut par la suite toute une série de machines descendant de Z4, qui furent en Europe, pendant longtemps, les seuls calculateurs d'une certaine ampleur.

Le « Model 1 »

Dans la même période de l'avant-guerre où le jeune ingénieur allemand investissait le salon de ses parents avec une étrange machine, un autre ingénieur, américain cette fois-ci, travaillait, lui, dans sa cuisine. Tout avait commencé pour George Stibitz, un week-end de l'été 1937, par la construction d'un « additionneur de cuisine » (*kitchen adder*). Stibitz avait rapporté chez lui quelques relais de téléphone et les avait assemblés, dans sa cuisine (de là vient le nom de l'appareil), sur un support de bois. Il était alors physicien au Bell Telephone Laboratories, les laboratoires de recherche de la grande compagnie de téléphone située à New York. Il avait eu l'intuition d'une similarité entre les circuits composés de relais téléphoniques et la notation binaire des nombres. Les relais fonctionnaient eux-mêmes sur le modèle ouvert/fermé. Dans l'additionneur de cuisine, il y avait en tout et pour tout deux ampoules, celles-ci s'allumaient si la somme était un 1 et ne s'allumaient pas si la somme était 0.

Stibitz construisit alors des circuits plus sophistiqués qui pouvaient soustraire, multiplier, diviser. Mais il ne s'agissait encore que d'une sorte de jeu, d'amusement de week-end pour un ingénieur soucieux de suivre ses intuitions. Cependant, il avait été conforté dans l'idée que son intuition présentait un certain intérêt par la lecture de l'article de Shannon publié en 1938 sur l'application de la logique symbolique aux circuits à relais.

Le Dr Fry, patron de Stibitz, après avoir été mis au courant de ses amusements de week-end, lui demanda de construire un calculateur à relais, en coopération avec Samuel B. Williams, pour effectuer les opérations sur les nombres complexes dont la compagnie avait besoin.

Le premier calculateur à relais binaire fut construit entre avril et octobre 1939 et nommé « calculateur complexe » (*complex calculator*) ou encore « calculateur à relais téléphoniques des laboratoires Bell modèle 1 » (Bell Telephone Lab Computer Model 1 — BTL Model 1).

Son architecture était simple : une unité composée de 400 à 450 relais s'occupait des calculs et un télétype transformé servait à introduire les problèmes et à lire les résultats. Il pouvait additionner deux nombres décimaux de 8 chiffres en un dixième de seconde et multiplier deux grands nombres en une minute. La machine était peu rapide, mais d'un maniement très aisé. Deux autres groupes de la Bell ayant également à faire de longs calculs, chacun d'entre eux fut connecté par télétype : le premier qui demandait l'accès était le premier servi, l'autre restant en attente.

L'histoire du calcul artificiel

En septembre 1940, à l'occasion du congrès annuel de l'American Mathematical Society, la Bell installa des télétypes connectés au réseau télégraphique dans les locaux du Dartmouth College à Hanover, dans le New Hampshire. Ceux-ci étaient reliés au Model 1 implanté à Manhattan. La démonstration (animée par deux chercheurs que nous retrouverons plus tard, Norbert Wiener et John Mauchly) fit une grande impression. La réponse parvenait en moins d'une minute. C'est sans doute le premier exemple connu de calculs effectués à distance par une machine.

Stibitz avait également utilisé en 1942 l'arithmétique flottante (déjà mise au point par Torres y Quevedo), qui permet à la machine, si les nombres sur lesquels porte le calcul sont trop grands, de les diviser par un facteur 10, 100 ou 1 000, puis de les reconstituer en fin de parcours.

Quatre autres modèles ont succédé à cette machine, jusqu'au Model V, achevé en 1946, toujours avec une technologie à base de relais. Le Model V, bien que démodé du fait de l'invention de l'ordinateur, servit encore pendant une dizaine d'années. Il comportait 900 relais, pesait 10 tonnes et occupait une surface au sol de 105 mètres carrés.

Sur les traces de la « machine analytique » : le calculateur Harvard MARK 1

Le projet de cette machine fut conçu à l'université de Harvard en 1937 par Howard H. Aiken (1900-1973), professeur de mathématiques appliquées, qui connaissait, contrairement semble-t-il aux autres concepteurs de l'époque, les travaux de Babbage. Alors qu'il était étudiant à Harvard, Aiken avait passé des heures à calculer des équations différentielles et il était frustré par le volume considérable des calculs à effectuer, volume tel que dans certains cas les opérations étaient impossibles.

La volonté d'Aiken semble avoir été de construire un calculateur universel (en utilisant le principe des machines à cartes perforées) qui devait exécuter les calculs dans l'ordre des séquences mathématiques — et non des séquences imposées par les contraintes mécanographiques.

Il s'agit du premier calculateur à registre contrôlé par un programme. Il opérait en décimal et il était bien sûr électromécanique : comme dans une usine de tissage, un moteur électrique actionnait un axe de transmission central courant tout au long de la machine. Le mot et l'idée sous-jacente semblent avoir été utilisés pour la première fois, par Aiken, à propos de cette machine.

Le registre est un dispositif qui permet d'enregistrer la représentation physique de l'information dans la machine elle-même. Il compose donc ce qu'on appelle désormais la « mémoire ». Le MARK 1 avait été réalisé pratiquement selon les plans de Babbage : le mécanisme de transfert d'une quantité d'une partie à l'autre de la machine, comme l'addition, se faisait à l'aide d'un système de roues dentées mues par des impulsions électriques, qui effectuaient une rotation toutes les dix impulsions. Le programme était inscrit sur une bande de papier perforée et une horloge synchronisait les opérations effectuées par la machine.

L'aspect extérieur de la machine était impressionnant : elle mesurait 10,60 mètres de long, 2,60 mètres de hauteur et comprenait 800000 éléments. La machine pesait 5 tonnes et il fallait plusieurs tonnes de glace chaque jour pour la refroidir. Elle cliquetait, disait-on, de telle façon que l'on se serait cru dans une pièce remplie de femmes qui tricotaient. Elle pouvait multiplier 2 nombres décimaux de 23 chiffres en 3 secondes et donner la réponse sur cartes perforées. Elle était particulièrement bien adaptée au calcul des tables mathématiques et en tout cas cent fois plus rapide que les calculateurs de bureau de l'époque.

Pour réaliser son projet, Aiken s'était adressé d'abord à la Monroe Calculating Machine Compagny qui avait refusé de financer son projet, puis à Thomas Watson (1874-1956), PDG d'IBM, en 1939, qui accepta, jusqu'à ce qu'un désaccord sépare publiquement (le jour de l'inauguration) les deux hommes. Pour IBM, la machine s'appellera ASCC, pour Automatic Sequence-Controlled Calculator.

La machine fut achevée en janvier 1944 et présentée pour la première fois au public en août de la même année à Harvard. Sa finition était particulièrement soignée, dans un souci de relations publiques sans doute inspiré par IBM qui, finalement, offrit la machine à l'université de Harvard où elle servit pour des travaux militaires secrets. Elle restera en service au laboratoire de calcul de cette université jusqu'en 1959.

Les huit années suivantes, Aiken construisit trois autres modèles de ce type. MARK 2 fut mise en chantier dès 1944 (sa particularité était de pouvoir être utilisée soit comme deux calculateurs séparés, soit comme un seul) et MARK 3, qui était électronique avec une mémoire à tambour, à partir de 1949. MARK 6 aura, en 1952, une des premières mémoires à tores de ferrites.

Dernier grand géant électromécanique, MARK 1, qui fit pourtant grosse impression auprès du public et de la presse, fut obsolète dès l'apparition de l'ENIAC, machine moins connue parce que construite en secret à l'université de Pennsylvanie.

Les calculateurs électroniques

L'avenir, décidément, appartenait à l'électronique. Pourtant, au cours de cette période des années quarante, foisonnante d'inventivité, cela ne paraissait pas évident à beaucoup. Quel était l'avantage de l'électronique ? Principalement la rapidité de commutation : on pouvait actionner un circuit ouvert/fermé plusieurs centaines de milliers de fois *par seconde*, grâce à l'absence de tout frottement mécanique. C'était de très loin la meilleure performance jamais obtenue par une technologie de traitement du signal. Mais il y avait un inconvénient : le seul moyen à l'époque d'utiliser les ressources de l'électronique était l'emploi des terribles tubes à vide, curieux mélange de performances inouïes et de désarmante fragilité. Quoi qu'il en soit, les tubes à vide eurent leurs pionniers, et leurs détracteurs. Les premiers eurent une intuition pertinente, les seconds résistèrent, plus ou moins longtemps, jusqu'à ce que cette technologie fût beaucoup mieux maîtrisée.

Les premiers à se lancer dans l'aventure d'un calculateur

fonctionnant avec des tubes à vide furent John V. Atanasoff et Clifford Berry, en 1939, qui conçurent ensemble l'ABC, (Atanasoff-Berry Computer). Cette machine, décidément révolutionnaire, utilisait en plus le système binaire dérivé de l'algèbre de Boole. Non programmable, hélas !, elle était de ce fait très lente. La vitesse potentielle d'une machine complètement électronique n'était pas utilisée. Son horloge interne n'avait que 60 pulsations par seconde, performance pour laquelle il n'était pas nécessaire d'utiliser l'électronique (l'ENIAC fonctionnera au rythme de 200 000 pulsations/seconde).

L'unité d'addition et de soustraction contenait 210 tubes ; 30 autres tubes contrôlaient le lecteur et l'éditeur de cartes. La mémoire était composée de 2 tambours rotatifs, versions primitives des tambours de la fin des années quarante et du début des années cinquante. La partie la plus sensible était l'éditeur de cartes perforées sur lequel on lisait les résultats : il tombait en panne toutes les quelques centaines de milliers de fois, quantité suffisante pour exclure le traitement des équations linéaires qui nécessitaient des montagnes de chiffres binaires.

La machine était conçue pour résoudre simultanément des équations linéaires, des équations différentielles et calculer des tables de tir. Sa construction fut terminée au printemps 1942. Au début, Atanasoff avait appelé sa machine simplement une « machine à calculer » (*computer machine*), le nom ABC ne lui sera donné que quelques années après. L'ABC fut démonté en 1948. Elle aura inspiré directement les futures machines électroniques, en particulier l'ENIAC.

Le dernier grand calculateur : l'ENIAC

L'ENIAC est véritablement un des derniers grands dinosaures de cette période qui précède l'apparition de l'ordinateur. Sa construction démarra à la Moore School de l'université de Pennsylvanie en juin 1943. La machine sera beaucoup moins rapidement connue du grand public, qui s'extasiait alors sur les performances du Harvard MARK 1, car elle fut d'emblée classée « secret militaire ». L'enjeu en

L'histoire du calcul artificiel

effet était de taille puisque l'armée, en particulier les services balistiques, ainsi que nous aurons l'occasion de le voir plus loin en détail, manquait cruellement de moyens de calcul. La machine devait avoir des performances jusque-là inégalées, notamment grâce à la technologie des tubes à vide électroniques. Certains ingénieurs, au courant du projet, annoncèrent qu'il était irréalisable (la version électronique de l'analyseur différentiel construit au MIT en 1942 contenait 2 000 tubes et c'était là un record absolu).

Il fallut un an pour faire les plans et un an et demi pour la construire. L'ENIAC fut donc achevée en novembre 1945, trois mois après que les Japonais se furent rendus. Elle aura coûté en tout une petite fortune : 500 000 dollars de l'époque. Elle fut inaugurée le 15 février 1946 par une démonstration d'un calcul de trajectoire balistique et prouva à cette occasion que ses détracteurs avaient eu tort, car son fonctionnement était très satisfaisant. La preuve était faite de l'intérêt de l'électronique dans la construction des grandes machines à calculer.

L'équipe chargée de la réalisation s'était constituée autour des deux principaux concepteurs du projet, Presper Eckert, ingénieur en chef, et John W. Mauchly, principal consultant. Le lieutenant Goldstine fut chargé de la liaison technique avec l'armée. Ces trois hommes joueront par la suite un grand rôle dans la naissance de l'ordinateur.

Plusieurs des idées qui serviront à réaliser l'ENIAC viennent d'Atanasoff. L'utilisation des tubes électroniques avait déjà été testée sur l'ABC, mais ils seront utilisés ici sur une échelle beaucoup plus vaste. Atanasoff avait également réalisé la synchronisation des opérations internes de la machine avec une horloge électronique dont les pulsations, analogues aux coups réguliers d'un batteur de galère, permettent aux différentes opérations de la machine d'avoir lieu simultanément. Cette importante innovation sera reprise sur l'ENIAC, qui changera ainsi d'état 200 000 fois par seconde.

Mais deux autres idées d'Atanasoff furent laissées de côté : l'usage du binaire, qui simplifiait pourtant considérablement les opérations de calcul, et la séparation nette entre la mémoire et les unités arithmétiques. A la différence de l'ABC, l'ENIAC avait une grande vitesse de fonctionnement et elle était à la fois programmable et universelle.

Programmer l'ENIAC était d'ailleurs une affaire très complexe : il fallait tourner *à la main* des milliers de commutateurs et brancher spécialement des centaines de câbles. L'ENIAC contenait 17 468 tubes et la défaillance d'un seul d'entre eux suffisait à annuler le calcul en cours. 50 tubes seulement tombèrent en panne le premier mois, et 15 les cinq mois suivants. Mais, lors de la première année, plus de cent pour cent des tubes durent finalement être remplacés.

Lors de sa première démonstration publique devant des journalistes, l'ENIAC additionna 5 000 nombres ensemble en une seconde : c'était véritablement une machine impressionnante, composée de quarante panneaux disposés en forme de fer à cheval qui pesaient environ 30 tonnes et avaient une surface au sol de 160 mètres carrés. Elle contenait, outre les fameux tubes à vide, 70 000 résistances, 10 000 capacités, 1 500 relais, 6 000 commutateurs manuels. Elle était actionnée par un moteur équivalant à deux puissants moteurs de voitures de 4 cylindres, tandis qu'un énorme ventilateur refroidissait la chaleur dissipée par les tubes. Elle consommait 150 000 watts tout en produisant la chaleur de 50 chauffages domestiques. On disait alors que, lorsqu'elle se mettait en marche, toutes les lumières du quartier de Philadelphie Ouest s'éteignaient, mais il s'agit vraisemblablement d'une légende.

Les performances de ce dernier grand dinosaure du calcul, associées à la conscience des limites que sa taille et surtout son organisation interne avaient atteintes, ne provoquèrent pas à elles seules, comme nous allons le voir, la mutation technique qui devait conduire au principe de l'ordinateur. Mais l'ère de l'informatique devra beaucoup à ces efforts qui, du boulier au calculateur moderne, ont permis de transférer toujours un peu plus avant les compétences de l'homme vers la machine.

Pour entrer dans la lecture thématique, rendez-vous page 83 où commence la partie consacrée au développement technique.

Pour en savoir plus

DAUMAS, Maurice, « Les calculateurs mécaniques », *Histoire générale des techniques*, t. 5, Paris, PUF, 1979.

IFRAH, George, *Les Chiffres ou l'Histoire d'une grande ambition*, Paris, Robert Laffont, 1985.

LIGONNIÈRE, Robert, *Préhistoire et Histoire des ordinateurs*, Paris, Robert Laffont, 1987.

Pour approfondir

AUGARTEN, Stan, *Bit by Bit. An Illustrated History of Computer*, New York, Ticknor and Fields, 1984.

GILLES, Bertrand, *Histoire des techniques*, Paris, Gallimard, « Bibl. de la Pléiade », 1978.

RANDELL, Brian (édité par), *The Origins of Digital Computers*, Berlin, Heidelberg, New York, Springler Verlag, 1982.

RANDELL, Brian, « La genèse des calculateurs électroniques », *Histoire générale des techniques*, t. 5, Paris, PUF, 1979.

DEUXIÈME PARTIE

La formation de l'informatique

4. Du calculateur à l'ordinateur : la naissance d'une nouvelle lignée technique

L'un des phénomènes les plus étonnants, et sans doute le plus mal connu en informatique, est que pratiquement tous les ordinateurs construits depuis la fin des années quarante obéissent au même principe de base. Il s'agit de *machines entièrement automatiques, disposant d'une mémoire étendue et d'une unité de commande interne, qui effectuent des opérations logiques de calcul et de traitement de l'information grâce à des algorithmes enregistrés.*

Ce principe distingue radicalement les calculateurs construits jusque-là (comme la série des MARK ou l'ENIAC) de l'ordinateur moderne. La construction de ces nouveaux prototypes fut rendue possible grâce aux technologies électroniques mises au point sur les derniers grands calculateurs (l'ENIAC en particulier).

La synthèse de différents travaux conduira le mathématicien américain John von Neumann (1903-1957) à dresser, en 1945, les plans de la nouvelle machine. Alan Turing avait toutefois déjà jeté les bases théoriques de la notion d'algorithme dès 1937. Les travaux des deux hommes allaient dans le même sens : construire de puissants outils de calcul adaptés au traitement d'une très large variété de problèmes, et qui soient en même temps des modèles le plus proche possible du cerveau humain.

Le principe technique de l'ordinateur se situera au point exact de convergence des traditions qui se rapprochaient depuis des siècles : la nouvelle machine, construite comme une sorte de « cerveau artificiel », sera un automatisme à programmation qui permettra tout à la fois de faire des calculs arithmétiques et de traiter logiquement des informations.

Une rencontre décisive

L'histoire de la construction de l'ordinateur moderne a peut-être commencé sur un quai de gare, un jour d'août 1944, alors que le lieutenant Goldstine attendait le train qui devait l'emmener d'Aberdeen à Philadelphie. H.H. Goldstine, qui avait été avant la guerre professeur de mathématiques, faisait partie de ces nombreux scientifiques mobilisés par l'US Army. Nommé au BRL (Ballistic Research Laboratory), il avait en charge, pour le compte du bureau du matériel (Ordnance Department), le suivi scientifique du projet « PX », qui était le nom de code secret pour l'ENIAC.

Or, avant même que l'ENIAC ait été réalisé et que la machine ne fonctionne réellement, ses promoteurs en avaient perçu les limites. Si puissants et si rapides fussent-ils pour l'époque, ces calculateurs paraissaient obéir à une logique surannée. La technologie utilisée pour l'ENIAC, l'électronique, était certes d'avant-garde, mais le principe qui présidait à l'organisation de la machine et de la chaîne des calculs restait au fond inchangé depuis Shickard et Pascal : les roues dentées avaient simplement été remplacées par des tubes, qui fonctionnaient certes des milliers de fois plus rapidement, mais pour obéir aux mêmes lois que la pascaline.

De plus, Eckert et Mauchly, qui étaient en train de réaliser l'ENIAC, voyaient loin. Les futurs concepteurs du premier grand système commercialisé semblaient en effet conscients que l'avenir n'appartenait pas aux calculateurs traditionnels.

Cette réflexion que menaient Eckert et Mauchly, à partir des limitations d'une machine qui n'était même pas encore terminée, se révélait d'autant plus visionnaire que l'ENIAC et surtout la technologie électronique n'étaient pas encore vraiment assurés de fonctionner correctement. Beaucoup des membres de la petite communauté des constructeurs de calculateurs pensaient en tout cas ainsi et préféraient pour l'avenir une technologie plus sûre, à base de relais téléphoniques par exemple.

Von Neumann, qui avait en charge la résolution de calculs extrêmement complexes, n'avait pas connaissance du projet de construction de l'ENIAC lorsque le hasard le conduisit sur le quai de la gare d'Aberdeen, le même jour que Goldstine. Les spectateurs de cette rencontre, au demeurant fort discrète, entre le jeune lieutenant et le mathématicien ne se doutèrent pas, évidemment, qu'ils venaient d'assister à un événement capital, qui inaugurait sans doute l'ère des ordinateurs.

Goldstine avait rapidement identifié von Neumann, qui était alors très connu. Il s'était présenté à lui, assez intimidé, mais s'était rassuré au fur et à mesure de la conversation. Von Neumann était en effet un homme avenant, qui faisait tout son possible pour mettre ses interlocuteurs à l'aise.

Von Neumann s'était montré soudain vivement intéressé par la description que Goldstine venait de lui faire de l'ENIAC, une machine qui tranchait, par sa technologie, sur tout ce qui était connu jusqu'alors. Von Neumann et Goldstine avaient des intérêts qui convergeaient trop fortement pour que leur rencontre n'eût pas de suite. Ce dernier pressentait sans doute tout l'avantage qu'il y avait à ce que von Neumann participe au projet d'amélioration de l'ENIAC : d'abord pour tout ce que les ressources de son intelligence exceptionnelle pouvaient apporter, ensuite parce que la participation de von Neumann donnerait au projet une légitimité incontestable sur un plan scientifique, et aussi auprès des financeurs potentiels. Von Neumann, quant à lui, était sans doute au moins autant intéressé par la puissance de calcul qui était ainsi promise que par ce modèle du cerveau dont il souhaitera ardemment la réalisation. Von Neumann proposa donc de venir passer quelques jours à la Moore School pour examiner la machine et discuter avec ses concepteurs.

De cette rencontre naîtront les principales analyses qui convertiront l'ENIAC, un des derniers grands calculateurs, en une lignée de machines à l'organisation radicalement nouvelle, qui inaugurera l'ère des ordinateurs.

Von Neumann et Goldstine ont-ils pensé ce jour-là au rôle que joue le hasard dans les grandes inventions scientifiques ? Si les deux trajectoires de ces hommes ne s'étaient pas croisées, quel aurait été le destin de l'ordinateur ? Les idées peuvent bien « être dans l'air », il faut des hommes pour les concrétiser, leur donner une forme dans la matière. L'idée de l'ordinateur moderne était probablement déjà prête, mais la participation de von Neumann à sa réalisation a sans doute considérablement accéléré la maturation d'un processus en cours. Les événements, en effet, iront désormais très vite.

Lorsque von Neumann arriva à la Moore School un jour de septembre 1944, très peu de temps après la discussion de la gare d'Aberdeen, Eckert avait imaginé que, si le mathématicien était effectivement aussi brillant qu'on le disait, la première question qu'il poserait concernerait la *structure logique* de la machine. De fait, c'était bien cela qui intéressait von Neumann et ce fut bien la toute première question qu'il posa.

L'enjeu n'était pas l'ENIAC, cette machine étant presque terminée, mais plutôt les plans d'une future machine, l'EDVAC, dont les performances sans précédent tiendraient à la fois à l'utilisation de la technologie électronique et à une conception radicalement nouvelle de son mode d'organisation interne. Von Neumann fut donc nommé consultant sur ce projet.

Du calculateur à l'ordinateur : un nouveau principe technique

Pour saisir le véritable progrès que constitue la naissance de l'ordinateur moderne, selon les plans établis par l'équipe de la Moore School en 1945, il faut distinguer clairement entre le *principe* mis en œuvre dans une machine et les *moyens technologiques* utilisés pour la réaliser. Cette distinction, extrêmement importante, permet de comprendre le jeu subtil qui s'établit, en matière technique, entre ce principe de base, qui ne varie guère à travers le temps, et les *perfectionnements technologiques* ultérieurs que cette machine va subir.

Le principe du véhicule automobile actuel, par exemple, consiste en une machine de transport à laquelle le conducteur transmet ses ordres (mettre en marche le moteur, changer le rapport des vitesses, tourner les roues vers la droite, etc.). Ces véhicules ont été l'occasion de multiples perfection-

La naissance d'une nouvelle lignée technique

nements, mais le principe, au fond, est toujours le même depuis le premier véhicule tracté, que l'énergie utilisée ait été animale ou mécanique.

La situation est équivalente dans le domaine des calculateurs. Quelle que soit l'énergie utilisée, ou la forme de la machine (boulier, calculateur mécanique ou électromécanique, calculateur électronique), l'homme transmet ses ordres et conduit les calculs. La grande innovation de l'ordinateur sera son véritable automatisme puisque la machine, à qui l'on donne les données et les instructions, réalise elle-même les travaux qui lui sont demandés.

L'équivalent, dans le domaine de l'automobile, serait un véhicule à qui l'on donnerait comme instructions d'emmener ses passagers à tel endroit précis. La voiture choisirait elle-même le trajet, en fonction d'impératifs fixés au départ (tel parcours, à cause de sa rapidité, ou tel autre en fonction de critères touristiques, par exemple). La voiture serait à elle-même son propre conducteur, et le transport serait ainsi véritablement automatisé. Ce changement se situerait sur le plan des principes techniques.

En informatique, il est fréquemment fait référence à la machine « type von Neumann » ou encore à l'« architecture de von Neumann », qui désigne le principe *sur la base duquel fonctionnent actuellement pratiquement tous les ordinateurs connus*. On a souvent tendance à confondre le principe de la machine, qui reste inchangé depuis bientôt quarante ans, et les multiples perfectionnements technologiques (miniaturisation, accroissement de la vitesse de traitement et du volume des données, etc.) qui sont survenus depuis. Les grands traits de l'ordinateur ont été définis en 1945 dans un texte court, d'une clarté et d'une simplicité logique étonnantes : « Première esquisse d'un rapport sur l'EDVAC » (« First Draft of a Report on the EDVAC »).

Ce texte d'une petite dizaine de pages, daté du 30 juin 1945, est signé John von Neumann, ce qui constitue, comme nous le verrons, un accident de l'histoire, puisqu'il s'agissait en fait d'une synthèse, réalisée par ce dernier, entre des idées, formulées par lui-même, Eckert et Mauchly. Il porte un titre assez descriptif, comme c'est l'usage en pareil cas, et, comme il s'agit d'un rapport dans le cadre d'un contrat passé entre la Moore School et le département du matériel de l'armée des États-Unis, il porte un numéro : W-670-ORD-4 926.

Von Neumann y décrit les plans d'une nouvelle machine, l'EDVAC, Electronic Discrete Variable Computer (Ordinateur électronique à variables discontinues). Pour en comprendre les principes, il faut regarder l'ENIAC et analyser ses limitations, comme von Neumann l'avait fait quelques mois auparavant en compagnie d'Eckert et de Mauchly, car, en dépit de sa technologie très performante, la machine de la Moore School ne fonctionnait guère autrement qu'un boulier ou qu'une machine électromécanique. Comment en effet se font les calculs ?

Les limites de l'ENIAC

Tout comme sur une machine à calculer classique, l'opérateur doit, pour une addition, par exemple, introduire le premier nombre, puis le deuxième, puis les instructions codées ordonnant à la machine de stocker à tel endroit de l'unité de calcul le premier nombre, puis le second. Les données (les chiffres à additionner), puis les instructions (l'ordre d'addition), sont communiquées successivement à la machine par l'intermédiaire d'un paquet de cartes perforées. Cette procédure n'est guère différente de ce que pratique l'opérateur d'une machine à calculer de table, qui appuie sur les touches correspondantes avec ses doigts. Pour exécuter à nouveau une même partie d'un calcul mais avec des données différentes, il fallait remettre le paquet de cartes correspondant.

L'unité de calcul qu'Eckert, sous le nom d'« accumulateur », avait mise au point pour l'ENIAC à partir d'une idée de Mauchly est organisée de la façon suivante : plusieurs rangées successives de dix tubes électroniques sont disposées en anneau : un premier anneau de dix pour les unités, un deuxième anneau pour les dizaines, un troisième pour les centaines et ainsi de suite.

Quand l'opérateur introduit le nombre 7, par exemple, une impulsion parcourt chacun des sept premiers tubes du premier anneau, celui des unités. Le septième tube reste donc allumé. L'opérateur introduit ensuite le nombre 6. L'impulsion, cette fois-ci, au lieu de partir de zéro, part du tube allumé en position 7, puisqu'il s'agit d'une addition. L'impulsion quitte alors l'anneau des unités, vient allumer le premier tube des dizaines, puis revient sur l'anneau des unités en s'arrêtant au troisième tube. L'opération 6 + 7 = 13 est alors exécutée.

Une instruction spécifique transfère aussitôt les indications contenues sur les tubes (dizaine : 1, unités : 3) dans une unité de lecture, qui donne le résultat : 13. La nouveauté de l'ENIAC tenait à sa technologie ultra-rapide : les impulsions battaient au rythme de 200 000 opérations par seconde, mais données et instructions devaient être introduites « à la main » : il ne sert à rien qu'une machine exécute plusieurs milliers d'additions par seconde s'il faut des milliers de secondes pour en introduire une. L'ENIAC possédait plusieurs accumulateurs de ce type, qui fonctionnaient en parallèle et qui disposaient chacun d'une mémoire où données et résultats étaient stockés en attente.

Cette organisation des calculs parut bien trop complexe aux yeux de ses concepteurs. Trop complexe et en même temps assez imparfaite du point de vue de l'automatisme puisque l'homme ne cesse d'intervenir et ainsi freiner la vitesse des calculs. La nouvelle machine doit donc être plus simple dans sa conception, organisée plus logiquement, et surtout assumer elle-même le déroulement des travaux.

La naissance de l'ordinateur

Parvenue à cette étape de la réflexion, la petite équipe qui scrutait l'ENIAC et ses limitations va soudain cristalliser dans ses discussions tous les thèmes qui avaient commencé à converger.

La tradition de l'automatisme implique que les machines qui sont soumises à sa loi aillent vers une autonomie de plus en plus grande : le futur calculateur n'échappera pas à cette tendance. Il devra donc remplacer l'homme là où ce dernier intervient encore trop : dans le déroulement des différentes étapes des calculs. Il fallait concevoir — c'est principalement von Neumann qui s'occupera de cette question — une organisation logique des différentes parties de la machine entre elles de telle façon qu'il y ait un organe spécifique chargé de coordonner et de diriger l'activité de tous les autres. Cette tâche, que l'opérateur remplissait jusque-là, devrait désormais être confiée au calculateur lui-même.

L'automatisme ne serait vraiment complet que si le programme commandant l'exécution des calculs pouvait être enregistré à l'intérieur de la machine elle-même. Le calculateur devra donc disposer d'un algorithme complet, c'est-à-dire d'une description des opérations à effectuer. L'idée qui consiste à enregistrer l'algorithme de traitement en même temps que les données dans la mémoire du calculateur est en général attribuée à Eckert et Mauchly. La réflexion sur les algorithmes et leur mécanisation avait singulièrement avancé, dès 1936, avec Turing, dont von Neumann connaissait les travaux.

Von Neumann se rattache enfin à une autre tradition, qui converge avec celle du calcul et avec celle de l'automatisme : celle de l'étude des possibilités de construction d'une sorte d'être artificiel, qui serait l'équivalent électronique du cerveau humain. Dans cet esprit, la future machine doit être *universelle*, non plus seulement dans le sens où l'on disait d'un calculateur qu'il était « universel » parce qu'il n'était pas dédié à un seul type de calcul, mais au sens où le cerveau est considéré comme doté d'une capacité d'apprentissage universel.

Cet effort pour imaginer un modèle du cerveau avait été particulièrement développé par le logicien Pitts et le neurophysiologiste McCulloch, dont les travaux, publiés en 1943, inspirent explicitement von Neumann dans sa vision de l'organisation logique des différents éléments de la nouvelle machine. Son attrait pour le *traitement binaire* des données et le découpage de l'algorithme en rapport avec les règles de l'algèbre de Boole était lié directement à la croyance selon laquelle le cerveau humain fonctionnerait globalement en mode binaire (à l'image de certains échanges électriques au niveau des neurones).

La naissance d'une nouvelle lignée technique 91

La conception et la réalisation de l'ordinateur moderne ont donc été rendues possibles grâce à deux grands changements : la mise en place d'une « unité de commande interne », et la représentation des problèmes à traiter sous la forme d'algorithmes universels enregistrés. La nouvelle machine, contrairement aux précédentes, ne calcule plus : elle traite de l'information binaire (ce qui lui permet, indirectement, d'effectuer des calculs).

L'unité de commande interne

L'ordinateur moderne est doté d'une unité de commande interne qui dispose de ses propres programmes. Ceux-ci lui servent à examiner les échanges entre les différentes parties de la machine (la mémoire, l'unité de calcul, les unités d'entrées et de sorties). La machine va donc être programmée pour effectuer toutes les opérations de calcul en fonction de sa propre logique qui privilégie la rapidité de traitement.

Il n'y a qu'une seule unité de mémoire (et non plus des unités associées à chaque accumulateur faisant les calculs) et qu'une seule unité de calcul. Le transfert des instructions et des données, se faisant par des voies électriques ou électroniques, est beaucoup plus rapide qu'avec des procédés mécaniques. Et surtout, lorsqu'une même instruction se répète dans un programme, il n'est pas nécessaire de la reproduire à chaque fois.

Avec un calculateur traditionnel, pour additionner deux à deux toute une série de nombres, il fallait répéter, autant de fois qu'il y avait d'opérations, l'instruction d'addition. L'opération introduisait dans la machine une série de données et d'instructions qui avaient à peu près cette forme : « Mettre 3 à tel endroit de l'accumulateur, mettre ensuite 5 à tel autre, puis additionner ces deux nombres, imprimer le résultat. Mettre 15 à tel endroit de l'accumulateur, 7 à tel autre, puis additionner, etc. »

Avec la nouvelle organisation de la machine, il suffisait d'introduire dans la mémoire les nombres dans l'ordre (ici,

3 et 5, puis 15 et 7, etc.), ensuite une instruction d'addition, puis une instruction commandant de répéter l'opération autant de fois qu'il y a de couples de nombres.

Le rôle de l'unité centrale de commande est alors d'aller chercher le premier couple de nombres, puis l'instruction d'addition, et de les mettre dans l'unité de calcul, ensuite de ranger dans la mémoire le résultat et de recommencer autant de fois qu'il est nécessaire. Grâce à cette disposition logique extrêmement simple et rationnelle, on obtient un véritable automatisme, une grande souplesse de traitement et une vitesse accrue. La machine se pilote elle-même. L'opérateur n'intervient que pour introduire les données et les programmes, et lire les résultats.

Une machine à « états discrets »

Von Neumann s'inspira probablement des idées de Turing pour concevoir l'organisation de l'ordinateur. La bande de papier de la machine de Turing était une mémoire universelle à la fois pour les données et pour les instructions. La machine elle-même est l'équivalent théorique de l'ordinateur moderne. Une autre caractéristique de la machine de Turing est d'être une machine « à états discrets », autrement dit une machine qui fonctionne en passant d'un état dans un autre. « État discret » veut dire ici qu'à une instruction exécutée succède une autre instruction exécutée et qu'entre les deux, il ne se passe rien (« discret » s'oppose à « continu »).

Un ordinateur procède de la même façon. Les opérations élémentaires se font les unes après les autres, à une vitesse qui est déterminée par le rythme de pulsation de la machine (dès 1945, la technologie permettait d'atteindre plusieurs centaines de milliers de pulsations par seconde, donc autant de changements d'états de la machine par seconde).

Von Neumann avait rencontré pour la première fois Turing à Cambridge où ce dernier était *fellow* au King's College. Les principes de la machine de Turing étaient au cœur des propositions de von Neumann. Turing avait inventé par une autre approche ce que Eckert et Mauchly contribueront à décou-

La naissance d'une nouvelle lignée technique

vrir en réfléchissant aux limitations de l'ENIAC. Von Neumann connaissait bien le texte de Turing (ainsi avait-il recommandé à Frankel, avec qui il travaillait à Los Alamos, de le lire, en 1943 ou 1944). McCulloch et Pitts s'étaient également inspirés de ce texte pour écrire leur article de 1943 sur le fonctionnement logique du cerveau humain.

Turing, comme von Neumann, avait en tête de construire un « cerveau » (il en avait parlé à sa mère en 1944), en imitant moins la physiologie du modèle humain que son comportement logique, les « états de pensée » étant pour lui équivalents aux instructions de sa machine. Il souhaitait donc faire les plans d'une machine universelle qui rendait des services à la psychologie dans l'étude du cerveau humain.

La nouvelle organisation logique du calculateur qui était proposée par von Neumann s'appuyait sur les possibilités d'ordonner les calculs sous la forme algorithmique. Tout problème calculable pouvait être entièrement défini et écrit sous la forme d'un jeu d'instructions explicites. Le traitement algorithmique d'un problème se ramènerait donc à l'exécution de séquences finies d'opérations arithmétiques ou logiques écrites sous la forme d'un programme.

Les plans de l'EDVAC prévoyaient que chaque instruction aurait la forme d'un code numérique (par exemple 101 1001 1111 0011). Le premier nombre (101) indiquait l'opération qui devait être effectuée (101 signifie additionner). Les deux nombres suivants (1001 et 1111) indiquaient l'adresse en mémoire des quantités sur lesquelles portaient les opérations (à l'adresse 1001 il y avait par exemple le nombre 3, à l'adresse 1111, le nombre 5). Le troisième nombre (0011) donne l'adresse en mémoire où la machine va stocker le résultat.

Il fallait par ailleurs distinguer entre, d'une part, le programme de traitement qui exécute les instructions correspondant à un problème particulier et, d'autre part, les programmes qui permettent à l'unité de commande de superviser le déroulement du programme de traitement, d'exécuter les modifications d'adresses nécessaires, etc. L'instruction, sous forme de code numérique, a donc la même forme qu'une donnée, et il devient possible de la conserver en mémoire : c'est la notion d'algorithme ou de « programme enregistré ».

La machine inventée par l'équipe de la Moore School n'était donc plus un calculateur, mais un « automate universel électronique à algorithme enregistré ».

Les bases de l'ordinateur moderne venaient d'être jetées. L'ENIAC, à peine terminé, était déjà dépassé. L'ère des calculateurs était terminée, même si certains ingénieurs s'acharneront encore pendant quelques années à construire de grandes machines électromécaniques ou électriques sans algorithme enregistré ni unité centrale de commande.

Plusieurs traditions différentes, incarnant des versants complémentaires de la pensée humaine, s'étaient cristallisées en une machine nouvelle. Celle-ci, en 1945, n'était encore qu'un projet, le « projet EDVAC ». Quelles que soient les péripéties que cette machine connaîtra par la suite, de ses plans sortiront, comme d'une matrice unique, les modèles d'ordinateurs futurs.

Pour la suite de la lecture thématique, rendez-vous page 95.

Pour en savoir plus

BREMOND, Georges, *La Révolution informatique*, Paris, Hatier, 1982.

Pour approfondir

AUGARTEN, Stan, *Bit by Bit. An Illustrated History of Computer*, New York, Ticknor and Fields, 1984.

HEIMS, Steve, *John von Neumann and Norbert Wiener*, Cambridge, Massachusetts, MIT Press, 1980.

MOREAU, René, *Ainsi naquit l'informatique*, Paris, Dunod, 1982.

RAMUNNI, Jérôme, *La Physique du calcul, histoire de l'ordinateur*, Paris, Hachette, 1989.

RANDELL, Brian (édité par), *The Origins of Digital Computers*, Berlin, Heidelberg, New York, Sptinger-Verlag, 1982.

RANDELL, Brian, « La genèse des calculateurs électroniques », *Histoire générale des techniques*, t. 5, Paris, PUF, 1979.

5. 1942-1962 :
les premiers ordinateurs

Le développement des ordinateurs, depuis les plans de l'EDVAC en 1945 jusqu'aux changements importants du début des années soixante, avec l'apparition de la série 360 d'IBM, va se faire en trois grandes périodes.

De 1945 à 1951, les premiers ordinateurs verront le jour, dans différentes universités anglaises et américaines, en même temps que seront construits les derniers grands calculateurs. En 1951, commence la période de commercialisation à grande échelle des ordinateurs, qui cessent progressivement d'être des machines d'universités pour devenir des produits commerciaux d'un nouveau genre, très fortement marqués par le contexte militaire de leur naissance. En 1959, l'usage du transistor marque l'ouverture de la troisième période.

1945-1951 : sur les traces de l'EDVAC

En 1945, les plans de l'ordinateur moderne étaient clairement établis et l'EDVAC fut mis en chantier. L'ENIAC était à peine terminé sans pour autant d'ailleurs que la technologie des tubes à vide utilisés pour le calcul soit acceptée par tous, malgré le poids que conférait au projet la participation d'un homme aussi respecté que von Neumann.

La construction de l'EDVAC risquait de coûter cher et les nombreuses difficultés techniques auxquelles on pouvait s'attendre étaient loin d'être résolues. En fait, l'EDVAC sera un des *derniers* prototypes d'ordinateurs construits à la fin des années quarante, alors qu'il avait été la première machine de ce type mise en chantier. Il ne sera terminé en effet qu'en 1952, trois ans après que les Anglais auront fait fonctionner le premier ordinateur, sur la base des plans originaux de von Neumann. Que s'est-il passé ?

Les raisons de ce retard n'étaient pas d'ordre technique. Pour construire une telle machine, même si les plans en étaient clairement établis, il fallait une équipe unie. Or celle de la Moore School de l'université de Pennsylvanie avait commencé à être tiraillée, dès 1945, par des intérêts divergents. Brillamment réunis sur un plan intellectuel par la préoccupation commune de construire un calculateur ultramoderne, chacun avait des motivations et surtout des projets d'avenir différents.

Eckert et Mauchly pensaient qu'une telle machine avait un réel avenir *commercial*. Il fallait donc selon eux déposer un brevet et constituer une société privée dans le but de faire rapidement des bénéfices. Les autres membres de l'équipe désapprouvaient fortement cette ambition. Certains la croyaient irréalisable, d'autres pensaient que la recherche dans ce domaine devait rester l'apanage de l'Université et ainsi continuer à se développer dans le champ de la recherche fondamentale. Von Neumann, que l'on sait attaché aux travaux sur un modèle réduit du cerveau humain, défendra cette dernière position avec acharnement.

En avril 1947, après pratiquement deux ans de querelles intestines qui paralysèrent la construction de l'EDVAC, la justice conclut que les principes de base de l'ordinateur, tels qu'ils étaient consignés dans les plans de l'EDVAC, appartenaient désormais au domaine public, et ne pouvaient donc pas faire l'objet d'une prise de brevet. Aucune compagnie, fût-elle dirigée par Eckert et Mauchly, ne pourrait revendiquer désormais le monopole des plans de l'ordinateur moderne.

Un des points les plus vifs de la querelle qui avait fait éclater l'équipe de la Moore School avait été la question de savoir à qui attribuer la paternité des plans de l'EDVAC. Ceux-ci, bien sûr, étaient signés von Neumann et ce dernier ne manquera pas de se servir de cet argument pour empêcher la prise de brevet par Eckert et Mauchly. A l'origine, von Neumann avait simplement rédigé, sur la base de ses discussions avec Eckert et Mauchly et avec l'accord de ces derniers, un rapport préliminaire, qui contenait de nombreux espaces blancs pour les noms et les références. Goldstine, à qui le mathématicien avait envoyé ce texte, prit l'initiative, d'une part d'y mettre une couverture et un titre, d'autre part de le diffuser immédiatement. Par la suite, et compte tenu des circonstances particulières dues à la querelle sur la commercialisation ou non de l'EDVAC, le rapport et les idées qu'il contenait furent attribués uniquement à von Neumann.

Après l'éclatement de l'équipe de la Moore School, plusieurs machines seront mises en chantier, dans différentes universités, sur la base des plans initiaux publiés en 1945. Von Neumann, respectant en cela les habitudes et l'éthique scientifique, avait en effet choisi de faire circuler le plus possible ces plans. Il organisa donc de nombreuses conférences où furent discutés les principes de l'ordinateur, devant des publics essentiellement composés, pour des raisons de sécurité (c'est le début de la guerre froide), de chercheurs américains, mais aussi anglais, l'Angleterre étant considérée comme un allié sûr.

La diffusion des principes de base de l'ordinateur moderne, à travers le texte de von Neumann, va, entre 1945 et 1951, suivre plusieurs chemins qui aboutiront à la construction de cinq machines principales pouvant toutes prétendre, à un titre ou à un autre, être le prototype des futures machines informatiques. Immédiatement après, dès 1951, l'UNIVAC, puis l'IBM 701, seront les premiers modèles commercialisés, directement influencés par les prototypes que furent l'EDVAC, la machine IAS, le BINAC, l'EDSAC et le Manchester MARK 1. *Ces cinq machines furent véritablement les premiers ordinateurs.*

Outre ces modèles, spécifiquement conçus pour être des ordinateurs, il faut compter deux machines (l'ENIAC et l'IBM SSEC) qui, tout en restant des calculateurs classiques, seront utilisées dans une perspective proche des nouveaux principes.

Von Neumann et H.H. Goldstine avaient décidé de faire

fonctionner après coup l'ENIAC comme un ordinateur, en utilisant certaines de ses tables de fonction comme mémoire pour les instructions. Mais l'organisation interne de la machine n'était pas modifiée et elle n'avait donc pas d'unité de commande. Une première démonstration fut faite en présence de von Neumann par Adèle Goldstine (une des programmeuses de l'équipe) le 16 septembre 1948.

D'autre part IBM, en regroupant plusieurs machines électromécaniques traditionnelles, construira un prototype de démonstration, le SSEC (Selective Sequence Electronic Calculator), que certains spécialistes, principalement liés à IBM, considèrent comme ayant été le premier ordinateur. L'IBM SSEC a pu être construite, semble-t-il, grâce au fait que T.J. Watson Jr, pilote de bombardier pendant la guerre — donc bon connaisseur des performances des instruments électroniques —, croyait dans l'avenir de l'électronique et avait réussi à convaincre son père sur ce point (il y avait des résistances à l'intérieur d'IBM et l'IBM 603, construit en 1942 avec des tubes à vide, n'avait été ni perfectionné ni commercialisé).

Le SSEC n'était pas une machine à programme enregistré au plein sens du terme et se situait plutôt dans la tradition du Model V ou du Harvard MARK 1. Il s'agissait d'un hybride technologique, avec 13 500 tubes électroniques et 21 400 relais électromécaniques. Pour additionner, par exemple, les instructions et les données étaient transférées des cartes aux relais puis aux tubes. De plus, la machine n'était pas totalement automatique puisqu'elle comportait des panneaux mobiles de connexion qui aidaient à la transmission des nombres.

Le SSEC était installé au rez-de-chaussée du building IBM dans Madison Avenue à Manhattan. Comme il était visible de la rue, des nuées de badauds venaient le voir fonctionner. Il servit le 27 janvier 1948, date de sa première utilisation, à calculer les tables de position de la Lune qui serviront plus tard pour le premier alunissage.

L'aventure anglaise

Le destin, mais aussi les mésaventures de l'équipe de l'EDVAC, feront de l'Angleterre le pays où fonctionneront, dans deux de ses universités, les premiers ordinateurs modernes. L'Angleterre de l'après-guerre était exsangue financièrement, mais ses dirigeants voulaient la doter rapidement d'un programme nucléaire militaire. Il fallait donc être à la pointe du progrès en matière de grands calculateurs.

Les universités anglaises étaient vivantes, créatives, et beaucoup de chercheurs avaient un certain renom. Dans le domaine des mathématiques et de la logique appliquées au calcul, Turing était sans conteste une des plus brillantes figures mondiales. Le jeune mathématicien jouait déjà un rôle essentiel depuis 1937. Les principes de sa « machine universelle » avaient influencé McCulloch, Pitts et von Neumann lui-même. Outre Turing, un certain nombre de chercheurs anglais, mathématiciens pour la plupart, séjournèrent dans les universités américaines où l'on construisait les derniers grands calculateurs. Trois d'entre eux, Womersley, Wilkes et Newman, seront à l'origine des grands projets anglais.

J.R. Womersley, membre du National Physical Laboratory, la plus grande agence de recherche anglaise, avait été convié très tôt, dès mars 1944, à venir voir l'ENIAC et le Harvard MARK 1. Womersley avait eu accès, un peu plus tard, à une copie du rapport sur l'EDVAC de von Neumann. Le domaine des calculateurs n'était pas pour lui véritablement nouveau puisqu'il avait déjà travaillé sur les deux analyseurs différentiels anglais (l'un à Manchester, l'autre à Cambridge). Il connaissait, par ailleurs, l'article écrit par Turing en 1936. Un autre chercheur anglais, le professeur Wilkes, directeur du laboratoire de calcul de l'université de Cambridge, avait suivi, au cours de l'été 1946, les cours de la Moore School et connaissait bien lui aussi le rapport de von Neumann.

Max Newman, professeur de mathématiques à l'université de Manchester, était quant à lui assez familiarisé avec les travaux américains, et surtout il avait été le premier lecteur, en 1936, de l'article de Turing. Il avait réalisé avec ce dernier la série des machines « Colossus », qui avaient servi à décrypter certains codes secrets utilisés par les Allemands pendant la guerre.

Ces trois hommes, chacun de leur côté, soutiendront ou dirigeront des projets de construction au moins aussi ambitieux que ceux de leurs homologues américains. Deux d'entre eux, seulement, verront véritablement le jour.

L'échec du projet « ACE »

De retour des États-Unis, et enthousiasmé par ce qu'il y avait vu, Wilkes proposa immédiatement à Turing de dresser les plans d'un ordinateur anglais, entièrement électronique. De ce côté-ci de l'Atlantique, les performances de cette technologie avaient déjà fait leurs preuves à travers les machines Colossus, qui fonctionnaient à base de tubes électroniques, en nombre assez important.

Turing fit les plans d'une machine extrêmement originale, mais assez complexe et coûteuse à réaliser, qui devait s'appeler ACE, Automatic Computing Engine (Engine fait référence ici à la machine de Babbage). Sur le plan technologique, elle devait avoir une mémoire de 204 800 bits et un rythme de base d'un million de pulsations par seconde, cinq fois plus que l'ENIAC. Sur le plan des principes de base, il s'agissait évidemment d'un ordinateur du type EDVAC, mais Turing, qui avait le souci d'innover, imaginera que non seulement la machine devait disposer d'un algorithme enregistré, mais qu'elle pourrait en outre *modifier en cours de traitement ses propres instructions*, ce qui aurait dû constituer une nouveauté majeure.

Le projet ACE fut annoncé avec beaucoup de publicité dans la presse. Le 7 novembre 1946, le *Daily Telegraph* annonçait que les Anglais avaient réalisé un « cerveau radio » (*radio brain*, en référence aux tubes à vide qui servaient aussi dans les postes de radio) « supérieur aux modèles américains ». Le lecteur anglais, peu au fait des performances de ce genre d'engin, apprenait que « l'équivalent de l'ACE dans le champ du transport serait sa capacité à voyager de Londres à Cambridge en cinq secondes, comme une chose ordinaire ».

Malheureusement, la machine fut victime de l'indécision et de l'incompréhension de ses financeurs du Laboratoire national de physique, et seule une version à beaucoup plus petite échelle fut construite sous le nom d'« ACE Pilot » et terminée en mai 1950, sans la participation de Turing qui avait rejoint entre-temps Max Newman à l'université de Manchester.

Le Manchester MARK 1

Cette machine avait été conçue à l'université de Manchester, en Angleterre, sous la direction de Max Newman. Turing rejoindra en cours de réalisation le projet, qui était soutenu par la Royal Society. Il avait démarré au milieu de 1946 et le prototype fut opérationnel en juin 1948. *Il s'agit du premier ordinateur qui ait jamais fonctionné dans le monde.*

Sa mémoire interne avait été inventée par F.C. Williams, ingénieur en chef du projet, à partir d'une technologie déjà utilisée pour générer les images de TV et les images des écrans radar : les tubes à rayons cathodiques (CRT ou Cathode Ray Tubes). Les bits étaient ainsi conservés sous la forme de points (des impulsions chargées positivement ou négativement) visibles sur l'écran.

Dans l'architecture de la machine, un CRT spécial permettait de visualiser le contenu des six autres mémoires CRT. Il s'agissait de la première visualisation sur l'écran des données contenues en mémoire. L'avantage de cette technologie est qu'elle était à la fois disponible, peu coûteuse, rapide et de dimensions réduites. Chaque écran pouvait contenir 1 024 ou 2 048 bits. Mais elle avait des inconvénients : de temps à autre une impulsion se perdait ou se transformait ; les informations n'étaient donc pas tout à fait fiables.

Turing avait conçu, pour aider les *coders* (les programmeurs), un manuel comportant une sorte de code sténographique pour écrire des programmes, utilisant les touches d'un télétype pour représenter de longues séries de chiffres binaires. TC, par exemple, correspondait aux 0 et aux 1 que la machine exécutait comme étant une instruction d'addition.

Le premier programme enregistré jamais utilisé sur un ordinateur fut exécuté le 21 juin 1948. Il s'agissait d'un programme de recherhe des facteurs premiers. Williams raconte ainsi ce moment historique : « Lorsque la machine fut terminée, un programme fut laborieusement inséré et l'on pressa sur le bouton. Immédiatement les points sur le tube de contrôle entamèrent une danse folle... une danse de mort qui ne donna aucun résultat utilisable... mais un jour cela s'arrêta, et, brillant de façon lumineuse à la place attendue, il y eut la réponse attendue. »

L'EDSAC

Le deuxième ordinateur anglais fut construit à l'université de Cambridge par le professeur Wilkes, et achevé en juin 1949. EDSAC voulait dire « Electronic Delay Storage Automatic Computer », soit, approximativement, « Calculateur électronique automatique à mémoire à retard ». Le terme *delay* signifiait ici que la machine avait une mémoire composée de *mercury delay line*, les fameuses « lignes de mercure à retard » ou « lignes à retard ultrasoniques ».

Il s'agissait de tubes fins, remplis de mercure, inventés par Eckert, qui emmagasinaient des impulsions électroniques. Celles-ci y circulaient de la même façon qu'un écho dans un cañon, à cette différence près que, là où l'écho s'atténue avec le temps, un dispositif réactivait ici l'impulsion régulièrement, lui permettant de se maintenir dans l'état initial.

Elle comportait 4 000 tubes et sa mémoire utilisait 32 lignes à retard, chacune pouvant contenir 32 nombres de 17 chiffres décimaux.

Cette machine était évidemment construite sur la base des principes de l'EDVAC. Elle fut présentée pour la première fois à Manchester en 1949. Lors de sa démonstration, elle établira une table des carrés et une table des nombres premiers.

Les premiers ordinateurs américains

Après que l'article de von Neumann eut rendu célèbre le nom de l'EDVAC, il ne se trouva en fait plus personne parmi ses concepteurs pour le réaliser. Von Neumann avait implanté son propre projet à Princeton tandis qu'Eckert et Mauchly quittaient la Moore School pour se lancer dans la grande aventure industrielle et créer leur propre société.

L'EDVAC trouva néanmoins une équipe à la Moore School, qui termina sa réalisation en 1952. Il devait fonctionner correctement, puisqu'il resta en service jusqu'en décembre 1962.

Mauchly avait revendiqué l'héritage de l'EDVAC en publiant à Harvard, en janvier 1947, un article intitulé « Préparation des problèmes pour les machines de type EDVAC » où il insistait sur l'originalité de la conception de cette lignée de machines. Il y développait les points forts qui avaient déjà été mis en évidence dans le texte de von Neumann : la nécessité d'une mémoire interne très étendue, le fait qu'il y ait à la fois un petit nombre d'instructions et d'opérations élémentaires, l'idée qui consistait à stocker en mémoire à la fois les instructions et les données. Le BINAC, puis le futur UNIVAC, s'inscriront dans la droite ligne de ces principes.

Le BINAC : BINary Automatic Computer

L'une des étapes vers la construction de l'UNIVAC, par W. Eckert et J. Mauchly, fut la mise au point du BINAC. Cette machine était quatre fois plus rapide que son homologue anglais, l'EDSAC, et de plus petite taille que l'ENIAC. Elle contenait 700 tubes et chaque unité ne calculait que 3 500 additions par seconde (l'ENIAC en calculait 5 000), mais 1 000 multiplications par seconde (333 seulement pour l'ENIAC). Elle avait une mémoire à ligne de retard de mercure d'une capacité de 512 mots et de 31 bits. Cette machine était composée de deux processeurs identiques, qui effectuaient les opérations en parallèle et comparaient en permanence leurs résultats. Le moindre petit écart entre les deux séries d'opérations entraînait l'arrêt du dispositif.

La première démonstration du BINAC eut lieu en avril 1949 et il fonctionna alors pendant 44 heures sans panne. La machine n'a cependant jamais vraiment bien fonctionné et certaines mauvaises langues prétendaient qu'elle fonctionnait quand il faisait beau, mais pas du tout les jours pluvieux.

La machine « IAS » de von Neumann

De son côté, von Neumann, qui avait emmené avec lui Goldstine pour construire un nouvel ordinateur, avait convaincu ses collègues de l'IAS (Institute of Advanced Study, Princeton) de la pertinence de son projet. Celui-ci s'appellera tout simplement la « machine IAS » et démarrera en 1946.

Il y avait pourtant à Princeton une certaine résistance à ce que la technologie entre dans une université prestigieuse, qui se consacrait traditionnellement, à la seule recherche fondamentale et qui, en outre, cultivait un certain élitisme (les étudiants déjeunaient en toge au restaurant de l'université). Construire une machine impliquait la présence d'un cortège d'ingénieurs, de fonds militaires, de contrats, en bref une sorte de compromission avec le domaine des sciences appliquées. Mais von Neumann saura être aussi persuasif auprès de ses collègues qu'il l'avait été avec ses financeurs. Ne construisait-il pas, après tout, un modèle réduit du cerveau, un *electronic brain* (cerveau électronique) aux vastes implications théoriques, plutôt qu'une « simple » machine d'ingénieurs ?

Les plans de l'IAS avaient été décrits sous le titre « Discussions préliminaires sur la conception logique d'un outil de calcul électronique » (« Preliminary Discussion of the Logical Design of an Electronic Computing Instrument »). Cet article, paru en 1946, avait été écrit avec Goldstine et Arthur Burks, mathématicien à la Moore School, qui avait travaillé sur l'ENIAC et sur l'EDVAC.

L'engagement de Jilian Bigelow comme ingénieur en chef du projet devait témoigner de la portée plus théorique que technologique de cette machine. Ce dernier avait été recommandé à von Neumann par Wiener lui-même. Wiener (1894-1964), comme nous le verrons à partir du chapitre 7, jouera un grand rôle dans l'élaboration des grandes notions qui constituent les fondements de l'informatique, bien qu'il n'ait pas directement participé à la mise au point technologique des ordinateurs. Norbert Wiener, Julian Bigelow et

1942-1962 : les premiers ordinateurs

Arturo Rosenblueth avaient écrit ensemble, en 1942, un des articles fondateurs de la cybernétique et Bigelow était le prototype de ces nouveaux ingénieurs intéressés par la comparaison avec le cerveau humain.

La machine devait utiliser une mémoire à base de tubes électrostatiques ou « iconoscope », plus rapide que les lignes à retard de mercure, mais cette technologie ne sera jamais vraiment maîtrisée. Les mots binaires y étaient lus en parallèle et non plus en séquentiel. Les différents rapports intermédiaires qui circuleront jusqu'en 1952, date à laquelle la machine fut terminée, inspireront de nombreux projets de machines parallèles binaires, en particulier l'IBM 701.

L'IAS avait été à l'origine d'une petite famille de machines qui en seront des copies directes : l'ILLIAC (ILLinois Automatic Computer) à l'université de l'Illinois à Urbana, le JOHNIAC (à cause du prénom de von Neumann) construit par la Rand Corporation à Santa Monica en Californie, le bien-nommé MANIAC (Mathematical Analyser, Numerator, Integrator And Computer) à Los Alamos.

Les grandes réalisations des années cinquante

Deux machines caractérisent assez bien les années cinquante, l'UNIVAC et le Whirlwind. L'UNIVAC (UNIVersal Automatic Computer) était une machine à usage civil, la première du genre, et sa conception technique était résolument tournée vers les applications de gestion. Le Whirlwind était une machine, construite pour les militaires, sur laquelle la plupart des innovations techniques de la première génération, mais aussi certaines de celles qui suivront, seront réalisées.

L'UNIVAC 1

Cette machine doit beaucoup à l'entêtement d'Eckert et Mauchly qui, de 1945 à 1951, rencontreront à peu près toutes les difficultés possibles : conflits avec les membres les plus éminents de la communauté des constructeurs d'ordinateurs, banqueroutes, rachats de leur compagnie, difficultés techniques de mise au point, modèles intermédiaires qui fonctionnaient mal, jusqu'aux ennuis de Mauchly avec la Commission des affaires antiaméricaines (chargée d'enquêter dans les années cinquante sur les « atteintes à la sûreté de l'État »).

Mais rien n'y fit, et, à force de volonté et d'acharnement, cette fameuse machine destinée au vaste marché civil vit le jour en 1951. Il s'agissait d'un système complet avec des imprimantes à grande vitesse et des lecteurs de bandes magnétiques comme mémoire externe. UNIVAC 1 était un ordinateur électronique basé sur le système décimal, donc occupant plus de volume (le processeur central était dix fois plus grand que celui de IAS qui était binaire) et comprenant 5 000 tubes. Son rythme de pulsation interne était de 2 250 000 états par seconde et il était capable d'additionner deux nombres de douze chiffres en 120 microsecondes (l'ENIAC le faisait en 200 microsecondes).

Sa mémoire en était l'élément le plus remarquable : 12 000 chiffres ou caractères alphabétiques dans des lignes à retard et des millions sur bande magnétique. UNIVAC 1 pouvait activer 10 de ces bandes à la fois, ce qui convenait parfaitement pour des usages de gestion, gros consommateurs d'informations stables.

A la recherche du temps réel : le Whirlwind

Cette machine fut construite entre 1946 et 1951 au Laboratoire de servomécanisme du MIT (Massachusetts Institute of Technology), grâce à un contrat du Navy's Special Devices Center, par une équipe dirigée par Jay Forrester.

Le projet avait été conçu en octobre 1944. A l'origine cette

1942-1962 : les premiers ordinateurs

machine devait être une des pièces maîtresses d'un simulateur de vol et en même temps d'une machine destinée à tester des modèles aérodynamiques. Les simulateurs de vol d'alors n'étaient guère performants et surtout, à chaque avion nouveau, il fallait construire un nouveau simulateur. La technologie développée devait permettre une quasi-simultanéité de réponses du simulateur aux commandes données par le pilote. De la même façon, la machine devait contrôler tous les instruments, et les résultats qu'ils affichaient, pour simuler exactement ce qu'il adviendrait pendant un vol réel. Elle devait donc être construite pour travailler en *temps réel*, c'est-à-dire pour donner le résultat des calculs dans un délai qui corresponde à l'échelle de temps des événements considérés.

La résolution de ce problème était l'équivalent de ce qu'un officier-ingénieur de la Navy avait décrit comme étant « un rêve de physicien et un cauchemar d'ingénieur ». Il avait été prévu au départ d'utiliser une machine de type analogique, mais Forrester avait découvert, à la fin de 1945, l'ENIAC et le projet de l'EDVAC, qui promettaient des temps de réponse plus courts.

Le laboratoire de Forrester devint le DCL, Digital Computer Laboratory, et les plans de ce nouvel ordinateur furent prêts en 1947. En 1948, l'ONR (Office of Naval Research) prit en charge le projet sous le nom de Whirlwind.

Le Whirlwind, « tourbillon » en anglais, était au départ un calculateur voué à une seule application, mais ses développements ultérieurs en firent un ordinateur, donc une machine universelle, dotée de multiples perfectionnements et sur lequel plusieurs innovations d'importance furent faites (en particulier l'utilisation de mémoires à tores de ferrite, inventées par Forrester). En fait, la machine pourrait servir aussi bien au contrôle de tir qu'à la poursuite radar ou à la commande numérique de machines-outils.

Comme nous le verrons au chapitre suivant, le Whirlwind, construit en série, constitua la base du système de défense aérienne des États-Unis, le système SAGE (Semi Automatic Ground Environment System). Sa version pour le système SAGE s'appellera AN/FSQ 7 et 8. Cette machine avait 5 000 tubes et 11 000 diodes et multipliait 2 nombres de 16 bits en 16 microsecondes. Elle se présentait comme un énorme engin dont les différents éléments se répartissaient dans une immense pièce comme les rayonnages d'une bibliothèque entre lesquels on pouvait circuler assez aisément. Au fond du corridor central, une grande salle de commande permettait de diriger l'ensemble.

Le Whirlwind était l'ordinateur le plus rapide du début des années cinquante. Il s'agissait aussi du premier ordinateur utilisant des mots de 16 bits, qui constitueront un des standards ultérieurs en la matière. La mémoire de l'appareil consistait en 32 CRT. L'usage des tubes électroniques devint rapidement un problème majeur dans un contexte où la machine devait être fiable en permanence compte tenu de son usage militaire. Aussi furent-ils remplacés par une invention de Forrester, les tores magnétiques.

Là où le temps de maintenance (pour l'entretien et les réparations) était de plusieurs heures par jour avec les tubes, il n'était plus, dès l'été 1953 où cette technologie fut opérationnelle, que de deux heures par semaine, pour une vitesse d'opération qui avait pu ainsi être doublée.

IBM et l'héritage du Whirlwind

IBM fut invité à analyser cette machine afin d'en produire industriellement un certain nombre pour la défense nationale. La compagnie s'en inspira directement, ainsi que des plans de von Neumann, qui entre-temps avait été engagé comme consultant, pour concevoir ses premiers ordinateurs commerciaux, civils et militaires. Les premiers ordinateurs IBM, l'IBM 701, ordinateur scientifique à usage militaire, et son jumeau l'IBM 702, destiné à un usage civil de gestion, s'inspireront directement des plans de la machine IAS.

Construite à l'aide de tubes électrostatiques dits « tubes de Williams », l'IBM 701 effectuait 16 000 additions ou 2 000 multiplications par seconde sur un mode binaire. Le premier modèle fut présenté le 7 avril 1953. L'IBM 702 fonctionnait sur un mode décimal.

L'IBM 650, qui aura été un immense succès commercial à partir du milieu des années cinquante, fut la première

1942-1962 : les premiers ordinateurs

machine IBM à tambours (il s'agissait d'une sorte de colonne magnétique tournant à grande vitesse autour d'un axe et sur laquelle les informations étaient conservées). Elle sera dotée ultérieurement de bandes magnétiques, puis d'une mémoire à tores de ferrite. Son tambour contenait 150 000 bits d'information et tournait à 12 500 tours par minute.

L'IBM 704, qui fut commercialisée en 1954 (en fait les premiers exemplaires furent livrés en décembre 1955), a été conçue par Gene Amdahl, qui sera un des pères de la future série 360 avant de quitter IBM. Elle avait une mémoire, énorme pour l'époque, de 32 768 mots de 36 bits (dans la version de 1957). Le FORTRAN fut mis au point sur cette machine. Il s'agit de la première machine IBM utilisant les tores de ferrite du Whirlwind. Elle ne tombait en panne que tous les huit jours et allait trois fois plus vite que le modèle 701. L'IBM 709, livrée en 1958, fut la descendante directe de la 704 et la dernière machine à tubes d'IBM.

Bien d'autres machines furent construites par différentes compagnies. La machine BIZMAC, par exemple, présentée à son époque comme la plus puissante du monde, avait été mise au point par la Compagnie RCA. Elle devait pouvoir traiter toute l'information dont une entreprise a besoin. En fait, il s'agissait d'un système doté d'un ordinateur central auquel étaient connectés simultanément 200 lecteurs de bandes magnétiques. Un réseau d'ordinateurs satellites gérait les lecteurs de bandes.

Elle possédait une petite mémoire de tores de ferrite et des tambours magnétiques. *Il s'agit sans doute de la première utilisation de la notion de base de données.* Mais la réalisation de telles bases sera freinée, comme elle le sera toujours par la suite, par le principe même de l'ordinateur qu'avait conçu von Neumann, qui traite les informations les unes à la suite des autres et non simultanément comme l'exigerait une véritable base de données. La machine sera commercialisée en 1958, mais n'aura guère de succès.

Le développement des ordinateurs en Europe

Dans la même période, on continuait en Europe à concevoir et à fabriquer des calculateurs traditionnels, soit analogiques, soit à l'aide de relais téléphoniques (les Suédois, par exemple, avec le BARK, Binär Automatisk Reläkalkylator), soit électroniques. L'Angleterre et la France construiront cependant des ordinateurs. Les Anglais développeront leurs prototypes et les Français s'inspireront directement des plans de von Neumann.

Le Ferranti MARK 1, issu du prototype Manchester MARK 1, qui avait été l'un des premiers ordinateurs, fut construit en série pour être commercialisé. Les Français, de leur côté, mettront en chantier le CUBA (Calculateur universel binaire pour l'armement), livré en 1952, et la série des machines Gamma de Bull. En 1950, la société des machines Bull avait lancé, à partir de son département des calculateurs électroniques, une série de calculateurs électroniques, puis, à compter de 1958, un premier ordinateur, le Gamma ET ou Gamma Extension Tambour. Philippe Dreyfus, qui inventera en 1962 le mot « informatique », faisait partie de ce département. Le Gamma 2, calculateur à lignes à retard, avait été présenté en 1951, suivi du Gamma 3, en 1952, qui fut vendu à 1 000 exemplaires. Le Gamma ET utilisait des lignes à retard pour la mémoire centrale et des tambours pour la mémoire auxiliaire qui pouvaient stocker 800 000 bits d'information (le tambour tournait à 3 000 tours par minute).

Les CAB (Calculatrices arithmétiques binaires) constituèrent une série de machines issues du CUBA et du SEAC. Les CAB 2000, machines scientifiques, furent annoncées en 1954. Les modèles suivants, les CAB 2022, avaient une mémoire rapide à tores de ferrite. Les CAB 3000 furent commercialisées en 1958 (le modèle livré en 1958 au Comptoir français des produits sidérurgiques fonctionnait encore en 1968).

1942-1962 : les premiers ordinateurs 111

1959-1962 : la génération des transistors

Comme nous aurons l'occasion de le voir au chapitre 9, les tubes à vide furent remplacés, dans les années cinquante, par un composant beaucoup plus fiable : le transistor. Celui-ci permit de réaliser des machines plus puissantes et moins volumineuses. Les quatre premières machines de la génération des transistors, toutes construites aux États-Unis, furent le SEAC, le TRANSAC 1000, puis l'Atlas Guidance Computer Model 1 et enfin le CDC 1604 de Control Data. Malgré le fait que ces machines aient toutes été construites avant 1959, les spécialistes considèrent en général que la deuxième génération va de 1959 à 1962-1963 et concerne les machines entièrement transistorisées.

Le SEAC, construit par le département du Commerce (US Department of Commerce), fut opérationnel dès mai 1950 et utilisé pour la résolution de problèmes de météorologie. Ses organes logiques étaient constitués par des diodes au germanium, mais ses circuits comportaient également 750 tubes à vide et environ 10000 diodes. Les soudures poseront, semble-t-il, toujours beaucoup de problèmes.

La société Phiko avait construit, sous contrat avec le gouvernement américain, un ordinateur comportant des transistors à barrière de surface, le TRANSAC S 1000. Le CDC 1604 a été élaboré, chez Control Data Corporation, par Seymour Cray, futur concepteur du Cray 1 (l'un des ordinateurs les plus puissants des années soixante-dix), et un groupe d'ingénieurs qui venait de quitter la firme américaine Remington Rand. Il fut commercialisé en 1958. Son unité de calcul comportait 25000 transistors et sa mémoire à tores de ferrite contenait 32768 mots de 48 bits. Comme cette machine était vendue sans logiciel, c'est-à-dire sans l'ensemble des programmes qui permettaient de l'utiliser, les universités pouvaient l'acheter et concevoir elles-mêmes leurs logiciels. Enfin, l'Atlas Guidance Computer Model 1 fut mis au point en 1956 et servit dans le cadre des premiers essais spatiaux.

La machine IBM 7090 fut la première machine entièrement transistorisée de cette compagnie. Elle apparut en 1960, à la suite d'un appel d'offres lancé en 1958 par le département américain de la Défense.

Le début des années soixante fut marqué par une concurrence épuisante entre UNIVAC et IBM, pour concevoir une énorme machine destinée aux besoins de la défense. La Stretch défendit les couleurs d'IBM, tandis qu'UNIVAC mettait en lice le LARC (Livermore Atomic Research Computer). En France, la compagnie des machines Bull répondit également à cet appel d'offres et construisit le Gamma 60 qui fut commercialisé en 1960. Le projet consistait à réaliser un ordinateur dont les circuits centraux seraient transistorisés et qui répartirait les tâches entre plusieurs unités de traitement fonctionnant de façon indépendante selon le principe du multitraitement.

La Stretch fut installée en 1961, mais elle ne put tenir ses promesses techniques, malgré l'important travail fourni par les ingénieurs de la compagnie. Les investissements serviront toutefois à IBM pour la série 360 et pour la 360/91 destinée à concurrencer les grandes machines de Control Data. Elle fonctionnait totalement en binaire, avec des mots formés pour la première fois d'octets (éléments de huit bits). Un mot comportait huit octets. Elle disposait de nombreuses mémoires secondaires et utilisait pour la première fois un système de disques pour conserver les données en mémoire.

Certaines réparations pouvaient se faire directement sans interrompre les travaux, là aussi suivant une technique mise au point sur le Whirlwind. Cette dernière machine se révéla, tout compte fait, être la matrice technique de l'essentiel des perfectionnements qui marquèrent les deux premières générations d'ordinateurs.

Pour la suite de la lecture thématique, rendez-vous page 175.

Pour en savoir plus

Bremond, Georges, *La Révolution informatique*, Paris, Hatier, 1982.

Pour approfondir

Augarten, Stan, *Bit by Bit. An Illustred History of Computer*, New York, Ticknor and Fields, 1984.
Moreau, René, *Ainsi naquit l'informatique*, Paris, Dunod, 1982.
Randell, Brian (édité par), *The Origins of Digital Computers*, Berlin, Heidelberg, New York, Springler-Verlag, 1982.
Randell, Brian, « La genèse des calculateurs électroniques », *Histoire générale des techniques*, t. 5, Paris, PUF, 1979.
Ritchie, D., *The Computer Pioneers*, New York, Simon and Schuster, 1986.
Wilkes, M., *Memoirs of a Computer Pioneer*, Cambridge, Massachusetts, MIT Press, 1985.

6. L'ordinateur : une convergence d'intérêts scientifiques et militaires

La Seconde Guerre mondiale et la guerre froide qui a suivi ont constitué sans aucun doute le facteur décisif qui a permis l'invention de l'ordinateur moderne et l'entrée dans l'ère de l'informatique.

Comme pour le nucléaire, la guerre et les impératifs de la défense nationale ont permis la rencontre des rêves les plus avancés des meilleurs scientifiques avec les larges possibilités de financement et d'expérimentation qu'offrait l'armée d'un pays hautement industrialisé : les États-Unis. De cette conjonction est né l'ordinateur.

Plusieurs chercheurs, dont von Neumann, avaient à cœur de construire un *modèle réduit* du cerveau humain, soit pour en comprendre mieux le fonctionnement, soit pour adjoindre à l'homme de science un auxiliaire précieux, plus puissant que lui, dans la résolution de certains problèmes abstraits ou nécessitant la manipulation simultanée de grandes quantités de données.

Ces chercheurs travailleront rapidement aux côtés des militaires — certains de ces derniers étant d'ailleurs des scientifiques mobilisés — pour mettre au point des machines correspondant aux désirs des uns et aux besoins des autres.

Il s'agira, dans un premier temps, de mettre au point, puis de construire, des grands calculateurs pour subvenir aux énormes besoins de calcul de l'armée, par exemple dans le domaine nucléaire et dans celui de la balistique. La plupart des machines construites dans cet esprit ne fonctionneront qu'à la fin de la guerre.

Ces progrès permettront dans un deuxième temps à l'équipe constituée autour d'un des grands calculateurs de l'époque, l'ENIAC, de concevoir les plans de l'ordinateur moderne. Comme nous l'avons vu, von Neumann, Eckert et Mauchly construiront, d'abord au sein du même groupe, puis séparément, différents prototypes d'ordinateurs, tous pour l'armée de terre, l'aviation ou la marine, ainsi que dans le cadre du programme nucléaire militaire.

Le rôle des recherches balistiques de l'armée

Dans la guerre moderne, au fur et à mesure que le combat avait cessé d'être une simple affaire de corps à corps où les protagonistes s'insultaient mutuellement pour stimuler leur agressivité, le rôle du *projectile* était devenu prépondérant. L'utilisation de nouvelles armes avait transformé les problèmes de balistique en véritables objets de recherches appliquées.

Compte tenu de l'importance croissante des recherches dans ce domaine, le Département du matériel de l'US Army (Army's Ordnance Department) s'était doté en 1935 d'un service de recherche spécialisé. Celui-ci deviendra, en 1938, le Laboratoire de recherche balistique (Ballistic Research Laboratory, BRL) et sera installé à Aberdeen dans l'État du Maryland.

Le BRL était un exemple typique de ces institutions américaines où, dans le cadre bien compris des intérêts de la défense nationale, scientifiques et militaires collaborèrent activement. Son comité directeur était constitué de deux civils et de trois militaires, ces derniers ayant d'ailleurs également reçu une formation scientifique au MIT. Son directeur scientifique était Oswald Veblen, qui avait déjà dirigé les services de balistique en 1917 et qui avait été directeur du prestigieux Institut des études avancées (Institute for Advanced Studies, IAS) à Princeton. Le mathématicien John von Neumann était lui aussi membre du conseil scientifique.

L'une des activités principales du BRL était le calcul de tables de tir balistique. C'est à cette occasion que ce service un peu particulier de l'armée se tranformera en instigateur, puis en financeur, de la construction de calculateurs de plus en plus puissants.

Une convergence d'intérêts scientifiques et militaires 117

Les tables de tir étaient un instrument absolument indispensable pour que les artilleurs puissent avoir le minimum d'efficacité requis. Elles permettaient de régler l'angle de tir en fonction des nombreux facteurs qui entraient en jeu (type de projectile, situation de la cible, vitesse du vent, température, etc.). Ces tables étaient longues et difficiles à établir : avec simplement deux facteurs (portée du projectile et altitude de la cible), il fallait calculer entre 2 000 et 4 000 trajectoires possibles pour chaque couple projectile-canon, chaque trajectoire exigeant 750 multiplications de 10 chiffres.

Il fallait en fait deux mois au BRL pour établir une table de tir complète. Dès 1943, la demande s'était accrue dangereusement : la construction de guides pour les tirs de DCA avait plusieurs mois de retard : le BRL était complètement débordé. Il ne servait donc à rien de disposer de nouveaux matériels puisque l'usage de ceux-ci, au front, était rendu impossible par l'absence de ces fameuses tables. A l'été 1944 la situation devint sans espoir : le BRL produisait quinze tables par semaine, la demande était de quarante.

Pourtant, très tôt, les dirigeants du BRL avaient pris conscience de l'utilité de développer la technologie des grands calculateurs. Le BRL avait financé dès 1935 la construction, sous la direction de Vannevar Bush, d'un analyseur différentiel. Mais, au début de la guerre, la plupart des calculs se faisaient encore de façon artisanale : une centaine de « calculateurs humains » (à l'époque le terme « calculateur » ne désignait pas que les machines), principalement des femmes diplômées de collège qui avaient une aptitude pour les mathématiques, se répartissaient les travaux de calculs. Un calculateur humain mettait alors trois jours pour calculer une seule trajectoire (il en fallait plusieurs milliers par table). L'analyseur différentiel calculait une telle trajectoire en quinze à trente minutes, mais il nécessitait une à deux heures de câblage à chaque nouvelle opération.

L'établissement d'une table entière aurait demandé trois siècles à un homme seul travaillant à la main huit heures par jour ; à un homme avec une machine à calculer, douze ans ; la machine MARK 1 aurait mis six mois, le Model 1, deux mois, et l'analyseur différentiel, un mois.

La Moore School et le projet ENIAC

Dans le but de collaborer plus étroitement encore avec l'Université, le BRL avait installé pendant la guerre un bureau de calcul (*computing substation*) directement à la Moore School de l'université de Pennsylvanie. La Moore School était une jeune école d'ingénierie électrique, brillante et agressive, fondée en 1923 (le MIT l'avait été en 1861). Elle était la seule institution, avec le MIT, à disposer d'un analyseur différentiel, construit en 1934 sous la direction de Vannevar Bush, en partie avec des fonds militaires.

Pour répondre aux nouveaux besoins de calcul créés par l'entrée en guerre des États-Unis, une autre centaine de « calculateurs humains » avaient été embauchés, et les machines à calculer de l'Université réquisitionnées.

La Moore School avait organisé en 1941 une école d'été en électronique, financée par le BRL. Il avait été demandé à John W. Mauchly, alors directeur du département de physique de l'Ursinus College à Collegeville (Pasadena), d'y venir faire un cours. Il y rencontra J. Presper Eckert, qui se passionnait pour l'électronique et les tubes à vide. Tous deux conçurent, comme nous l'avons vu au chapitre 3, les plans de l'ENIAC. Herman H. Goldstine, qui avait été professeur assistant de mathématiques à l'université du Michigan, et qui était maintenant lieutenant en chef du bureau de calcul du BRL à la Moore School, signa le 5 juin 1943, avec Mauchly et Eckert, un contrat pour réaliser un calculateur électronique entièrement nouveau.

Le projet fut classé secret militaire et baptisé « projet PX ». Lors de sa première démonstration publique devant des journalistes, le 15 février 1946, l'ENIAC calcula en vingt secondes la trajectoire d'un projectile qui mettait trente secondes pour parvenir à son objectif, là où des calculateurs humains travaillaient pendant trois jours et l'analyseur différentiel trente minutes. Il fut transporté à Aberdeen en 1946 et y resta en service jusqu'en 1955.

L'ENIAC, réalisé trop tard, ne servit pas à calculer des tables de tir, mais par contre, sur une suggestion de von Neumann qui était consultant à la fois à Los Alamos et à la Moore School, il fut mis en service immédiatement pour calculer la faisabilité des plans de la bombe H, en particulier le modèle mathématique de l'explosion, qui requérait d'énormes calculs (un million de cartes perforées). Le programme démarra en novembre 1945 et révéla de nombreuses insuffisances dans les plans initiaux de la bombe.

Le rôle de John von Neumann

Von Neumann (il fallait prononcer noy-man) a été sans conteste, avec Turing et Wiener, un des personnages clés des débuts de l'informatique. Non seulement il fut à l'origine de la brillante synthèse qui aboutit aux plans de l'ordinateur moderne, mais il se révéla l'homme capable d'inspirer confiance et d'obtenir les financements militaires sans lesquels cette machine serait probablement restée un excellent projet dans les tiroirs d'une université.

Von Neumann est né à Budapest, en Hongrie, en 1903. Il passa à vingt-deux ans son doctorat de mathématiques à l'université de Budapest, après avoir publié, quatre ans auparavant, son premier article mathématique. A vingt-quatre ans, il était lecteur (*privatdozent*) à l'université de Berlin, ce qui était exceptionnel à son âge.

Il publia de nombreux articles en algèbre, en mécanique quantique, et surtout la fameuse « théorie des jeux » qui eut d'importantes applications en économie, en stratégie militaire et en sciences sociales, et qui reste une importante contribution à la réflexion mathématique sur les problèmes de stratégie.

Il avait émigré en 1930 aux États-Unis et était devenu lecteur associé à l'université de Princeton. Lors de la création de l'Institute of Advenced Study (IAS), toujours à Princeton, il y fut nommé professeur permanent, en même temps qu'Einstein, en 1933. Il y restera jusqu'en 1955, où il fut choisi par le président Eisenhower pour être membre de l'Atomic Energy Commission.

Von Neumann ne manquait pas d'attirer l'attention : assez grand, une tête large au front dégarni, les yeux sombres, doté d'une forte mémoire visuelle, c'était une personnalité chaude et amicale. Cet homme raffiné et courtois, qui, outre un anglais sans accent, parlait quatre langues, était familièrement appelé Johnny par ses amis. Il mourut prématurément, le 8 février 1957, à l'âge de cinquante-quatre ans, d'un cancer des os qui l'empêcha de mener à terme l'une des recherches qui le passionnaient le plus : la comparaison entre l'ordinateur et le cerveau humain.

En 1943, au cœur de la guerre, il était devenu l'un de ces scientifiques qui « disparurent dans l'Ouest », dans le cadre du projet Manhattan. Il joua comme consultant un rôle central dans la construction de la bombe A à Los Alamos où, notamment, il modélisa mathématiquement le modèle de la réaction en chaîne et résolut le calcul des équations numériques correspondantes sur un ensemble de machines à calculer IBM à cartes perforées. Ces machines étaient lentes, quoiqu'il s'agît là de la plus grande installation du monde, et von Neumann était à la recherche de méthodes de calcul plus rapides lorsqu'il rencontra Goldstine à Aberdeen.

Les « calculateurs » de Los Alamos

De nombreux problèmes posés par la mise au point de la bombe A dans le cadre du projet Manhattan nécessitaient des volumes de calcul assez importants. Au début, ils étaient réalisés par des calculateurs humains qui utilisaient des machines électromécaniques Merchant. Cette solution prenant trop de temps dans un contexte marqué par l'urgence, l'un des mathématiciens de l'équipe, Stanley Frankel, eut l'idée d'utiliser une sorte de « programme », en fait une taylorisation des opérations de calcul : chaque opératrice disposant d'une machine à calcul se vit attribuer une seule opération particulière (et non une série complète d'opérations). Une fois cette opération faite, l'opératrice passait le résultat, inscrit sur une carte perforée, à sa voisine, qui faisait l'opération suivante. Tout un cycle de calcul fut ainsi mis au point jusqu'à ce qu'il fonctionne sans erreur. Les vitesses de calcul obtenues furent ainsi considérablement améliorées.

Cette idée, qui consistait à rassembler en un même lieu, puis à diviser, les opérations en un cycle cohérent jusqu'au résultat, était particulièrement neuve pour l'époque. Les machines Merchant furent rapidement remplacées par des machines mécanographiques IBM. Des trains de cartes perforées passaient manuellement d'une machine à l'autre, exécutant différentes phases d'un calcul donné. Grâce à des jeux de cartes perforées de couleurs différentes, il était même possible de faire simultanément des cycles de calculs différents. La productivité de cet ensemble de calcul n'était évidemment pas extraordinaire, mais la bombe fut malgré tout mise au point dans les délais requis.

Là où d'autres se seraient contentés d'un tel ensemble de calcul, von Neumann, insatisfait, avait poursuivi ses investigations. En janvier 1944, Vannevar Bush, sans lui parler de l'ENIAC, le dirigea vers Aiken, Stibitz et Eckert (d'IBM).

La machine construite par Aiken, Harvard MARK 1, avait été financée pour un tiers par l'armée qui l'avait réquisitionnée pour résoudre des problèmes de balistique navale. Le modèle suivant, MARK 2, fut également financé par la Navy et installé dans un bâtiment militaire à Dahlgren, en Virginie. Quoique très rapide pour l'époque, et de plus bien adaptée au calcul des tables mathématiques dont les militaires étaient gros consommateurs, cette machine ne fonctionnait guère différemment des calculateurs traditionnels.

Les circonstances de l'invention de l'ordinateur

La principale contribution de von Neumann à ce projet qui allait inaugurer l'ère de l'informatique provenait peut-être de son extraordinaire capacité à manipuler des abstractions non visuelles. D'après Goldstine, von Neumann a été la première personne « qui avait explicitement compris qu'un calculateur accomplissait essentiellement des fonctions logiques et que les aspects électriques étaient secondaires. [...] Avant von Neumann, les gens [...] s'étaient principalement concentrés sur les aspects liés à l'ingénierie électrique [...]. Mais von Neumann, le premier, traita logiquement le sujet comme s'il s'agissait d'une branche conventionnelle de la logique ou des mathématiques ».

La rédaction des plans de l'ordinateur moderne avait été préparée également l'année précédente par de nombreuses discussions avec Wiener sur les analogies possibles entre les machines d'ingénieurs, comme les calculateurs, et le système nerveux des organismes vivants. Dans les plans de l'EDVAC, von Neumann empruntera un formalisme utilisé originellement pour décrire l'organisation logique du cerveau humain.

Il y avait pour lui — quoiqu'il soit toujours resté prudent sur ce point — des similarités évidentes entre les calculateurs et l'imposant cerveau humain. Il regardait les machines comme une sorte d'extension technique de leur utilisateur, une sorte d'agrandissement du cerveau humain que l'on devait pousser le plus loin possible.

Le mathématicien von Neumann était-il plus intéressé par le cerveau et la neurophysiologie que par la technologie ? En tout cas, sa crédibilité était telle qu'il suffisait de le mentionner comme consultant sur un projet, par exemple l'ENIAC et l'EDSAC, pour que la valeur du projet augmente considérablement, auprès de ses financeurs comme auprès de ceux qui étaient éventuellement opposés à sa réalisation.

La machine « IAS »

Après la fin de la guerre von Neumann avait fait mettre en chantier la « machine IAS » à Princeton. Pour en faire les plans, dira sa femme Klara, « il a essayé, avec ses collaborateurs, d'imiter quelques-unes des opérations connues du cerveau vivant. Cet aspect l'avait amené à étudier la neurologie pour trouver des hommes dans le champ de la neurologie et de la psychiatrie, à participer à de nombreux congrès sur ces sujets et à donner des conférences dans ces réunions sur les possibilités, pour des machines construites par l'homme, de copier un modèle extrêmement simplifié du cerveau vivant ».

La machine fut construite à partir de 1946 à Princeton avec des fonds du Département du matériel de l'armée mais aussi

Une convergence d'intérêts scientifiques et militaires 123

de la Navy, de l'Air Force et, plus tard, de la Commission à l'énergie atomique. La RCA (Radio Corporation of America), qui souhaitait se lancer dans la commercialisation des tubes à vide, apportera également sa contribution financière au projet. Sa réalisation illustre parfaitement bien la convergence des intérêts militaires et des projets scientifiques en rapport avec la modélisation et la compréhension du cerveau.

La machine fut inaugurée le 10 juin 1952. Un mathématicien, Emil Artin, lui fournit son premier problème : une conjecture arithmétique résistant depuis un siècle, qui se révéla fausse après deux millions de multiplications en six heures. Ensuite l'IAS tournera pendant six mois pour le programme thermonucléaire. En 1954, elle servira à établir un service de prévision numérique du temps, commun aux civils et aux militaires et financé en partie par le Bureau de la recherche navale. L'une de ses descendantes, l'ILLIAC IV, construite pour le Pentagone, sera encore, à la fin des années soixante, la machine la plus puissante du monde.

Les premières utilisations anglaises de l'ordinateur

Quoiqu'il ne s'agisse pas à proprement parler d'un ordinateur, la machine appelée Colossus inaugura des rapports entre scientifiques et militaires, du même type que ceux qui se nouaient outre-Atlantique. Le principal protagoniste cette fois fut Alan Turing dont la sociabilité n'était pas vraiment comparable à celle de von Neumann.

Colossus était une machine électronique non universelle installée en secret à Bletchley Park, à 50 miles au nord de Londres : elle était utilisée pour le décryptage des messages de la marine allemande. Ces messages étaient codés par une série de machines appelées Enigma, construites en grand secret par des ingénieurs allemands, qui, à l'aide de clés et de plusieurs millions de permutations, cryptaient automatiquement les messages. Des résistants polonais en avaient fait parvenir secrètement un exemplaire en Angleterre. Dix versions de Colossus, qui comportait 2400 tubes et traitait 25 000 caractères à la seconde, furent construites.

Les Allemands ne crurent jamais que les Anglais avaient inventé un dispositif qui décodait leurs messages. La confiance des nazis dans la suprématie des armes et de la technologie allemandes était telle qu'elle paralysa sans doute l'innovation en matière de calculateurs modernes. Konrad Zuse, par exemple, ne put déployer tout son talent en raison de l'incompréhension des autorités militaires. A ses projets, on opposait soit que la guerre serait bientôt gagnée, soit que « les avions allemands étaient les meilleurs du monde et qu'il n'y avait plus rien à calculer de ce côté-là ».

Par ailleurs, le gouvernement anglais, qui souhaitait posséder un ordinateur pour son propre projet de bombe atomique, confia, comme on l'a vu, à Ferranti Ltd, fabricant d'armes et d'électronique à Manchester, le soin de construire une machine basée sur le prototype MARK 1 anglais, qui avait été l'un des premiers ordinateurs à fonctionner dans le monde.

Le travail commença en 1949 et le premier ordinateur commercial fut installé en février 1951 au nouveau centre de calcul de Manchester. Ferranti bénéficia de l'aide du gouvernement et vendit huit machines en quelques années. Le premier client fut l'université de Toronto, qui avait besoin d'une machine pour réaliser des travaux hydrauliques, mais la plupart des machines furent vendues au Centre de recherche sur les armes atomiques britanniques (British Atomic Weapons Research Establishment) et à d'autres agences gouvernementales.

Aux États-Unis comme en Angleterre, les premiers ordinateurs, avant que l'UNIVAC n'inaugure la commercialisation dans le domaine civil, furent donc employés presque uniquement à des tâches militaires, et liés aux impératifs de la défense nationale. Il n'y avait pas d'unanimité au sujet du développement possible des usages de l'ordinateur hors des quelques tâches spécialisées qu'on lui connaissait en cette fin des années quarante.

Aiken, l'inventeur du Harvard MARK 1, l'une des dernières machines de la lignée des calculateurs, et qui était resté, il faut le dire, longtemps hostile aux ordinateurs électroniques à programme enregistré, avait déclaré en 1947 à des responsables du Bureau national des mesures (National Bureau of Standards, NBS) : « Il n'y aura jamais assez de problèmes, assez de travaux pour plus de un ou deux de ces ordinateurs. Vos deux collègues (il s'agissait d'Eckert et Mauchly) devraient arrêter et changer le programme complètement. » L'avenir ne devait guère donner raison à Aiken...

Les premières utilisations de l'ordinateur à grande échelle

Les débuts de la guerre froide seront l'occasion, autour du projet Whirlwind, au Massachusetts Institute of Technology, puis autour du projet SAGE un peu plus tard, de développer un formidable ensemble technologique qui, pour la première fois, utilisera à plein les capacités réelles de l'ordinateur et permettra du même coup de concevoir une quantité impressionnante de perfectionnements techniques.

Dans le domaine des usages civils, les capacités des machines du début des années cinquante dépassaient de beaucoup les besoins commerciaux de l'époque. Ce sont les machines qui créeront les besoins, malgré les hésitations des experts et des dirigeants des grandes compagnies d'ordinateurs (comme Watson père chez IBM).

Dans les milieux militaires et scientifiques, on commençait à comprendre que l'ordinateur était plus qu'un calculateur ultra-rapide et qu'il permettait de traiter l'information dans un cycle complet perception-décision-action qu'avait déjà inscrit la cybernétique. Les usages seront donc globalement innovateurs. Dans le domaine civil, en revanche, l'informatique se répandra grâce au fait que les ordinateurs réaliseront des tâches de même nature que celles que remplissaient les machines mécanographiques traditionnelles. Les usages seront donc globalement conservateurs, avec une tendance au sous-emploi des matériels, là où les militaires avaient besoin de machines toujours plus puissantes et sophistiquées.

Il faudra attendre la mise au point du réseau SABRE dans les années soixante (il s'agissait d'un système télématique de réservation de places d'avion) pour que, à une certaine échelle, l'ordinateur soit utilisé dans le civil comme système d'information complet. Il y avait bien sûr eu quelques exceptions, mais celles-ci étaient situées dans un environnement militaire. En 1958, par exemple, la maison Lockheed — qui travaillait beaucoup pour l'US Air Force — utilisait un ordinateur qui suivait à la trace, de leur entrée jusqu'à leur sortie, les 50 000 pièces utilisées dans ses ateliers.

D'une façon générale, le courant des innovations obéissait à un cycle qui commençait par une demande militaire suggérée au préalable par des experts scientifiques, et qui se poursuivait par la réalisation d'ordinateurs très coûteux et très perfectionnés immédiatement utilisés pour les besoins de la défense nationale. Ce cycle se terminait par un transfert de l'innovation vers des usages civils beaucoup plus timides du point de vue des réalisations pratiques. Le réseau SABRE était un modèle réduit du gigantesque réseau militaire SAGE et le passage de l'un à l'autre avait été assuré par la compagnie IBM qui était maître d'œuvre dans les deux cas.

La période des années cinquante fut marquée par la mise en place du réseau militaire SAGE et la commercialisation civile des machines UNIVAC, puis par la fabrication de nombreux ordinateurs pour les besoins de la défense nationale. IBM et d'autres compagnies commencèrent à l'époque à s'implanter dans le domaine des ordinateurs de gestion. La concurrence acharnée dans le cadre d'un projet militaire entre IBM et UNIVAC marqua la fin d'une époque et annonça la génération d'ordinateurs qui est contemporaine de la deuxième informatique, à partir de 1964.

Le réseau de défense continentale SAGE

En août 1949, les Soviétiques firent exploser une bombe atomique expérimentale et la situation internationale se tendit immédiatement : le monde était entré dans la « guerre froide ». Pendant de nombreuses années, chacun des protagonistes vivra dans l'angoisse d'une attaque nucléaire imminente de la part de son adversaire. Menace très concrète, d'ailleurs, car il y avait dans chaque camp, au plus

Une convergence d'intérêts scientifiques et militaires 127

haut niveau, des partisans d'un bombardement nucléaire « préventif » qui anéantirait le potentiel ennemi par surprise.

En septembre 1949, le président Truman avait été informé du fait que les Soviétiques disposaient d'une flotte de bombardiers à long rayon d'action, capable de traverser le pôle Nord et de venir lâcher des bombes atomiques sur les principales villes et installations stratégiques américaines.

Or, le système de défense antiaérienne était encore assez sommaire (et très peu développé, de surcroît, sur les frontières nord). Des radars isolés permettaient certes de visualiser d'éventuels avions ennemis, mais leur temps de réaction était très long, et ils détectaient mal les avions volant à basse altitude. Si un avion ennemi était malgré tout repéré, il fallait encore prévenir le contrôle aérien qui envoyait des chasseurs intercepter leur cible... s'ils la trouvaient dans le vaste ciel.

Les États-Unis, de plus, n'avaient pas oublié la rude leçon de Pearl Harbor, où, en l'absence d'un réseau d'alerte suffisant, toute une flotte de navires de guerre avait été anéantie par les Japonais. La menace d'un bombardement nucléaire massif par les Russes, même amplifiée par ceux des militaires américains qui ne rêvaient que d'en découdre, n'en appelait pas moins une riposte défensive.

L'US Air Force confia donc à un comité, nommé Defense System Engineering Committee, le soin de mettre à l'étude un système de défense antiaérien correspondant à la nouvelle situation. Le rapport du Comité, rendu en octobre 1950, concluait d'une part à la nécessité de renforcer considérablement les batteries de défense déjà en place et d'autre part à celle de développer en Amérique du Nord (Canada inclus) un réseau de défense automatisé grâce à des médiateurs. Ce projet devait engloutir des ressources considérables, mais la défense des États-Unis n'avait pas de prix, comme on pouvait le voir d'un autre côté avec les sommes consacrées au nucléaire militaire.

De plus, il existait un réel consensus dans la population, qui vivait dans la crainte d'une attaque nucléaire soviétique, pour défendre le territoire quel qu'en soit le coût. Comme cela avait déjà été le cas dans la tradition qui s'était perpétuée depuis des siècles, une communauté, se sentant en péril et incapable de se défendre par elle-même, fit appel à une aide extérieure artificielle. Le Golem, ici, s'appellera SAGE, un dispositif complexe dont le centre nerveux était constitué d'ordinateurs qui scrutaient et analysaient l'environnement grâce à des radars, qui organisaient et commandaient la riposte en dirigeant les chasseurs vers leur cible.

Le besoin militaire était placé ici à la fois sous le signe de l'urgence et sous celui de l'imperfection de l'homme. Le délai propre à la réaction humaine était désormais inapproprié à la situation.

Les innovations du réseau SAGE

En décembre 1950, à peine quelques semaines après le rapport de la commission, l'Air Force demanda au MIT, qui développait alors le Whirlwind, seul ordinateur qui fonctionnait en temps réel, de créer un centre de recherche pour établir les plans d'un tel réseau de défense. Le MIT disposerait d'autant de crédits qu'il serait nécessaire.

Le Whirlwind serait alors le prototype des ordinateurs du futur réseau SAGE (Semi-Automatic Ground Environment). Le 20 avril 1951, un premier test eut lieu avec un avion qui fit inopinément irruption dans le ciel du Massachusetts. Repéré par un radar d'alerte, il apparut sous la forme d'un point brillant sur l'un des écrans du Whirlwind, avec la mention « T », pour Target (cible). Un avion intercepteur, dont le point sur le radar était accompagné d'un « F », pour Fighter (intercepteur), fut alors dirigé sur la cible. L'ordinateur calcula la trajectoire d'interception à partir de la position des deux avions et guida automatiquement l'intercepteur sur sa cible, malgré les changements de direction de celle-ci. Les trois essais du jour furent parfaitement réussis. Lors des essais suivants, l'ordinateur du MIT gérait ainsi le vol de 48 avions simultanément.

De nombreuses innovations furent réalisées dans le cadre de la mise au point du système SAGE. C'était la première fois qu'on exploitait un réseau radar en temps réel. Sur les écrans de contrôle, il était possible d'identifier les avions inconnus en comparant l'information recueillie par le système avec les plans de vol connus qui étaient conservés en mémoire et réactualisés en permanence. Chaque ordinateur était relié à une centaine d'opérateurs disposant de consoles de visualisation, de claviers ou de dispositifs d'entrée-sortie à cartes perforées. L'équivalent du crayon optique utilisé aujourd'hui sur les micro-ordinateurs était inventé pour l'occasion.

Les ordinateurs étaient reliés entre eux par des lignes téléphoniques. Plusieurs techniques ont été utilisées à cette occasion : le « temps partagé », la télématique (longtemps appelée « téléinformatique »), la simulation sur ordinateur (ce sont ici les exercices d'alerte fictifs auxquels sont soumis les opérateurs).

L'innovation centrale était sans doute que, pour la première fois dans l'histoire de l'humanité, un dispositif non humain était utilisé pour traiter de l'information et décider de la réponse appropriée, en temps réel et dans un environnement changeant. Le principe de la rétroaction était ici largement utilisé puisque, lorsque la cible changeait de trajectoire, un nouveau calcul de la route à suivre pour l'intercepteur était effectué et instantanément transmis aux pilotes. Non seulement la machine remplaçait l'homme, mais elle agissait dans un univers temporel si rapide que l'homme n'y avait accès qu'après coup. Tous les grands concepts élaborés, en particulier au MIT et à Princeton, sur le rôle futur des machines dans la société, trouvèrent ici leur premier point d'application.

Mais l'homme avait du coup interposé, entre le décideur et le monde réel, un appareillage formel complet qui constituait un intermédiaire obligé : pour les opérateurs comme pour les officiers chargés des décisions finales, plus rien, sinon la connaissance qu'ils en avaient, ne distinguait sur leurs écrans un exercice fictif d'alerte d'une *véritable* attaque soviétique. Il s'agissait des mêmes informations se traduisant par les mêmes points brillants sur l'écran. Le système SAGE inaugure sans doute l'entrée de l'homme dans les mondes artificiels qu'il a placés entre lui et une nature de plus en plus inaccessible en « temps humain réel ».

Le réseau SAGE s'intégrera dans un plan de défense général où l'Amérique du Nord était divisée en vingt-trois secteurs aériens (dont un pour le Canada, à North Bay dans l'Ontario). Chaque secteur avait un centre de coordination à l'épreuve des bombes où un Whirlwind, entre-temps devenu AN/FSQ 7, traitait toutes les informations nécessaires.

Pour des raisons de sécurité, il ne fallait pas qu'une quelconque panne puisse rendre le système aveugle ou muet. Chaque centre disposait donc de deux ordinateurs, l'un toujours prêt à prendre la relève de l'autre en cas de défaillance. En plus de ces vingt-trois secteurs, trois centres de coordination existaient à l'échelon du pays, plus un centre d'essai, le Lincoln Laboratory, où se faisaient les recherches.

Chaque machine disposait d'un programme de 75 000 instructions. La Rand Corporation avait créé à cette occasion un service de formation de programmeurs (la Systems Development Corporation, SDC) par lequel passeront 2 000 personnes (il y avait aux États-Unis, en 1951, environ 600 programmeurs).

A la fin de 1952, le Lincoln Lab s'adresse à IBM pour mettre en chantier la production en série des ordinateurs du réseau SAGE (plus d'une cinquantaine d'exemplaires). Il faudra malgré tout attendre juillet 1958 pour que le premier centre SAGE soit opérationnel à la base McGuire de l'Air Force, dans le New Jersey. Chaque centre était un véritable blockhaus fermé, doté de ses propres installations de repos et muni de l'air conditionné et de ses propres générateurs électriques. Chaque ordinateur pesait 275 tonnes, contenait 60 000 tubes, plus que n'en aura jamais aucun autre ordinateur, et consommait 750 kWh d'électricité. La machine était reliée à cinquante écrans, communiquait avec une centaine de radars et pouvait prendre en charge 400 avions. La moyenne des pannes aura été de moins de quatre heures par an, mais la fiabilité du système n'a jamais pu être vérifiée lors d'une attaque réelle, puisque celle-ci n'eut, comme chacun sait, jamais lieu. On sait par exemple maintenant que l'explosion d'une bombe atomique en atmosphère près d'un centre SAGE aurait probablement endommagé gravement l'électronique du système.

Les installations du système SAGE se perfectionneront au

fur et à mesure des progrès des techniques d'armement. Leur fin sonnera avec l'apparition des circuits intégrés et le dernier centre fermera en janvier 1984. Le système SAGE, hors des lois du marché, a permis de développer la plupart des innovations que tous les ordinateurs utiliseront par la suite. Il a servi à entraîner l'industrie, en particulier IBM, à la construction en série d'ordinateurs sophistiqués et fiables.

Des centaines d'ordinateurs pour l'armée

L'armée américaine ne limitera évidemment pas son expérience informatique au système SAGE. Des centaines d'ordinateurs, dont beaucoup d'« ordinateurs spéciaux », seront commandés et utilisés par les militaires, pour des tâches allant de la gestion des stocks (intendance, armements, munitions) à la recherche opérationnelle et à la simulation, en passant par l'intégration de l'informatique dans des systèmes d'armes complets.

La société IBM fut fortement impliquée, outre sa participation au système SAGE, dans la construction d'ordinateurs pour la défense. L'IBM 701, par exemple, avait été mise au point pendant la guerre de Corée, en réponse à un appel d'offres du ministère de la Défense. Cette machine avait pris le nom de Defense Calculator. Le premier modèle fut présenté le 7 avril 1953 et 19 machines furent commercialisées. Le premier exemplaire ira à Los Alamos et 18 iront dans des entreprises travaillant pour l'armée ou l'aviation (Boeing, Douglas, Lockheed, etc.).

Le NORC (Naval Ordnance Research Calculator) était un ordinateur spécial construit pour la marine par IBM. Von Neumann, qui avait aidé à sa conception, le présenta le 2 décembre 1954. L'IBM 709, livrée en 1958, fut le descendant direct de la 704. La dernière machine à tube d'IBM fut vendue principalement à des centres militaires et à des entreprises travaillant en général pour la défense nationale.

Les constructeurs de l'UNIVAC, premier ordinateur civil, s'impliquèrent également, dans les années cinquante, dans l'effort de défense nationale. L'UNIVAC 1103, commercialisé en 1953, fut un descendant de l'ERA 1103, machine scientifique construite par la sociéré Electronic Research Associates Company. Une douzaine d'exemplaires seront produits, principalement pour les centres d'essais de l'Air Force. La société ERA avait réalisé en 1950 le premier ordinateur à tambour, l'ERA 1101, qui était destiné au Georgia Institute of Technology. Trois modèles d'un ERA 1102 furent construits pour les essais aéronautiques de l'Air Force. UNIVAC construisit également la machine M 460, en 1958, uniquement pour des usages militaires. La compagnie RCA construisit la machine BIZMAC qui fut commercialisée en 1958 et dont un modèle fut installé à l'Army Ordnance Tank Automotive, à Detroit.

A l'étranger, en Angleterre mais aussi en France, l'armée a joué un rôle également très important dans la mise au point des ordinateurs modernes. En France, le premier ordinateur jamais construit, le CUBA (Calculateur universel binaire de l'armement), est militaire. Il fut livré en 1952 par la Société d'électronique et d'automatisme (SEA) dans le cadre d'une commande du Laboratoire de calcul de l'armement dirigé par l'ingénieur général Nicolau.

Les usages militaires de la « deuxième génération »

La tendance à construire des machines de plus en plus volumineuses et de plus en plus puissantes atteignit son point culminant avec une idée de von Neumann en 1956, peu de temps avant sa mort. Celui-ci voulait pousser l'industrie aux frontières des possibilités des grandes machines. Un appel d'offres émanant des laboratoires atomiques de Los Alamos et Liverpool fut lancé par la Commission américaine pour l'énergie atomique (AEC), sous la supervision de von Neumann, en 1956. Deux sociétés répondirent à cet appel qui était un véritable défi technologique : IBM et UNIVAC. L'objectif était de construire un ordinateur dont la vitesse de calcul devait être cent fois supérieure aux vitesses connues.

Comme nous l'avons vu, UNIVAC mit en chantier une machine connue sous le nom de LARC. Une des innovations principales réalisées sur cette machine fut le multitraitement (plusieurs organes d'exécution travaillant simultanément). Sa construction sera terminée en 1960. Ce fut un échec considérable sur le plan commercial puisque le LARC ne fut vendu, semble-t-il, qu'à deux exemplaires, l'un à l'AEC et l'autre à la Navy.

La machine concurrente d'IBM fut l'IBM 1730 ou Stretch. Installée en 1961, cette machine — un échec commercial — fut vendue à moins de dix exemplaires (dont un au Commissariat français à l'énergie atomique, le CEA). Toutefois, IBM réinvestira une partie des connaissances techniques acquises lors de ce projet dans la conception de la fameuse machine IBM 360.

D'autres machines de ce type furent conçues pour des usages militaires. Sans attendre la fin du projet Stretch, IBM avait fabriqué un modèle entièrement transistorisé, très rapide, l'IBM 7090, suite à un appel d'offres lancé en 1958 par le département de la Défense. Sa sortie, en 1960, avait été précipitée pour pouvoir équiper au Groenland la première station radar du système BMEWS (Ballistic Missiles Early Warning System); il s'agissait de trois gigantesques radars, construits par RCA, capables de détecter les missiles ennemis à des milliers de kilomètres de distance. Il fallait pour cela des ordinateurs capables d'analyser rapidement de grandes quantités de données.

Plusieurs centaines d'exemplaires de cette machine furent vendus. Tous modèles confondus, en 1962, IBM avait fourni 568 des 971 ordinateurs universels utilisés par le gouverment (dont 370 au Pentagone), la quasi-totalité pour les besoins de la défense nationale.

La société américaine Philco, de son côté, avait construit, probablement pour la NSA (National Security Agency), le TRANSAC S-1000. Un autre modèle, le CXPQ, avait été mis au point pour la Navy. Peu de documents réellement accessibles existent sur les ordinateurs de ce type, notamment ceux destinés à la NSA, organisme peu connu du grand public, qui a en charge tous les problèmes concernant la « sécurité nationale ». La NSA semble être placée en dehors même de la procédure du « secret militaire ». Or celle-ci a au moins l'avantage d'être levée au bout d'un certain temps, ce qui permet l'accès aux archives. La NSA aurait fait construire, dans les années cinquante, un des tout premiers systèmes d'information s'appuyant sur des bases de données, mais le lecteur n'en saura pas beaucoup plus.

La société Philco construira également le Philco 2000, destiné à concurrencer les IBM 704 et 709. Il sera opérationnel en janvier 1960 et servira pour l'aviation et pour l'énergie nucléaire. Mais l'IBM 7090, plus rapide, le dépassera. Le premier ordinateur à usage spatial, l'Atlas Guidance Computer Model 1, sera construit en 1956-1957 et permettra, de 1958 à 1961, de guider à Cap Canaveral le lancement des premiers satellites de communication ainsi que celui des premiers missiles intercontinentaux américains.

Les premiers ordinateurs civils

L'UNIVAC 1, mis au point en 1951, fut incontestablement le premier véritable ordinateur à usage civil commercialisé. L'UNIVAC était un système vraiment universel qui pouvait servir à prévoir le résultat des élections aussi bien qu'à établir des feuilles de paie ou à réaliser des calculs mathématiques. Le bureau du recensement (Census Bureau) avait largement soutenu le projet d'une part à cause de ses besoins en matière de calcul, d'autre part grâce à sa tradition moderniste de soutien de la technologie depuis Hollerith. La Northrop Aircraft Company avait financé également une étape de la réalisation de l'UNIVAC 1 (il fallut cinq années, de 1946 à 1951, pour que la machine voie le jour). Les dirigeants de cette compagnie étaient intrigués par la notion, inconnue alors, de navigation aérienne assistée par ordinateur. Un petit calculateur numérique appelé BINAC fut alors construit pour mettre au point cette technique.

En mars 1951, le premier UNIVAC fut livré au Census Bureau. L'industrie en achètera finalement 46. La chaîne de télévision CBS-TV utilisera trois UNIVAC en 1952 pour prévoir le résultat des élections présidentielles et la victoire d'Eisenhower. Le programme avait été écrit en tenant compte des résultats des élections de 1944 et 1948. A vingt et une heures, l'UNIVAC donna Eisenhower gagnant dans 43 États sur 48, avec une écrasante majorité des voix des « grands électeurs » (438 sur 532). Comme les prévisions donnaient les deux candidats très proches l'un de l'autre, le programmeur crut qu'il y avait une erreur et fit refaire tous les calculs, perdant ainsi le bénéfice de la rapidité de prévision que l'ordinateur avait permis. Les prévisions calculées en premier étaient justes et Ike l'emporta avec 442 voix de « grands électeurs ». Le commentateur de la CBS, Edward R. Murrow, fit alors la remarque suivante : « L'ennui avec les machines, ce sont les hommes. » Le succès d'UNIVAC servit en tout cas à convaincre les autres compagnies que l'informatique civile constituait un marché bien réel.

Les débuts d'IBM dans l'industrie informatique

Malgré l'opposition d'un certain nombre de dirigeants d'IBM qui ne souhaitaient pas développer une stratégie commerciale s'appuyant sur le principe et la technologie des ordinateurs, la compagnie s'attaqua très tôt au marché des ordinateurs civils.

Von Neumann fut engagé comme consultant et un jumeau civil du modèle 701, destiné aux militaires et construit sous le nom d'IBM 702, devait avoir un usage de gestion. Ce modèle s'inspirera directement des plans de la machine IAS. Cette machine fut commercialisée en septembre 1953 pour répondre à la demande type d'une entreprise qui aurait besoin d'un accès rapide à un grand volume d'informations (comme un centre de sécurité sociale). Une quinzaine d'exemplaires furent vendus.

Le grand succès civil d'IBM, dans les années cinquante, fut incontestablement l'IBM 650, qu'on a pu appeler le « modèle T » de l'informatique, en référence à l'automobile que Ford avait construite avant-guerre, inaugurant la construction en série et la vente à des prix accessibles de véhicules standards. Cette machine de dimension moyenne se vendit à plus de 1 500 exemplaires dans le monde. A l'origine, il s'agissait d'une machine scientifique, mais comme elle utilisait largement les cartes perforées, système bien connu de nombreux gestionnaires, la machine eut en fait une grande diffusion dans les entreprises.

La compagnie conçut ensuite, en 1954, l'IBM 704. Avec elle commencèrent également les problèmes de sous-utilisation du matériel et de la puissance de calcul par les utilisateurs. Le modèle suivant, l'IBM 705, apparu en 1955, comportait plusieurs lecteurs de bandes magnétiques qui en firent une remarquable machine de gestion. 175 exemplaires en furent vendus (le Pentagone en possédait 28 en 1962). Elle fut remplacée par l'IBM 7070 qui n'eut guère de succès, et par l'IBM 7080, version transistorisée du 705, qui se vendit à 80 exemplaires malgré son prix élevé. Le 7080 pouvait lire les programmes du 705, ce qui explique sans doute en partie son succès et inaugure la politique de compatibilité des modèles chez un même constructeur. Cette politique allait largement contribuer au succès ultérieur d'IBM, notamment à partir de la série 360.

IBM s'illustrera dans cette période en réalisant le système SABRE. Le projet d'un ordinateur fonctionnant en temps réel pour assurer simultanément la réservation des places d'avion dans tous les bureaux américains de la compagnie American Airlines fut mis en chantier en 1954. Le système SABRE (Semi-Automatic Business-Related Environment) s'inspirait directement du programme SAGE. Les usages militaires avaient ici clairement précédé l'utilisation dans le domaine civil d'une même technologie.

Il s'agissait d'un ordinateur (doublé par une machine semblable) auquel étaient reliés 1 200 télétypes, répartis sur tout le territoire américain, par le biais de lignes téléphoniques. Il était installé à New York. Il fallut dix ans pour le construire et il ne fut opérationnel qu'en 1964, mais il inaugura alors l'intégration des ordinateurs à des systèmes civils complets de traitement de l'information en temps réel. L'informatique commença alors à prendre réellement son envol et à se détacher de l'univers militaire qui lui avait donné naissance.

Pour la suite de la lecture thématique, rendez-vous page 193.

Pour approfondir

AUGARTEN, Stan, *Bit by Bit. An Illustred History of Computer*, New York, Ticknor and Fields, 1984.
GODEMENT, Roger, « Aux sources du modèle scientifique américain », *La Pensée*, nos 201, 203 et 204, 1978 et 1979.
MOREAU, René, *Ainsi naquit l'informatique*, Paris, Dunod, 1982.
OCDE, *Écarts technologiques*, Paris, 1969.

7. La première informatique et la cybernétique

Comment la culture informatique s'est-elle formée ? L'environnement intellectuel dans lequel furent conçus les plans de l'ordinateur moderne avait largement bénéficié des différentes traditions de recherche qui ont été évoquées au début de ce livre. La brillante synthèse réalisée par von Neumann avait été rendue possible par l'intense climat de créativité technique qui régnait alors aux États-Unis. La décennie des années quarante avait été l'occasion d'un renouvellement scientifique et technique qui s'était d'abord opéré en dehors des disciplines traditionnelles, grâce à de multiples contacts entre chercheurs venus de tous les horizons.

Plusieurs domaines spécialisés ont progressivement émergé de ce bouillonnement initial. Ils s'établiront derrière des frontières plus ou moins stables : la cybernétique à partir de 1948, l'intelligence artificielle à partir de 1956, les théories de l'auto-organisation, la théorie des systèmes à partir des années soixante, la technologie des communications de masse (téléphone, télévision), qui prit son véritable essor dans l'après-guerre, plus tard la télématique, les théories de la communication interpersonnelle, et bien sûr l'informatique, qui deviendra une spécialité à part entière dès le début des années cinquante.

Les trois informatiques

L'histoire ultérieure de l'informatique, en tant que discipline, ne témoignera pas d'une continuité parfaite. Plutôt que d'*une* informatique, il vaudrait mieux parler de *trois* informatiques qui se sont succédé depuis les années quarante. La première informatique fut celle de la mise en place des principes essentiels et des grandes innovations. Elle s'est dégagée progressivement du grand mouvement d'idées qui accompagne l'invention de l'ordinateur, sans toujours se distinguer clairement de la cybernétique.

La deuxième informatique, celle des années soixante et soixante-dix, fut caractérisée par la mise en place des grands systèmes centralisés. Elle se construisit en partie par opposition à une certaine cybernétique « métaphysique ». La troisième informatique, que nous connaissons aujourd'hui, est celle de la diversification des moyens et des méthodes, celle des réseaux et de la cohabitation entre micro-informatique, petits et grands systèmes.

L'informaticien des années cinquante ne ressemblera pas beaucoup à son confrère des années soixante, pas plus que celui-ci à l'informaticien d'aujourd'hui. Des changements profonds sont intervenus dans l'identité professionnelle des informaticiens depuis la naissance de ce domaine. Ces changements sont corrélatifs de ceux qui sont intervenus dans le domaine des ordinateurs et de la technologie, mais également, comme nous l'avons vu, dans les utilisations qui sont faites de l'informatique. Toutes ces transformations modifieront en profondeur l'image que les informaticiens se forment de leur domaine et de ce que doit être la nature de leur travail.

L'informaticien des années quarante, soucieux de créer un « modèle réduit du cerveau », a été remplacé par l'expert-informaticien, metteur en scène souverain empiétant parfois sur le rôle des décideurs. Le premier travaillait principalement pour les militaires à partir de laboratoires installés dans quelques grandes universités. Le second s'installe progressivement dans les bureaux des grandes compagnies et s'intéresse plus particulièrement à certains traitements spécialisés d'information, notamment dans le domaine de la gestion. Le mathématicien-programmeur cède progressivement la place à l'informaticien-gestionnaire. Depuis le milieu des années soixante-dix, la « culture informatique » se répand massivement et les professionnels du domaine sont confrontés au développement d'un amateurisme très compétent. L'infor-

La première informatique et la cybernétique 141

maticien doit de plus en plus acquérir une double compétence et se former au domaine dans lequel il intervient. Souvent, ce sont les professionnels d'un domaine (dans l'administration, la médecine ou l'enseignement) qui se forment eux-mêmes à l'informatique. La troisième informatique donnera parfois l'impression d'être un domaine éclaté, à la recherche de son identité.

Malgré ces changements qui transforment en profondeur l'informatique, ce domaine campe, depuis sa naissance, sur une base permanente, tant sur le plan de l'imaginaire et du système des valeurs qui soudent le domaine, que sur celui des notions techniques qui seront utilisées.

Les années quarante : un bouillon de culture

Quelques-unes des grandes notions qui nourriront la culture scientifique et technique contemporaine ont été discutées et mises au point lors du grand bouillonnement d'idées qui se produisit avant tout de 1942 à 1948. Information, communication, comportement, complexité, rétroaction, contrôle, logique, programmation, régulation : tous ces thèmes ont été l'objet d'inlassables débats au sein de petits groupes interdisciplinaires de chercheurs. C'était l'époque où des psychiatres construisaient des machines, où des logiciens s'occupaient du cerveau humain, où des mathématiciens assemblaient des animaux artificiels, où des anthropologues cherchaient des « modèles » expliquant le comportement humain. Le vaste domaine des sciences et des techniques de l'information et de la communication, nouveau continent intellectuel, était en train de se constituer.

Il n'y a avait pas encore d'informatique au sens strict, mais il y avait déjà — depuis 1945 — des ordinateurs. Qui, jusque-là, s'occupait de concevoir et de faire fonctionner ces machines ? En fait, comme nous l'avons vu, des spécialistes issus de plusieurs communautés scientifiques sont impliqués directement dans l'affaire : des mathématiciens et des ingénieurs électroniciens, mais aussi des neurophysiologues et des logiciens. L'équipe qui conçoit les plans de l'ordinateur moderne est le symbole de la rencontre entre ces domaines. Elle peut sans doute être considérée comme la matrice initiale de ce qui sera la « première informatique ».

Les deux pôles des discussions qui animaient cette petite communauté étaient d'une part les machines et d'autre part le comportement humain intelligent. Quels rapports pouvait-on établir entre ces nouvelles machines, puissantes et sophistiquées, qui traitent de l'information, et l'intelligence humaine, sur le fonctionnement de laquelle la philosophie avait apporté à la fois beaucoup et très peu ? Jusqu'où une machine pouvait-elle simuler le comportement humain et jusqu'où, en retour, l'homme était-il une machine ? La clef de l'explication de ces rapports allait être recherchée dans l'idée que le « comportement » pouvait être une réalité indépendante. L'importance donnée par la suite à la notion d'information transformera le « comportement » en « communication » en tant que « comportement d'échange d'information ». Le passage de l'un à l'autre se fera, comme nous allons le voir, entre 1942 et 1948.

La « méthode comportementale d'étude »

L'un des premiers thèmes discutés, dès 1942, allait permettre de rendre légitime la comparaison entre l'homme et la machine. Trois chercheurs, Norbert Wiener, Arturo Rosenblueth (un cardiologue mexicain) et Julian Bigelow (un jeune ingénieur que nous avons déjà rencontré comme assistant de von Neumann), décrivaient ce qu'ils appelaient la « méthode comportementale d'étude ». Cette méthode consistait à privilégier, dans l'étude de n'importe quel phénomène, naturel ou artificiel, son *comportement*, c'est-à-dire, en fait, les modifications que ce phénomène subit du fait de son rapport avec son environnement. Cette méthode devait s'opposer à la méthode classique des sciences qui consiste à comprendre les phénomènes de l'intérieur, à ouvrir et à disséquer les objets pour en déduire leur structure interne.

Les mathématiques, depuis longtemps, avaient pour objet les *relations* entre certains phénomènes et Wiener lui-même était profondément mathématicien. Ne disait-il pas que les mathématiques étaient « une vaste métaphore » qui nous permettrait de comprendre le réel ? La nouveauté de cette méthode comportementale consistait dans sa véritable universalité et dans son radicalisme : *il n'existait pas d'autre réalité que celle constituée par les relations entre les phénomènes.*

Cette nouvelle période, en privilégiant le regard sur le comportement des objets, indépendamment de la nature physique des organes qui les composent, rendait possible la comparaison entre n'importe quels « objets », et, en particulier, entre l'homme et la machine. Il restait à définir des critères de comparaison pertinents, c'est-à-dire, dans ce cas, des critères universels. Des classes de comportements furent ainsi définies.

On pouvait distinguer entre les comportements actifs (disposant de leur propre source d'énergie) et non actifs (au sens où une source extérieure d'énergie est utilisée, dans le cas de l'érosion, par exemple). Un oiseau a un comportement actif lorsqu'il vole et qu'il utilise donc sa force musculaire, mais un comportement passif lorsqu'il se laisse planer en utilisant la force du vent ou la résistance de l'air. Au sein des comportements actifs, il fallait séparer les comportements intentionnels (orientés vers un but à atteindre) et ceux qui étaient fortuits (guidés par le hasard). Ainsi une roulette de casino, quoiqu'elle ait été construite dans l'« intention » d'être le support d'un jeu, n'a pas à proprement parler un comportement intentionnel, car il n'y a pas de situation finale spécifique vers quoi tendrait le dispositif. Une torpille autoguidée, en revanche, a un comportement intentionnel, car son comportement est tout entier tendu vers un objectif.

La classe des comportements intentionnels était évidemment celle qui intéressait le plus Wiener et il allait y ranger aussi bien certaines des machines modernes les plus sophistiquées que la plupart des comportements humains. Un degré supérieur de complexité sera atteint par les dispositifs intentionnels à rétroaction, c'est-à-dire ceux qui modifient leur comportement au cours de l'action, par opposition à ceux qui, tout en étant intentionnels, sont programmés de façon déterministe.

Si l'on admettait cette classification des comportements, il devenait évident, pour les créateurs de cette méthode, que certaines machines et la plupart des organismes vivants les plus évolués appartenaient aux mêmes catégories de comportement, malgré leur profonde différence de structure. La distinction traditionnelle entre les êtres suivant qu'ils appartenaient au genre minéral, végétal, animal ou humain cédait ainsi la place à une comparaison qui était indifférente à la matière mais qui en revanche s'attachait à comparer la *complexité* du comportement. L'un des éléments essentiels qui permettraient de rendre compte de cette complexité était la notion de rétroaction, traduction du terme anglais *feedback*.

L'héritage de l'automatisme

Le mécanisme théorique de la rétroaction a été clairement formulé par Wiener qui voyait là un des fondements de tout comportement organisé et intelligent. La « rétroaction » a pris un sens commun lorsqu'on l'utilise pour désigner un simple « retour d'information ». Dans la psychologie des groupes, par exemple, la rétroaction — ou mieux le *feed-back* — correspond à la restitution qu'un membre du groupe fait d'une parole qui lui a été adressée. Cet usage du mot correspond à un sens dégradé de la notion originelle de rétroaction, plus complexe et différente qualitativement.

Pour Wiener, le terme de rétroaction s'emploie pour désigner le fait que le comportement d'un objet est réglé par l'écart où il se trouve à un moment donné par rapport à un but spécifique. Porter un verre de la table à ses lèvres implique la mise en œuvre d'une rétroaction exécutée par le système nerveux à partir d'un but (une intention) initial. Un missile conçu pour se diriger vers une source chaude émise par un objet en mouvement est un autre exemple d'utilisation de la rétroaction. Nous avons vu, dans un chapitre précédent (sur l'histoire de l'automatisme), que le mécanisme de la rétroaction fait partie de la famille des automatismes à régulation. En effet, dans un univers changeant (par exemple un avion-cible se déplaçant de façon aléatoire), un dispositif informé par rétroaction (un missile thermo-guidé) maintient constante l'action de réaliser un but (venir percuter la source thermique).

La rétroaction peut être décrite également comme un comportement déterminé par les informations issues du but à atteindre. Ainsi, dans l'exemple du thermostat inventé par Drebbel, c'est la température du four qui « informe » le dispositif servant à augmenter ou à diminuer l'intensité du feu. Lorsque cette température est trop élevée, le dispositif de régulation « perçoit » un écart entre la température idéale (le but à atteindre) et la température réelle, et agit en conséquence, selon que l'écart est positif ou négatif, en envoyant l'information correspondante. La rétroaction est donc un mécanisme « informationnel ». Dans tous les cas où un phénomène a un comportement intentionnel non déterministe (un obus de canon, par exemple, a un comportement intentionnel déterminé), le terme rétroaction pourra être utilisé pour décrire le dispositif informationnel propre au phénomène en question, en complément du dispositif énergétique. Rétroaction est également synonyme de processus de *contrôle*, pris ici au sens anglo-saxon de « commande » ou, mieux, de « pilotage ».

Information digitale et information analogique

L'information, comme nous l'avons vu précédemment, est l'une des notions les plus utiles qui aient été mises au point à l'époque contemporaine. Sa mathématisation a été rendue nécessaire par le développement du traitement du signal, notamment dans les applications téléphoniques. L'information peut exister sous deux formes, qui correspondent en général à des technologies du signal différentes. L'information *digitale* désigne l'information qui a été codée de façon symbolique, par des chiffres décimaux ou plus généralement des unités binaires. Le message transmis est alors constitué par des successions, ou des paquets de chiffres ou de signaux binaires.

Dans le cas de l'information *analogique*, l'information a comme support un signal continu, une oscillation dans une ligne électrique par exemple. La technologie du téléphone, après avoir été analogique et avoir donné naissance à la notion d'information, deviendra progressivement digitale, du fait de l'usage de l'électronique. Les ordinateurs traitent, comme nous l'avons vu, une information sous forme digitale binaire. Dans les années quarante, les dispositifs à rétroaction traitaient en général une information de type analogique (comme l'était le procédé de contrôle du niveau d'eau dans la clepsydre).

L'usage de l'information digitale binaire s'est développé en harmonie avec la technologie électronique sur le plan matériel et avec la logique sur le plan théorique. Par ailleurs, l'une des contraintes essentielles de l'emploi des règles de la logique, celle d'opérer dans un univers dont tous les termes sont entièrement définis, est particulièrement cohérente avec l'esprit de la programmation, c'est-à-dire la transformation d'un problème en une séquence d'instructions exécutables et entièrement explicites.

De l'information à la communication

L'importance donnée à la notion d'information, puis son intégration dans une vision de l'univers matériel où l'on distingue d'un côté les dispositifs produisant l'énergie qui sert à mettre en mouvement et de l'autre les dispositifs informationnels qui servent à contrôler, va se prolonger dans la découverte de l'importance de la notion de *communication*. Celle-ci était déjà en germe dans la méthode comportementale d'étude, puisque le comportement était décrit comme toute modification d'une réalité en rapport avec son environnement. La communication était donc conçue comme un *comportement d'information*, en perpétuelle réaction avec son environnement. La communication sera le jeu permanent de l'information en réaction à d'autres informations.

Puisque la méthode comportementale d'étude permettait de comparer les classes de comportement et de ranger dans le même ensemble hommes et machines, la communication va pouvoir être conçue comme un acte lui aussi indépendant de la nature de son support physique. On dira donc que des machines peuvent communiquer entre elles, ou aussi bien des hommes avec des machines, ou même, pourquoi pas, les hommes entre eux. La nature de l'information dont deux « êtres » se servent pour communiquer sera plus précieuse pour déterminer leur degré de complexité que de savoir si ces êtres sont faits de métal, de protéines ou de plastique. L'être sera constitué par la nature des communications auxquelles il prend part.

Comme nous pouvons le voir, une certaine cohérence se dégage petit à petit de l'archipel des notions éparses qui étaient discutées en cette période d'intense activité créatrice. Quels qu'aient été les innombrables perfectionnements techniques ou conceptuels ultérieurs, il n'est pas exagéré de dire que peu de véritables nouveautés, sur le plan des principes fondamentaux, ont été produites depuis, dans tous les domaines couverts par les sciences et les techniques de l'information et de la communication. Si l'on veut bien ajouter à cela que le principe de l'ordinateur a lui aussi été inventé lors de cette période, nous devons considérer les années quarante comme une période décisive, une période d'impulsion fondamentale. La suite de l'histoire, qui n'en est pas moins importante, va nous conduire dans un premier temps vers la cybernétique, puis vers l'autonomisation progressive de la première informatique.

Norbert Wiener et la cybernétique

En 1948, Norbert Wiener (1894-1964) publie, à Paris et en anglais, un livre intitulé *Cybernetics or Control and Communication in the Animal and the Machine.* Wiener était un personnage curieux et attachant. De nombreuses anecdotes ou légendes circulaient sur son compte, en particulier sur sa très grande distraction, qui lui faisait oublier les étudiants en cours lorsqu'il suivait une nouvelle intuition, ou perdre complètement son chemin dès lors qu'il s'engageait dans une discussion soutenue. C'était à proprement parler un intellectuel, très attaché aux valeurs d'honnêteté et de sincérité. Il refusa tous les honneurs et toutes les compromissions pour se contenter d'une simple carrière de professeur de mathématiques au MIT.

Après avoir travaillé pour l'armée pendant la guerre (pour résoudre les problèmes de mathématiques posés par la prédiction dans les tirs de DCA), il rejoignit rapidement le camp de ceux qui souhaitaient une profonde réflexion sur l'usage des découvertes scientifiques et des inventions techniques, notamment à des fins de destruction ou d'oppression. L'une de ses principales certitudes à ce sujet était que les scientifiques devaient pouvoir contrôler l'usage fait par les militaires ou les politiciens des outils et des armes qu'ils leur fournissaient. Une autre de ses certitudes était que, dans l'état actuel de la civilisation, toutes les armes mises au point seraient un jour utilisées... Après avoir collaboré avec von Neumann, il sera obligé de renoncer au projet qu'il avait conçu de faire équipe avec lui. Les deux hommes étaient trop différents : von Neumann, jusqu'à sa mort, sera directement impliqué dans les projets de la défense nationale, et, à tous le moins, cet homme ne refusait pas les honneurs.

L'influence de *Cybernetics* sera profonde et durable. Ce livre, très technique, sera complété par un autre ouvrage, publié en 1950 sous le titre *Cybernétique et Société*, que nous analyserons dans un chapitre ultérieur car il y était beaucoup question des enjeux sociaux des nouvelles techniques. L'ouvrage ne contenait au fond aucune notion véritablement nouvelle. Wiener y reprenait les grands thèmes qui avaient été débattus depuis 1942 autour des nouvelles notions d'information et de communication, thèmes que nous venons d'examiner. L'originalité du travail de Wiener était de rassembler des notions élaborées dans des champs épars et de proposer la création d'un nouveau domaine autour des deux notions fédératrices de *communication* et de *contrôle*.

Le nouveau domaine, dont Wiener se voudra le fondateur, s'appellera *cybernétique*. Le mot est tiré du grec ancien qui sert à désigner le pilote (chez Platon, par exemple), mais dont une version dérivée a également formé le mot « gouvernail ».

Wiener l'ignorait sans doute, mais le mot avait déjà été utilisé par A.M. Ampère, en 1831, dans le sens, inusité d'ailleurs, de « moyen de gouvernement ». Le projet de Wiener n'était pas de fonder une nouvelle science, mais plutôt de fédérer certaines questions qui se trouvaient, selon sa propre expression, « dans un *no man's land* entre les différents champs établis ». Le statut de « science », avec ce que ce projet suppose de contrainte, notamment du point de vue de la nécessaire spécialisation, n'aurait d'ailleurs pas convenu à la cybernétique.

Les grands thèmes de la cybernétique

La création de Wiener se présentait comme une méthode de compréhension des phénomènes naturels et artificiels qui prenait essentiellement appui sur l'étude des processus de communication et de contrôle chez les êtres vivants et les machines, mais aussi dans les processus sociaux. La communication constituait le « mode d'être » des phénomènes considérés, tandis que le contrôle représentait le moyen privilégié de la communication, notamment le contrôle que permet la « régulation par rétroaction ». La cybernétique héritait ainsi des principales notions qui venaient d'être mises au point et à l'élaboration desquelles Wiener avait largement participé.

Outre ses aspects proprement scientifiques et techniques, la cybernétique, sous l'impulsion de son fondateur, fut l'occasion d'une réflexion soutenue sur des sujets de portée très générale. A partir des problèmes de contrôle et de commande, il était possible de s'interroger sur les phénomènes de *prise de décision*, en matière politique, économique et sociale. L'étude de la communication et de l'information faisait naître de nouvelles questions sur la nature du langage ou sur la connaissance. Les nouvelles machines, conçues à l'image du cerveau humain, relançaient les éternelles interrogations sur ce qu'est l'homme. Très rapidement, la cybernétique devint le lieu où des scientifiques pouvaient poser toute sorte de questions en dehors de leur spécialité, mais à partir de données mathématiques et techniques solides.

Cette impulsion nourrira un courant cybernétique, qui se maintient jusqu'à nos jours, et qui se définit plutôt comme un « nouvel état d'esprit » ou une « nouvelle méthode » que comme une science au sens strict. Parallèlement, un courant essentiellement soutenu au départ par le neurophysiologue américain McCulloch (1892-1969) fera de la cybernétique le lieu de conception et de construction de modèles artificiels du cerveau ou du raisonnement humain.

Dans un premier temps, la cybernétique suscita un certain enthousiasme, compte tenu de son caractère apparemment fédérateur, au sein d'un milieu tellement riche d'idées nouvelles et de réalisations inclassables dans d'anciennes catégories. Mais la trop grande extension donnée au champ de la communication et du contrôle fit craindre que la cybernétique ne devînt une sorte de métadiscipline sans frontière, englobant toutes les autres spécialités. La grande majorité des scientifiques, qui avaient été dans un premier temps séduits par la portée générale de ce nouveau savoir, s'en tiendront désormais à l'écart. Pourtant la cybernétique pouvait se targuer de quelques grandes réalisations qui en furent en quelque sorte le noyau dur. Mais ce noyau fut rapidement enveloppé par un matériau moins sûr, mélangeant allègrement certitudes, hypothèses, spéculations hardies et les recouvrant sous le manteau de la science exacte. Le champ fut envahi par quelques aventuriers intellectuels plus avides de propos spectaculaires que de preuves rationnelles.

Le petit réseau d'amitiés scientifiques qui s'était noué autour de Wiener (Bigelow, Pitts, McCulloch, Rosenblueth) devait éclater en 1952 à la suite de dissensions internes. La presse, d'ailleurs, s'en mêla, aidée il faut le dire par des propos peu rigoureux tenus par certains membres de la communauté, et présenta l'équipée cybernétique comme un domaine ayant percé certains secrets fondamentaux de la vie et créé de *véritables* cerveaux artificiels. Ce qui n'était dans les faits que travaux spéculatifs sur des modèles artificiels devint une *réalité* médiatique. De cette époque date la croyance solidement enracinée dans une partie de l'opinion publique — et pas forcément la moins cultivée — en l'idée que certains scientifiques ont réellement construit des machines intelligentes et des robots pensants.

La fin de la « cybernétique des fondateurs » devait intervenir dans les années soixante, avec la mort de Wiener, mais aussi avec le développement autonome de l'informatique, de l'intelligence artificielle et aussi d'autres théories, qui avaient quelque temps flirté avec la cybernétique. Au-delà des travaux de Wiener et McCulloch, la cybernétique aura connu une telle extension qu'elle nourrira aussi bien l'imaginaire des partisans du contrôle social généralisé que celui des contestataires antimilitaristes qui inventèrent la micro-informatique.

La course commune de la cybernétique et de la première informatique

Compte tenu de l'extraordinaire succès que la cybernétique avait connu à partir de 1948, la mise en œuvre des ordinateurs et des problèmes adjacents fut souvent considérée comme relevant de ce domaine. Mais il est difficile de classer les premiers « informaticiens » connus, Turing, von Neumann, Eckert et Mauchly, Wilkes en Angleterre, et bien d'autres, comme des « cybernéticiens », pas plus d'ailleurs que d'autres spécialistes comme les théoriciens de l'information autour de Shannon. Tous ces chercheurs avaient d'autres intérêts ou appartenaient à des disciplines qu'ils ne souhaitaient pas quitter. De plus, à l'inverse de la cybernétique, dont la tendance à traiter toute sorte de sujets allait croissant, les chercheurs qui travaillaient autour de l'ordinateur se spécialisaient autour de ce qui allait être bientôt un nouveau domaine du savoir, nommé dans les pays anglo-saxons *computer science* (science des ordinateurs), et bientôt *Informatik* en Allemagne et *informatique* en France.

Toutefois, les années quarante et le début des années cinquante étant de ce point de vue une période de transition, la cybernétique et ce qui sera l'informatique eurent pendant quelque temps leurs destins liés. Mais plusieurs événements importants ponctuant cette période contribuèrent à cristalliser progressivement, dans des creusets séparés, ces deux domaines. Dans les milieux scientifiques, l'événement social qui est le lieu où une telle cristallisation privilégiée des idées apparaît le plus visiblement est le congrès ou le colloque. De multiples réunions s'étaient tenues, de 1942 à 1950, autour de ces nouveaux domaines aux contours incertains. Puis les conférences Macy réuniront régulièrement les plus actifs des « cybernéticiens ».

Un de ces colloques retient l'attention, car on y trouve tout à la fois la plupart des chercheurs concernés et un découpage des travaux qui inaugure la disposition des disciplines futures. Ce colloque avait été organisé non pas aux États-Unis, mais en Europe, à Paris, là où Wiener avait publié (en anglais), quelques années auparavant, l'ouvrage qui annonçait la naissance de la cybernétique. Le colloque portait un titre évocateur : « Les machines à calculer et la pensée humaine. » Il était organisé par le Centre national de la recherche scientifique et soutenu financièrement, en cette période de reconstruction européenne, par la fondation Rockefeller.

Le 8 janvier 1951, dans le quartier Latin à Paris, plusieurs dizaines de scientifiques (en fait près de trois cents), venus de tous les pays occidentaux, se retrouvèrent rue d'Ulm dans les locaux du Centre national de documentation pédagogique. Parmi eux, un spécialiste français, Louis Couffignal, directeur du laboratoire de calcul mécanique de l'institut Blaise-Pascal, qui avait organisé les travaux du colloque. Dans la foule, on distinguait Aiken, le concepteur de la série des MARK, Ashby qui construisait un « cerveau artificiel », Grey Walter, qui venait présenter ses « animaux artificiels », le secrétaire de l'Académie française des sciences, le physicien Louis de Broglie, McCulloch, le professeur Wilkes, constructeur d'un des premiers ordinateurs, le professeur Womersley et puis Wiener, dont la silhouette ronde était si caractéristique.

Il y avait beaucoup d'Anglais et d'Américains, mais aussi des Espagnols, de l'école d'automatisme fondée par Torres y Quevedo, et des Suédois, de la Compagnie nationale du téléphone. Les militaires étaient assez bien représentés, ainsi que les médecins et beaucoup d'ingénieurs. Plusieurs entreprises avaient envoyé leurs meilleurs cadres, comme la Société d'électronique et d'automatisme, Logabax, Ferranti Ltd, et bien sûr IBM. Jacques Maisonrouge — le futur président d'IBM International — était également présent et personne (lui-même inclus) ne savait sans doute qu'il deviendrait l'un des hommes les plus actifs de la future informatique.

Tous ces chercheurs étaient réunis par un intérêt commun : les nouvelles machines à calculer (on ne parlait pas encore d'« ordinateurs ») et les conséquences de leurs emplois. Les travaux du colloque furent ouverts par Louis de Broglie, prix Nobel. Après avoir placé les travaux sous le patronage de Pascal, et rappelé à l'occasion que celui-ci avait inventé sa machine pour décharger son père de travaux fastidieux, le grand physicien annonça que le colloque serait divisé en trois sections : l'une consacrée aux « progrès récents dans la technique des grosses machines à calculer », l'autre aux « problèmes de mathématiques et de sciences appliquées relevant des grosses machines », la dernière s'intitulant « les grosses machines, la logique et la physiologie du système nerveux ».

Ces trois sections témoignaient d'une séparation effective en train de s'accomplir. Les deux premières recoupaient les deux branches de l'informatique naissante : le matériel (*hardware*), concernant les ingénieurs qui conçoivent et construisent les machines, et le logiciel (*software*), qui fait intervenir les « mathématiciens-programmeurs ». La troisième section, consacrée à certains problèmes que la cybernétique prenait pour objet, avait été essentiellement l'occasion de traiter de sujets en rapport avec la comparaison entre le système nerveux et le cerveau d'une part, les machines d'autre part.

Dans son intervention, le professeur Wilkes décrivait avec précision l'organisation du travail autour de l'EDSAC. Trois catégories de personnels y étaient employées. Les *opérateurs*, qui introduisent les programmes dans la machine et lui font passer régulièrement des programmes d'essai. Les *ingénieurs d'entretien*, qui s'occupent de la maintenance de la machine, et puis les *mathématiciens, chargés des programmes*. A l'institut Blaise-Pascal, les mathématiciens étaient assistés par des *calculateurs* ou des *calculatrices*, selon qu'il s'agissait d'hommes ou de femmes. Toutes ces différentes fonctions seront regroupées ultérieurement en français sous le même vocable : *informaticien*.

La séparation entre la cybernétique et la première informatique

L'informatique va progressivement s'autonomiser et apparaître comme le domaine spécialement dédié aux ordinateurs et à leurs applications. Plusieurs points de séparation existaient entre cybernéticiens et informaticiens, tant sur le plan des machines et du contexte de leur utilisation que sur celui des idées fondamentales mises en œuvre.

Les cybernéticiens étaient à la recherche de machines leur permettant de simuler, par analogie, le comportement des animaux ou même certains comportements humains. Aussi ne se concentrèrent-ils pas sur les ordinateurs, qui étaient des machines digitales binaires, strictement programmées. Les « tortues artificielles » de Grey Walter étaient des automates autorégulés, plutôt que des machines programmées de façon déterministe. La classification des comportements proposée par Wiener en 1942 établissait une nette distinction entre les comportements déterministes et ceux qui étaient réglés par rétroaction. Les cybernéticiens, bien sûr, ne jetaient l'exclusive sur aucune machine, mais leurs préférences allaient naturellement vers celles qui disposaient du plus grand degré de liberté possible. En contrepoint, les informaticiens contribuaient largement à rejeter, hors du champ des machines à calculer et à traiter l'information, toutes celles qui n'obéissaient pas aux principes fondamentaux de l'ordinateur, notamment les machines à calculer analogiques.

Le privilège accordé par les uns à la notion d'*information* et par les autres à la *communication* était un autre point qui contribuait à opposer les deux domaines. L'information, notamment celle qui est traitée par les ordinateurs, est linéaire, c'est-à-dire qu'elle va d'un point à un autre, toujours dans le même sens, suivant le schéma classique qui décrit le message allant de l'émetteur vers le récepteur. La communication implique un échange permanent, un processus circulaire sans fin. L'information est un *moyen* utilisé pour transmettre un message, tandis que la communication, pour

La première informatique et la cybernétique

les cybernéticiens, est pratiquement une finalité, une *fin* en soi. L'informatique devenait ainsi une technique de manipulation de l'information là où la cybernétique engageait une réflexion sur les finalités de l'usage des techniques dans le monde moderne.

Curieusement, la séparation entre l'informatique et la cybernétique provient peut-être en partie des prises de position de Wiener hostiles à l'institution militaire dans le contexte des années quarante. Il n'hésitait pas en effet, lorsqu'un autre chercheur lui demandait communication de tel ou tel de ses travaux, à ne les envoyer qu'après s'être assuré qu'il n'en serait pas fait usage pour la mise au point d'un armement nouveau. Or cette position extrêmement tranchée éloigna Wiener de toutes les recherches concernant les ordinateurs, et cela à l'époque même où ils étaient mis au point. Comme nous l'avons vu, les travaux sur la question qui n'étaient pas, soit secret militaire (dans ce cas Wiener n'y avait pas accès), soit organisés et financés par l'armée (dans ce cas il s'interdisait d'y participer), étaient pour le moins très rares. Le fondateur de la cybernétique fut donc d'emblée marginal par rapport à tout ce qui touchait de près ou de loin l'ordinateur.

Les premiers informaticiens travaillèrent presque exclusivement au sein d'institutions militaires (même lorsqu'il s'agissait d'« annexes » situées dans des universités). Les premiers programmeurs furent d'ailleurs formés par l'armée américaine. L'informatique était dans l'armée, à proprement parler, comme un poisson dans l'eau. Wiener fut donc simultanément l'un des fondateurs des technologies de l'information et de la cybernétique, et l'un des premiers à l'interroger sur les enjeux éthiques et les usages sociaux de ces nouveaux domaines.

Pour la suite de la lecture thématique, rendez-vous page 157.

Pour approfondir

BRETON, Philippe, PROULX, Serge, *L'Explosion de la communication ou la Naissance d'une nouvelle idéologie,* Paris, Éd. La Découverte, 1989.

HEIMS, Steve J., *John von Neumann and Norbert Wiener*, Cambridge, Massachusetts, MIT Press, 1984.

« Histoires de cybernétique », *Cahiers du CREA*, 1 rue Descartes, 75005 Paris.

Les Machines à calculer et la Pensée humaine, Paris, Éd. du CNRS, 1953.

WIENER, Norbert, *Cybernétique et Société*, Paris, Éd. des Deux-Rives, 1952.

WIENER, Norbert, *Cybernetics or Control and Communication in the Animal and the Machine*, Paris, Herman, Cambridge, Massachusetts, Technology Press, New York, Wiley and Sons, 1948.

WIENER, Norbert, ROSENBLUETH, Arturo et BIGELOW, Julian, « Comportement, intention et téléologie », in *Les Études philosophiques*, 1961, n° 2.

8. Les enjeux sociaux et éthiques des nouvelles machines

La conscience aiguë que l'homme est imparfait et que la solution à ce problème doit être recherchée dans la technique est sans doute l'un des héritages les plus importants que l'informatique ait reçu de son passé. Cette imperfection est d'abord à l'œuvre dans la maîtrise du temps, qui échappe de plus en plus à l'homme moderne. Ce ressort essentiel de créativité va guider les premiers pas de l'informatique et l'accompagnera tout au long de son développement ultérieur.

Cette volonté de transférer toujours plus avant les fonctions intellectuelles de l'homme vers la machine est stimulée par la métaphore qui compare l'ordinateur et le cerveau humain. Elle est également soutenue par l'intuition prospective que nous devons à Wiener, qui a prédit très tôt que les machines à communiquer étaient appelées à jouer un rôle de plus en plus important dans les sociétés modernes. Le fondateur de la cybernétique avait en effet diagnostiqué que la civilisation se réorganiserait autour de cet être immatériel qu'est l'information.

La comparaison entre le cerveau et l'ordinateur, et la vision d'une société future radicalement transformée par les nouvelles machines s'accompagneront bientôt de l'idée, caractéristique de l'informatique, selon laquelle la *logique* est une valeur universelle, un outil de compréhension du monde autant qu'un moyen de le transformer. Ces trois traits formeront *l'imaginaire de l'informatique*, une sorte de capital commun à tous ceux qui voient dans ce nouveau domaine l'un des événements les plus importants qui soient jamais survenus dans l'histoire de l'humanité.

L'informatique, pourtant intimement mêlée au monde des

techniques les plus matérielles, tendra donc, du fait de ses préoccupations vis-à-vis de l'organisation des sociétés, à devenir une nouvelle utopie dont l'objectif serait la transformation de l'homme et de la société. Cette curieuse mutation qui imprimera sa marque aux sociétés modernes se fera pratiquement sans résistance ouverte ni véritable alternative. La technique apparaît souvent comme la seule solution aux nombreux problèmes posés par la civilisation moderne du fait de l'accroissement de sa complexité interne. Les plus tenaces acteurs des révoltes étudiantes des années soixante, qui réagissaient contre la société de consommation, technicienne et sans âme, se reconvertiront rapidement dans la micro-informatique dont ils seront les brillants créateurs. Les grands régimes « idéologiques » du bloc communiste, après avoir critiqué vertement la cybernétique et l'informatique naissante comme de fausses réponses techniques à des problèmes « politiques », mettront rapidement tout en œuvre pour tenter de rattraper sur ce plan leurs concurrents occidentaux. L'informatique se prépare, dès les années quarante, à devenir la grande affaire du XXe siècle. Elle est, de plus, à l'origine du renouvellement du débat sur ce qu'est l'homme et sur la matière dont est faite sa pensée. Les débats éthiques du futur ont été préparés par l'argumentation mise en place dans les années quarante, décidément les plus créatrices, mais aussi les plus meurtrières, de notre siècle.

L'inadaptation de l'homme à la vitesse

L'informatique s'est déployée d'abord dans le domaine militaire. Les circonstances historiques expliquent ce fait : la guerre moderne devenait de plus en plus une guerre de calcul, de prévision et d'organisation. Les ordinateurs devaient trouver dans ce milieu les conditions d'un développement foudroyant. Le trait fondamental de la guerre moderne est l'accroissement de la vitesse de la plupart des événements qui y surviennent. Les projectiles sont de plus en plus rapides. Les avions vont de plus en plus vite. Les temps de réaction des responsables sont de plus en plus courts.

Enjeux sociaux et éthiques des nouvelles machines 159

Là où les guerres du passé se déroulaient en temps réel, sous les yeux des généraux, la guerre moderne doit se dérouler selon des scenarii prévus d'avance afin que les décisions puissent être prises le plus rapidement possible. La guerre moderne est à la fois une guerre *technique* et une guerre *d'informations*. Dans ce nouvel univers, les machines se substituent à l'homme moins par choix que par nécessité, sinon par concurrence. La dernière guerre mondiale fut de ce point de vue le conflit où la planification de la recherche scientifique pour un usage militaire se révéla la plus poussée.

L'exemple du réseau SAGE, comme de tous les systèmes équivalents qui lui ont succédé, est à cet égard significatif. La combinaison de l'avion à réaction moderne et de la bombe atomique dont il pouvait être porteur rendait la riposte à une attaque ennemie inopérante si les informations concernant cette attaque et celles organisant la contre-offensive n'allaient pas plus vite qu'elle. Dans cette chaîne de détection par radar et de transmission de l'information, le maillon le plus faible était l'homme, observateur lent d'un phénomène beaucoup plus rapide que ses sens. Le temps de l'officier d'état-major scrutant le ciel avec ses jumelles était définitivement révolu. L'enjeu de l'impuissance humaine était bien ici la maîtrise du temps. Le réseau SAGE fonctionnait comme un système de régulation cybernétique dans un univers où les valeurs et les finalités étaient simples : l'objectif était de distinguer l'ennemi de l'ami, puis d'anéantir l'ennemi pour ramener la situation à un état normal.

Haute technicité, prédominance de l'information, incapacité flagrante de l'homme, finalités sans équivoque, tous ces ingrédients firent littéralement exploser l'utilisation des ordinateurs dans l'univers militaire. Il n'est par ailleurs pas étonnant que les outils les plus avancés en matière d'information et de communication aient été inventés à l'occasion des guerres : celles-ci restent, paradoxalement, une des activités les plus intenses de communication entre les nations, quoique évidemment parmi les plus destructrices. Mais l'accroissement de la vitesse ne resta pas longtemps l'apanage du monde des armes, car la société civile, elle aussi, connaissait de plus en plus de problèmes liés à la dynamique de croissance de ses institutions. Le volume des informations traitées croissait rapidement avec le développement des appareils statistiques (par exemple pour mesurer la population), de la circulation monétaire, des échanges économiques, des déplacements de personnes, des opérations de tout genre qui ponctuaient la vie sociale d'une société de consommation en pleine expansion, mais aussi de plus en plus bureaucratisée. Rien n'était plus « complexe » en soi, mais tout, en revanche, était plus dense, plus abondant et surtout plus rapide. Dans tous les pays développés, le rythme de la vie sociale allait en s'accélérant, même en période de crise : l'homme paraissait dépassé par les événements qu'il avait lui-même suscités.

Une remise en question de l'humanisme

Une question commença alors à se poser : l'homme était-il capable de gouverner et de garder le contrôle de cette machinerie sociale qu'il avait pourtant mise en place lui-même ? L'homme était-il le pilote le plus approprié du grand bateau complexe qu'était devenue la société ? Cette question n'était évidemment pas naïve et elle était posée par ceux-là mêmes qui pensaient en détenir la réponse.

L'apparition des grands calculateurs et des premiers ordinateurs avait été saluée par le grand public comme un événement dont la portée dépassait largement les opérations effectives qu'ils étaient capables de réaliser. Là où pour la plupart des inventions il fallait attendre un certain temps avant d'en entrevoir les usages possibles, l'ordinateur, échappant à cette règle générale, s'était vu immédiatement doté d'une foule de potentialités, en partie d'ailleurs illusoires. De plus, la *vitesse* de calcul rendait le fonctionnement de la machine quasi opaque aux yeux de quiconque n'en connaissait pas précisément la structure.

La machine Harvard MARK 1, par exemple, fut rapidement connue du public américain et fournit un thème à succès pour une littérature enthousiaste. Dans le numéro du 14 octobre 1944 de la revue *The American Weekly*, on pouvait lire que « le "robot" de Harvard était un « supercerveau » capable de résoudre des problèmes que l'homme n'avait aucun espoir de résoudre, en physique, en électronique, dans le domaine de l'atome, et même, qui sait, de résoudre le problème de l'origine de l'homme ». Cette envolée journalistique témoignait d'un espoir sans commune mesure avec les possibilités, assez pauvres de ce point de vue, de la machine d'Aiken, mais elle montre que dès ses débuts l'imaginaire de l'informatique était richement doté.

D'emblée les ordinateurs furent jugés doués de deux qualités importantes, quoique potentielles : d'une part ils étaient comparés à l'homme, du moins à son cerveau, et d'autre part ils étaient censés pouvoir assurer des fonctions que l'homme ne pourrait jamais, par nature, prendre en charge. Et puisqu'il s'agissait d'un « cerveau », l'ordinateur serait donc à même de suppléer l'homme dans des fonctions de *prise de décision* et de *production de connaissance*. Le plus étonnant est que cette potentialité de l'ordinateur lui fut conférée dès 1944, au moment de son apparition, avant même que cette machine ne fournisse la moindre preuve de ses capacités réelles par rapport à un tel projet.

En fait, l'ordinateur, comme « cerveau artificiel », ne constituait pas une véritable nouveauté tant l'imaginaire populaire, comme celui des scientifiques, semblait avoir déjà réservé une place à ces « êtres artificiels » d'une nouvelle facture mais d'un ancien genre, comme nous l'avons vu au chapitre 1. En retour, les performances, réelles ou attendues, des ordinateurs contribuèrent à accélérer la dégradation de l'idéal qui faisait de l'homme le centre de toute chose. La machine énergétique avait dévalorisé l'homme physique, comme travailleur manuel, mais cela avait été plutôt perçu comme un progrès, comme la fin d'un esclavage. La dévalorisation par la machine informationnelle de l'*homme pensant* posait évidemment bien d'autres problèmes.

La conception développée par Wiener en 1942, selon laquelle le *comportement de communication* était une donnée bien plus utile pour comparer les êtres que leur appartenance à un genre physique, fût-il le genre humain, contribua à déstabiliser l'humanisme classique. La société américaine avait moins de sympathie pour la recherche d'une intériorité propre à l'homme que pour tout ce qui pouvait expliquer les règles du jeu social ; aussi fit-elle bon accueil à cette nouvelle vision de la place de l'homme dans l'univers.

De l'homme à la machine

L'une des premières idées sur lesquelles l'imaginaire de l'informatique commença à s'établir fut que l'homme et la machine ne pouvaient plus désormais être dans un rapport de maître à esclave et que la machine, sur bien des points, devait être mise au moins sur le même pied que l'homme. Plus les machines devenaient intelligentes, moins il était concevable qu'elles restent esclaves, car le développement de l'intelligence supposait l'acquisition de degrés de liberté incompatibles avec les chaînes. L'autonomie de l'ordinateur serait la seule véritable preuve de son intelligence.

L'acte de transférer l'intelligence de l'homme vers la machine est un acte ambigu, qui implique la possibilité d'un dépassement de l'homme par sa propre création. Les esprits les plus enfiévrés de l'après-guerre imaginèrent que cette machine d'un nouveau genre devait être inventée de façon imminente : serait-elle un nouvel outil, sophistiqué, mais au service de l'homme, ou bien un nouveau partenaire, premier pas d'une espèce nouvelle appelée à terme à remplacer son créateur sur la surface de la planète ? La question traditionnelle qui consistait à savoir si l'homme pourrait ou non dominer sa création faisait place à une autre question, celle de savoir si l'homme n'avait pas pour mission de faire advenir une « espèce supérieure », plus intelligente, plus adaptée. Une espèce dans laquelle l'intelligence de l'homme serait en quelque sorte transférée, pour s'y développer selon de nouvelles lois.

Wiener, sans développer des thèses aussi radicales, contribua cependant largement à leur apparition en posant résolument la question de la personnalité de l'homme en termes d'*information*. Quel est le cœur de l'individualité humaine, quelle barrière sépare une personnalité d'une autre ? Pour Wiener, l'identité physique d'un individu ne consiste

Enjeux sociaux et éthiques des nouvelles machines 163

pas dans la manière dont il se compose. L'individualité biologique reposerait sur les informations au niveau cellulaire qui permettent la continuité du processus de renouvellement permanent du corps. L'individualité du corps est donc « celle de la flamme plus que celle de la pierre, celle de la forme plus que celle d'un fragment matériel ».

Wiener tire de cette observation une curieuse conclusion : si les choses sont ainsi, pourquoi ne pourrait-on pas *extraire* cette information et la *transmettre*, de la même façon que l'on transmet l'information sur des lignes télégraphiques ? Le transport physique de l'homme pourrait alors se faire par une voie de communication plus rapide. Extraire et transmettre le « modèle d'un homme » pose, nous dit Wiener en 1950, quelques problèmes techniques — en particulier celui de ne pas détruire l'information ainsi collectée dans les tissus vivants —, mais est tout à fait possible en principe. Cette extension à la personnalité de la notion d'information illustre parfaitement toute la potentialité dont l'information et la communication étaient chargées.

Le « modèle informationnel » de l'homme, comme support exhaustif de son individualité et de sa personnalité, peut ainsi être comparé sans difficulté avec d'autres « machines informationnelles ». La connection de l'homme avec la machine, idée qui fascinait tant Wiener, donna un nouvel élan à l'idée de prothèse et des expériences seront conduites pour permettre aux aveugles de « voir » par l'intermédiaire d'un autre sens, aux handicapés de se faire greffer des membres artificiels, et ultérieurement pour tenter d'établir des connexions entre des cerveaux d'animaux et des ordinateurs, expériences dont plusieurs chercheurs demanderont l'arrêt pour des raisons éthiques, concernant d'ailleurs plus l'homme que l'animal.

Les « machines pensantes »

Plus que toutes autres, les années quarante et cinquante furent celles des spéculations les plus folles au sujet des nouvelles machines. Devant un public d'avance conquis et sous le regard attentif et bienveillant des scientifiques de tous bords, des milliers d'articles furent écrits sur la question de savoir si les machines que l'on croyait pouvoir mettre au point rapidement penseraient, apprendraient, et disposeraient d'une conscience. Les deux pères spirituels de l'ordinateur, Turing et von Neumann, nourrissaient avec entrain ce débat et y apportaient une incontestable caution scientifique. Grâce à ces machines, la science moderne pouvait prendre pour objet — et donc tenter de les maîtriser expérimentalement — des domaines qui lui avaient toujours échappé : l'homme, la société, la connaissance elle-même. Ces machines devaient confirmer la justesse et l'universalité de la démarche scientifique tout entière.

Turing proposa en 1950 un « test », devenu fameux sous le nom de « jeu de l'imitation », pour déterminer si les machines pouvaient penser, ce dont intuitivement il ne doutait pas lui-même. Le dispositif consiste en deux pièces reliées entre elles par un téléscripteur. Dans la première, un observateur pose des questions à deux personnages qui sont dans la seconde salle. L'un des personnages est un homme, l'autre est une machine. L'observateur doit pouvoir, en posant n'importe quelle question, distinguer dans quel cas il communique avec un homme, dans quel cas il communique avec une machine. S'il ne parvient pas à identifier ses partenaires, on pourra dire que la machine, en tout cas, se comporte *comme si elle pensait*. Turing, évidemment, déplace volontairement la question, mais, nous dit-il, nous n'avons jamais de preuve véritable de ce qu'un homme pense. Nous induisons qu'il pense en observant son comportement, ce qu'il en dit, car l'homme ne fait jamais que *dire* qu'il pense ; d'où l'idée de ce test, qui compare ce qui est comparable.

Pour Turing, l'ordinateur digital est la machine qui peut potentiellement satisfaire aux conditions posées par ce test. L'ordinateur est susceptible d'apprendre, pourvu qu'il dispose du programme adéquat. De plus, il s'agit d'une machine universelle, susceptible de reproduire le comportement de n'importe quelle machine à états discrets. Or l'homme ne se comporte pas — selon Turing — très différemment d'une machine à états discrets, ou du moins nous pouvons consi-

Enjeux sociaux et éthiques des nouvelles machines 165

dérer qu'en pratique il se comporte *comme* une telle machine. Un ordinateur correctement programmé pourrait donc faire bonne figure à ce jeu et se comporter *comme s'il pensait*. Le tout est qu'il dispose d'une capacité de mémoire suffisante et d'une programmation adéquate, conditions qui n'étaient pas encore réunies en 1950, mais dont Turing considère qu'elles ne sont que des considérations pratiques pour un problème en théorie résolu.

La technologie avec laquelle une telle machine devrait être construite n'avait pas d'importance et l'usage de l'électronique n'était pas en soi un phénomène décisif pour Turing : la machine de Babbage était bien une machine à états discrets alors que ses composants étaient mécaniques. Le support matériel de l'algorithme était une donnée secondaire : seule comptait l'opération intellectuelle effective. Cette option, caractéristique de la position de Turing, nourrira les conceptions fondamentales de l'informatique à ce sujet, puis celles de l'intelligence artificielle. Elle s'oppose dans une certaine mesure à la tentative de faire penser des machines en les dotant d'une infrastructure matérielle la plus proche possible de celle de l'homme et de son système nerveux.

Turing soutiendra sur ce point que le système nerveux et cérébral n'a pas un fonctionnement comparable à celui d'une machine à états discrets, puisqu'une erreur, même infime, dans un message chimique ou électrique peut se traduire par un écart final très important ou même complètement déstabilisateur. Cela n'a aucune chance d'arriver dans un ordinateur digital où tous les états futurs de la machine sont entièrement prédictibles (ce qui ne signifie pas pour Turing que la machine ne peut pas surprendre l'homme, compte tenu du nombre de combinaisons possible). Pour ces raisons, un ordinateur peut simuler le comportement d'un homme alors que l'inverse ne serait pas possible.

La position de Turing se trouvera renforcée, en même temps que légèrement déplacée, par les travaux de McCulloch et Pitts qui identifient complètement le système nerveux à une machine logique, un « automate fini », fonctionnant sur le modèle d'une machine de Turing. L'originalité de cette hypothèse était que les réseaux de neurones y étaient considérés comme ayant une activité strictement binaire. Il y avait donc une identité parfaite de la pensée et de son incarnation dans le système nerveux.

Les « animaux artificiels »

Parallèlement au développement du thème de l'intelligence des ordinateurs et du caractère logique de l'activité neuronale, un autre courant, plus lié à la cybernétique qu'à l'informatique naissante, tenta de mettre au point des machines qui seraient dotées d'un comportement autonome. Le projet était à la fois plus modeste (il s'agissait d'imiter seulement certains comportements élémentaires) et en même temps très ambitieux, puisqu'il prévoyait, ni plus ni moins, de construire des « êtres artificiels autonomes ». Ces tentatives allaient considérablement et durablement frapper l'opinion publique, moins sensible à l'art difficile de la programmation sur ordinateur qu'à ces êtres singuliers, qui n'étaient plus des machines, sans devenir pourtant tout à fait des animaux d'un nouveau genre.

Les premières tentatives partaient en effet du principe que les animaux, ayant un système nerveux moins complexe que celui de l'homme, constituaient une première étape aisément franchissable dans le processus visant à comprendre les secrets de leur conception. Là où la tendance incarnée par Turing, et plus tard par l'informatique, insistait sur l'*intelligence*, indépendamment du support matériel, les cybernéticiens, en construisant des animaux artificiels, cherchaient plutôt à donner une sorte de *conscience* à leur création en les dotant d'une organisation matérielle *ad hoc*. L'effort des uns portaient sur la programmation, celui des autres était plus proche d'une démarche d'ingénieurs. Pour les uns, la logique de l'intelligence organisait la matière, l'*informait* au sens philosophique traditionnel du mot, tandis que pour les autres la matière était l'instance première qui produit la conscience et en dernier ressort l'intelligence, comme faculté supérieure d'adaptation.

L'une des tentatives ayant le mieux abouti, y compris du

point de vue médiatique, a été sans doute la tortue artificielle de Grey Walter. Ce psychiatre anglais avait largement contribué aux progrès de la technique des électroencéphalogrammes et plus que tout autre il était sensible au fait que le cerveau avait une intense activité électrique. Pour mieux comprendre l'organisation cérébrale — car c'était là son objectif principal — il se transforma en ingénieur et construisit un modèle de tortue, animal dont la longévité, la lenteur, et le caractère relativement rudimentaire de la plupart de ses réactions se prêtaient bien aux premiers pas de cette bouture inattendue de la recherche sur le cerveau et la conscience.

Il faut concéder à Grey Walter que son animal fut une réussite. Montée sur roulettes et munie de moteurs, la « tortue » se dirigeait dans la pièce, se faufilant entre les jambes des humains qui la contemplaient affectueusement, s'arrêtant, repartant, allant même jusqu'à se brancher elle-même sur une prise de courant électrique spécialement construite lorsque ses batteries commençaient à s'affaiblir. Sa technologie était simple, à base de phototropisme : la lumière l'attirait tandis qu'elle fuyait l'obscurité. Le miroir l'attirait et elle y trouvait matière à méditation. Son concepteur (qui par ailleurs laissait publier des photos de sa famille, y compris la tortue, sous le titre : « Ce couple a deux enfants, dont l'un électronique »!) soutenait que sa machine avait une attitude « exploratrice et éthique à l'égard du monde ». Il lui manquait simplement de mieux cumuler le souvenir de ses comportements, afin d'en tirer des conclusions adéquates, bref d'apprendre.

La grande force de l'ordinateur, sa puissance d'attraction, tiendra justement à ce qu'il gère une mémoire quasi illimitée, condition nécessaire, mais non suffisante, à tout processus sérieux d'apprentissage, mémoire qui fera défaut à ces animaux d'un nouveau genre dont l'espèce, à peine apparue, sera rapidement en voie de disparition.. Pourtant, les plus enthousiastes avaient imaginé pour ces animaux un destin hors du commun. Regroupés dans des environnements spéciaux, ils devaient à terme avoir un comportement suffisamment élaboré pour prendre des décisions et gérer de façon rationnelle des entreprises ou des secteurs de l'administration... Ils seraient en quelque sorte les pilotes artificiels, doués de conscience rationnelle, de nos sociétés complexes. Plus modestes, les ordinateurs remplaceront progressivement les personnels d'exécution et pénétreront donc plus facilement que s'il s'était agi de remplacer d'emblée les dirigeants (qui auraient alors dû décider eux-mêmes de leur propre disparition !).

La société et l'information

Là encore, Wiener doit se voir reconnaître le mérite d'avoir, dès 1950, jeté les bases du discours auquel l'informatique empruntera la plupart de ses grands thèmes pendant les décennies suivantes. Son intuition fondamentale était que les nouvelles machines, que l'on commençait à peine, rappelons-le, à mettre au point, allaient jouer un rôle fondamental dans l'organisation des sociétés.

Autant que par l'information, Wiener est fasciné par l'*entropie*, qui est en quelque sorte son négatif. L'entropie était pour lui la tendance de la nature à détruire l'ordonné et à détériorer le compréhensible, qui conduit à la dégradation biologique et au chaos social. Les sociétés humaines seraient entraînées dans le courant du « Niagara de l'entropie croissante », comme en témoignent l'épuisement des ressources naturelles dû à leur exploitation intensive, la permanence de la maladie malgré les progrès de la médecine, l'idéal fasciste ou totalitaire d'un État où tous les actes accomplissent des fonctions préprogrammées ayant donc une probabilité d'apparition égale à l'unité (ce qui est la définition mathématique de l'entropie).

Pour Wiener, la perception de l'importance et de l'étendue du phénomène entropique était freinée par un obstacle culturel spécifiquement nord-américain, mais qui gagnait l'Occident tout entier : le rapport à la mort, dans lequel celle-ci était systématiquement ignorée. Notre civilisation se voilerait ainsi les yeux devant tous les phénomènes entropiques, ce qui augmenterait d'autant la tendance au désordre.

Enjeux sociaux et éthiques des nouvelles machines

L'outil essentiel de la lutte contre l'entropie était donc d'abord la reconnaissance de l'importance des phénomènes de communication, et ensuite le développement tous azimuts de l'usage des machines qui organisent les canaux de communication, et traitent l'information. Wiener considérait que la société était entièrement contenue dans les messages qui circulaient en son sein et que ces messages étaient l'enjeu principal sur lequel se portait la dégradation entropique ou au contraire le maintien d'un certain ordre. La maintenance des canaux de communication était donc primordiale et les machines devaient jouer un rôle essentiel dans cette lutte pour le progrès.

L'idéal que dessine Wiener est alors celui d'une société où l'information circule sans entrave, où vivre effectivement implique de vivre avec une information adéquate, où la vie est la participation à ce courant continu par lequel l'information s'échange, où les influences du monde extérieur s'enchaînent avec les actes qui permettent d'agir sur lui. Trois traits de notre société actuelle s'opposeraient à cet idéal : la pratique du secret, les contresens dus à l'inégalité d'accès à l'information, la transformation de l'information en marchandise.

La pratique du secret (Wiener pense en particulier au secret militaire qui, dans la période de l'après-guerre, pèse lourdement aux États-Unis sur la production scientifique) engendre un cloisonnement des informations. Or justement, du point de vue de la théorie des communications, l'entropie tend à augmenter lorsque l'information est confinée dans des systèmes isolés. L'enrichissement de l'information est lié à sa circulation, c'est-à-dire à sa confrontation avec d'autres informations. Le raisonnement de Wiener vaut également pour cet équivalent moral du secret militaire qu'est le cloisonnement, voire l'étanchéité entre les différentes branches du savoir moderne, entre les spécialités scientifiques mais aussi entre les sciences et les humanités.

Les contresens dus à l'inégalité d'accès à l'information sont parfaitement illustrés dans le domaine juridique par le problème des contrats dont les termes n'ont pas le même sens pour les uns et les autres. Ainsi, là où les Indiens d'Amérique cédaient des *droits de chasse*, les Blancs croyaient acheter des *propriétés terriennes*. Ce contresens eut des effets incalculables, au moins sur le devenir des nations indiennes. Comme le dit Wiener, vivre effectivement, c'est vivre avec une information adéquate. La théorie des communications modernes ouvrait ainsi de nouvelles perspectives sur le droit, fondement de nos sociétés démocratiques.

Le père de la cybernétique s'opposait également à l'idée que l'information puisse être considérée comme une marchandise, soumise aux lois du marché. Tout stockage d'information en freine la diffusion et la libre circulation, et, dans un monde changeant, l'expose à une énorme dépréciation. La volonté de retirer du profit de cet élément aussi essentiel à la survie de l'humanité qu'est l'information entame l'« intégrité communicative » de l'homme et freine ses capacités adaptatives en tant qu'espèce.

L'idéal que décrit Wiener sera abondamment repris ultérieurement dans tous les discours privilégiant, dès les années soixante, le thème de la « révolution informatique » qui doit changer les mentalités et favoriser l'avènement d'une société d'information « transparente », d'une société de « réseaux ».

La machine à gouverner le monde

Wiener ne se contentait pas d'annoncer l'avènement proche de la « société de l'information ». Dès 1950, alors que le premier ordinateur civil venait tout juste d'être mis au point, il en soulignait les dangers. Ses arguments anticipaient la plupart des débats ultérieurs, y compris les plus récents, sur le thème « informatique et société ».

Un dominicain français, le père Dubarle, très inspiré par la découverte de la toute nouvelle cybernétique, fit connaître le 28 décembre 1948, aux lecteurs du journal *Le Monde*, l'existence des nouvelles machines à calculer, mais aussi ce qu'elles semblaient potentiellement capables de réaliser. Après avoir souligné « l'insuffisance aujourd'hui patente des têtes et des appareils coutumiers de la politique », le père Dubarle annonçait que ces machines pourraient à terme fort bien être utilisées pour collecter les informations sur la production et le marché, par exemple, puis constituer un appareil mondial de prise de décision, pourvu que les processus ne soient pas conduits de façon déterministe mais intègrent, dans le plus pur style de la théorie des jeux, des événements aléatoires.

Cette perspective ne manquait pas de défenseurs, mais tous n'avaient sans doute pas les mêmes arguments. Nul doute qu'il faille comprendre cette volonté de transférer le pouvoir de l'homme vers des machines plus compétentes dans le contexte de la Libération, où, à l'atrocité d'une guerre mondiale que personne n'avait pu éviter, s'ajoutait la tragédie de l'Holocauste nazi. La preuve n'était-elle pas faite, pour ceux qui ne considéraient pas ces événements comme le produit d'une folie marginale, que l'homme avait failli et que désormais l'avenir ne lui appartenait plus ?

Par ailleurs le professeur Forrester, responsable scientifique du programme SAGE, dont nous avons vu l'importance, soutiendra que l'esprit humain n'est pas adapté à la compréhension et à l'interprétation des phénomènes sociaux, qui pour la plupart le dépassent, compte tenu de l'accroissement de leur vitesse interne. L'une des raisons expliquant ce phénomène serait la « confusion » du « modèle mental » humain. Du plan que Forrester avait conçu en 1947 pour convaincre les militaires de la nécessité de « l'utilisation des ordinateurs en tant que centres automatiques d'information tactique » à la généralisation de cette nécessité à la société tout entière, il n'y avait qu'un pas. Le développement des ordinateurs aidera beaucoup à le franchir.

Mais le fonctionnement d'un tel système pourrait, selon le père Dubarle, donner naissance à un régime totalitaire d'un nouveau genre, où le contrôle de l'information par les machines priverait les hommes de la possibilité de prendre des décisions et leur ferait perdre du coup toute emprise sur leur destin. Cette crainte était également partagée par Wiener qui éprouvait à cette occasion le sentiment d'avoir largement contribué à rendre possible le dépassement de l'homme par ses propres créations. D'emblée, la naissance des ordinateurs s'accompagnait de deux attitudes assez radicalement opposées : l'une consistait à faire toute confiance en leurs capacités logiques pour gérer les systèmes sociaux et prendre à la place de l'homme les décisions les plus essentielles; l'autre insistait sur l'idée que nous avions, avec ces machines, libéré la seule énergie capable de sortir l'humanité du chaos proche, mais que, faute d'une maîtrise suffisante de leur emploi, le résultat risquait d'être pire que ce qu'elles étaient censées nous éviter.

Ces deux attitudes étaient le reflet du comportement traditionnel de l'homme en face des techniques qu'il invente, mais elles contribuaient, l'une comme l'autre, au renforcement de la crise de confiance dans l'homme, qui atteignit, dans les années quarante, des sommets jamais atteints. Mais, à tout prendre, celui-ci a sans doute plus à gagner à prendre conscience en toute lucidité des tendances négatives des outils dont il a besoin par ailleurs qu'à s'y abandonner trop aveuglément.

Pour la suite de la lecture thématique, rendez-vous page 223.

Pour en savoir plus

ARSAC, Jacques, *Les Machines à penser*, Paris, Éd. du Seuil, coll. « Science ouverte », 1987.

CHAOS COMPUTER CLUB, *Danger pirates informatiques*, Paris, Plon, 1985.

DUBARLE, Dominique, « Une nouvelle science : la cybernétique. Vers la machine à gouverner ? », *Le Monde*, 28 décembre 1948.

Pour approfondir

HEIMS, Steve T., *John von Neumann and Norbert Wiener*, Cambridge, Massachusetts, MIT Press, 1984.

TURING, Alain, « Les ordinateurs et l'intelligence », *Pensée et Machine*, coll. « Milieux », Champ-Vallon, 1983.

WEIZENBAUM, Joseph, *Puissance de l'ordinateur et Raison de l'homme*, Éd. d'Informatique, 1981.

WIENER, Norbert, *Cybernétique et Société*, Paris, Éd. des Deux-Rives, 1952.

TROISIÈME PARTIE

L'extension de l'informatique

9. L'explosion des perfectionnements techniques

A partir du moment où il a été inventé, l'ordinateur a connu des perfectionnements incessants, au moins pour ce qui concerne ses composants électroniques. Les progrès en matière d'informatique n'iront pas en effet à la même vitesse selon que l'on considère les principes de base, les langages ou les composants. Les *principes de base*, mis au point en 1945 et qui déterminent l'architecture des ordinateurs, n'évolueront pratiquement pas. Les *langages de programmation* connaîtront une certaine progression, mais leur rythme d'évolution restera malgré tout assez lent. En fait, seul le *matériel* proprement dit se perfectionnera sans cesse et constituera la vitrine des innovations de l'informatique tout entière.

Les premiers usages de l'ordinateur, notamment militaires, avaient montré que l'on pouvait attendre de ces nouvelles machines une fiabilité à toute épreuve, pourvu évidemment qu'on accepte d'y mettre le prix. Trois raisons au moins devraient provoquer l'incessante course en avant vers le progrès que l'ordinateur, désormais, allait subir, au grand dam parfois des utilisateurs, qui vont voir désormais un matériel coûteux, acquis au prix de certains sacrifices, devenir rapidement obsolète.

A peine né, on l'a vu, l'ordinateur avait été investi de potentialités immenses dans l'imaginaire du public comme dans celui des scientifiques et des ingénieurs. Mais, aussi performant soit-il, l'ordinateur des années cinquante n'était pas encore, il s'en faut, un « cerveau artificiel ». La capacité qu'on lui avait imaginée de « prendre des initiatives » était toujours au même point, c'est-à-dire au point mort.

Von Neumann, plus que tout autre, soutiendra jusqu'à sa

disparition, en 1957, tout ce qui pouvait aller dans le sens d'un progrès de l'ordinateur de ce point de vue. Sur le plan théorique, il cherchera à développer la théorie de l'automate logique afin de comprendre, à partir du fonctionnement du système nerveux et du système neuronal, comment pourrait être construite une machine enfin proche du cerveau humain. Sur le plan pratique, il fera tout pour que les machines soient toujours plus puissantes. Il impliquera, dans une folle course en avant, l'armée américaine comme financeur, UNIVAC et IBM comme réalisateurs concurrents d'un projet de machine très ambitieux. Mais le Stretch comme le LARC, machines issues du projet de von Neumann, seront des échecs.

La mort de Turing, puis celle de von Neumann, et enfin celle de Wiener, marqueront la fin de la période des fondateurs, celle des grands architectes des principes fondamentaux de l'informatique. L'époque désormais appartiendra d'un côté aux ingénieurs-électroniciens, de l'autre aux ingénieurs en programmation et en analyse. Les perfectionnements vont éclater dans toutes les directions, mais il n'y aura plus véritablement de grandes synthèses, celles qui entraînent les changements profonds au niveau des lignées techniques.

Outre l'incroyable pari de von Neumann, deux autres raisons poussaient l'informatique à aller toujours plus avant dans la voie de l'innovation : d'une part la volonté de traiter toujours plus de données et plus vite, d'autre part le souhait de rapprocher l'ordinateur de l'utilisateur, de rendre son usage plus aisé par des non-spécialistes. La première raison allait être à la base des perfectionnements du matériel, notamment dans le sens de la miniaturisation et de l'accroissement de la taille de la mémoire ; la seconde raison devait conduire à la mise au point de langages de programmation plus proches du langage naturel, sans pour autant en posséder les propriétés.

La *deuxième informatique* naîtra au point de convergence entre ces deux types de perfectionnements. Son symbole sera la série 360 d'IBM, composée de machines relativement souples et puissantes, suffisamment proches des utilisateurs pour qu'elles puissent s'implanter au cœur même des entreprises. Le renoncement à certains projets cybernétiques favorisera la pénétration d'une informatique simplement utilitaire, tout en restant le symbole de la modernité, double image que la compagnie IBM saura parfaitement incarner.

Les bornes sans cesse reculées de la miniaturisation du matériel, la baisse des coûts, mais aussi la volonté d'imposer une informatique autonome par rapport aux grandes compagnies, conduiront à l'apparition d'abord des mini-ordinateurs, correspondant à un segment bien précis des besoins des utilisateurs, puis de la micro-informatique, l'un des événements les plus spectaculaires de la *troisième informatique*, à partir du milieu des années soixante-dix.

L'architecture des ordinateurs

Par « architecture », il faut entendre la façon dont les différents éléments d'un ordinateur sont organisés entre eux. Les constructeurs cherchèrent bien sûr à améliorer ces différents éléments et à proposer des modes d'organisation interne plus rationnels, mais l'impulsion donnée par von Neumann restera déterminante. Les quatre éléments fondamentaux d'un ordinateur, depuis l'origine, sont la *mémoire*, qui stocke les informations et les programmes, l'*unité logique*, qui traite l'information, l'*unité de contrôle*, qui organise le fonctionnement interne de la machine, et, pour finir, les différents *organes d'entrée et de sortie* (claviers, écrans, imprimantes, etc.). Que ces éléments soient dans des armoires séparées ou intégrés au sein d'une même « puce » de petites dimensions ne change rien à l'affaire : l'architecture de base, dite « architecture de type von Neumann », est toujours la même. Outre l'organisation en quatre éléments telle qu'elle vient d'être décrite, les informations y sont traitées *les unes après les autres* dans l'unité logique et surtout l'ordinateur ainsi conçu est une *machine à états discrets*, ne pouvant traiter que des informations de type digital, à l'exclusion par exemple des informations continues, qui sont pourtant dominantes dans la nature et forment sans doute l'une des bases du raisonnement humain.

Certaines tentatives ont été faites pour mettre au point des traitements dits « en parallèle », mais il s'agit, quels que soient les bons résultats obtenus, de plusieurs machines de type von Neumann fonctionnant côte à côte, plutôt que d'une véritable architecture nouvelle. Les récentes architectures dites « vectorielles » permettent de commencer à s'affranchir des contraintes de l'ordinateur classique, mais les progrès dans ce domaine sont extrêmement lents : les principes de base sont incontestablement le secteur le moins innovateur de toute l'informatique et en constituent sans doute la limitation principale.

Les langages de programmation

Pour von Neumann, le langage le plus parfait et le plus universel était le langage-machine, c'est-à-dire celui dans lequel l'ordinateur traitait les informations. Ce langage était composé d'une suite de 0 et de 1 placés dans un ordre infiniment cohérent, mais malheureusement le cerveau humain — à part peut-être celui de von Neumann — y perdait rapidement son latin et seuls quelques initiés pouvaient survivre dans cette marée de signaux binaires monotones. De toute façon, si l'on voulait qu'un jour un *non-informaticien* puisse commander le moindre travail à la machine, il fallait bien qu'il puisse le faire sans pour autant devenir un spécialiste professionnel de la structure des ordinateurs.

A l'origine, en effet, la programmation était autant une affaire de langage et de code que de connaissance intime du matériel et de la structure concrète de la machine. L'ENIAC fut rapidement utilisé comme un ordinateur et son programmeur devait connaître la machine physiquement, savoir derrière quel panneau aller pour changer telle fonction. Pour programmer un nouveau calcul, il fallait tourner des dizaines d'interrupteurs, changer des dizaines de câblages, et certainement pas n'importe lesquels. Le programmeur progressait donc pas à pas, guidé dans la forêt des circuits par le plan de la machine. En fait, on ne « programmait » pas la machine, on changeait la configuration pour l'adapter aux nouveaux calculs.

L'explosion des perfectionnements techniques

L'apparition du « programme enregistré » facilita considérablement la tâche. Mais elle fit naître aussi de nouveaux problèmes. Quelle est en effet la fonction de la programmation ? D'une façon générale, un programme sert à transformer un problème vivant et concret en une suite de procédures logiques et abstraites formulées de telle sorte qu'une machine effectuant uniquement un petit nombre d'opérations logiques puisse les traiter sans erreur et sans incertitude. Un *langage de programmation* n'est donc rien d'autre qu'un ensemble déterminé et fixe d'instructions qui permettent la transcription du problème considéré. Le code utilisé par la machine étant à la fois « parfait » et inhumain, il fallait interposer entre celui-ci et le problème proprement dit un autre langage, à la fois traduisible dans le code de la machine et compréhensible par quiconque ne connaissant pas ce code.

Ainsi, là où l'ordinateur se contente dans son code de ce que deux chiffres à additionner soient représentés par des nombres binaires et l'opération d'addition par un autre nombre binaire, un langage de programmation véritablement lisible prévoira que l'utilisateur — ou l'informaticien qui le représente — tape au clavier par exemple ADD, suivi de deux chiffres exprimés en décimal. Cette instruction, claire pour l'être humain, sera traduite en code-machine et traitée comme telle par l'ordinateur. De la même façon toutes les instructions utiles au fonctionnement d'un ordinateur — par exemple, « début », « stop », « mettre dans tel endroit de la mémoire », « imprimer », etc. — peuvent être exprimées dans un langage de programmation sous la forme de symboles proches du langage naturel.

Le premier rédacteur d'un tel langage de programmation fut, comme on pouvait s'y attendre, Alan Turing, qui voulait faciliter l'usage du Manchester MARK 1. Ce langage contenait cinquante instructions, qui étaient automatiquement transcrites en binaire par l'ordinateur lui-même. La même idée fut reprise sur l'UNIVAC 1, premier ordinateur civil, qui disposait d'un *short code* (un « code court »). A partir de là, il fut admis qu'un langage de programmation devait servir à écrire des programmes d'une façon qui permette des économies du point de vue du temps d'utilisation de la machine.

La manipulation de nombres de plus en plus grands, par exemple, appelait la mise au point d'une sorte de « raccourci » économique, qui fut appelé « virgule flottante » (*floating-point*). Stibitz était en partie à l'origine de cette notion. Les grands nombres furent désormais exprimés à l'aide des puissances de dix : la multiplication de 53 000 000 par 252 000, nombres qui représentent un flot de chiffres binaires, devenait ainsi $(2,52 \times 10^5) \times (53 \times 10^6)$ soit : $2,52 \times 53 \times 10^{11}$. Cette dernière opération était évidemment plus économique pour la machine, que l'on dota alors de *sous-programmes* donnant les résultats des calculs les plus fréquemment rencontrés.

L'une des premières grandes figures de la programmation fut sans conteste une femme, Grace Murray Hopper, qui termina sa carrière comme capitaine dans le corps de réserve de la marine, après s'être engagée à titre de volontaire durant la dernière guerre mondiale. Elle développa sur l'UNIVAC 1 ce que la firme appelait la « programmation automatique », un programme interne qui transformait les instructions de l'utilisateur en instructions-machines codées en binaire.

Le premier véritable langage de programmation fut le FORTRAN (pour FORmula TRANslation), mis au point sur l'IBM 701 de 1953 à 1956 par l'équipe de John Backus. Le problème, avec les langages de programmation qu'inaugurait le FORTRAN, était que l'ordinateur n'était pas conçu pour en lire et exécuter directement les instructions. Il fallait donc écrire un programme intermédiaire, nommé *compilateur*, qui « traduisait » tout programme, par exemple ceux écrits ici en FORTRAN, dans le langage codé de la machine. Le FORTRAN pouvait donc fonctionner sur n'importe quel ordinateur mais, pour chaque modèle, il fallait écrire un compilateur approprié, qui reconnaisse à la fois les codes d'une machine particulière et les instructions du langage de programmation utilisé. Ce compilateur permettait également d'optimiser certaines procédures pour gagner du temps et de la place en mémoire.

Le premier compilateur écrit pour le FORTRAN à destination d'une IBM 704 fut mis au point en avril 1957. Il comportait 25 000 lignes de programme. Grâce à d'autres compilateurs, le FORTRAN put être rapidement utilisé sur d'autres machines, et pas seulement des machines IBM. Ce langage était plus particulièrement dédié aux calculs scientifiques. Il était simple d'usage, en comparaison avec la façon dont on manipulait les ordinateurs jusque-là. N'importe qui, ou presque, doté d'un peu d'esprit logique, mais aussi de beaucoup de patience, pouvait désormais espérer écrire lui-même un programme.

Indépendamment des versions ultérieures qui rendront le FORTRAN plus efficace, d'autres langages de programmation seront conçus, en fonction de secteurs d'intérêt déterminés. Le COBOL (COmmon Business-Oriented Language) sera dédié, comme son nom l'indique, aux applications dans le secteur tertiaire. Sa mise au point, achevée en 1960, fut financée par le département de la Défense américain, qui souhaitait, pour traiter de problèmes de gestion, un langage qui soit indépendant d'un modèle d'ordinateur. Ce langage s'imposa à l'administration tout entière comme langage normalisé. L'ALGOL (ALGOrithmic Language), langage très théorique mis au point en 1960, sera très peu utilisé, mais par contre beaucoup étudié comme modèle. Sa conception, par des chercheurs européens, s'inspirait de l'idée qu'il était nécessaire de disposer d'un programme très général, qui ne soit pas lié à une application donnée. Son universalité en fit donc une réussite pédagogique et un échec commercial.

Le PL/1 (Programming Language number 1) fut mis au point au milieu des années soixante (1964 exactement) et couvrait à la fois le champ d'intérêt du FORTRAN et celui du COBOL. Il s'agissait donc d'un langage plus universel. Le PL/1 sera critiqué en raison du fait qu'il semblait difficile, à l'intérieur de ce langage, de prouver que certains programmes réalisent bien les tâches qui leur étaient pourtant imparties.

Le FORTRAN, le COBOL et le PL/1 sont les trois langages encore actuellement les plus utilisés dans le monde. Ce n'est pas le moindre des paradoxes que l'informatique, domaine réputé si changeant et si innovatif, soit assez conservatrice du point de vue des langages dans lesquels les problèmes sont formulés. Il y a au moins deux raisons à ce phénomène. La première vient du conservatisme induit par le fait que tout changement de langage dans un grand centre informatique — ou même dans un moins grand — implique la réécriture de l'ensemble des programmes utilisés. Cet effort pourrait, après tout, être consenti s'il en valait la peine, mais il n'y a pas tant de nouveautés révolutionnaires dans le domaine des langages de programmation proposés sur le marché. Cependant LISP (1956) et plus tard PROLOG, langages dédiés à l'intelligence artificielle, ainsi que PASCAL, mis au point en Europe en 1964 et dont le nom fait référence au philosophe mathématicien, ont apporté quelques progrès en matière de programmation. Une deuxième raison s'oppose à de trop grands bouleversements en la matière. Son origine est ce que certains auteurs appellent la *théologie de la programmation*, cet étrange « culte » que parfois les informaticiens vouent à un langage particulier auquel ils sont attachés. Il y a des fanatiques de certains langages et des conflits déchirants entre les différentes écoles.

La grande nouveauté de la troisième informatique sera le BASIC (Beginner's All-purpose Symbolic Instruction Code), conçu pour la micro-informatique, et qui s'adressera pour l'essentiel à des non-initiés. Conçu pour écrire des programmes courts, instruction par instruction, grâce à son système de lignes systématiquement numérotées, le BASIC semble perdre de son efficacité dès lors que l'on aborde des ensembles plus importants. Comme tous les langages, il a ses supporters qui ont en lui une confiance universelle, et ses détracteurs dont certains estiment que l'on se déforme l'esprit en apprenant l'informatique à travers un langage si peu rationnel...

Les perfectionnements du matériel

La longue série des perfectionnements du matériel a été inaugurée par l'invention du transistor et l'utilisation des mémoires à tores de ferrite. Jusque-là, la « lampe » (diode électronique) était reine et malgré tous ses défauts elle avait contribué, sur le plan du matériel, à faire sauter un verrou

L'explosion des perfectionnements techniques 183

essentiel, celui de la rapidité d'exécution. Par rapport aux derniers calculateurs électromécaniques, la lampe électronique avait cet avantage inouï de supprimer tous les frottements mécaniques qui constituaient une limite infranchissable du point de vue de la vitesse des opérations. Il suffit de se souvenir que la machine de Babbage, malgré sa conception ingénieuse, ne pouvait pas fonctionner à cause des frottements provoqués par l'utilisation d'un trop grand nombre de pièces mécaniques.

Si imparfaite qu'elle ait été, la lampe permettait de quitter l'univers des lois mécaniques pour rejoindre le monde de l'électronique, dont l'ordre de grandeur des vitesses était plus approprié au projet de brasser des flots d'informations toujours croissants. Les limitations de la lampe furent rapidement atteintes : elle était grosse consommatrice d'énergie et grosse productrice de chaleur. De fait, les lampes étaient fragiles et le taux de rotation des lampes usées pouvait être très élevé.

Le *transistor (transconductance resistor)*, issu des recherches en physique et plus particulièrement dans le domaine des semi-conducteurs, qui avaient commencé dès les années trente, avait exactement les mêmes fonctions — et le même usage — que la lampe à vide. Simplement il ne chauffait pas — ou si peu —, nécessitait peu d'énergie, n'était guère fragile et par surcroît était dix fois moins encombrant que son équivalent sous vide. Rapidement il sera encore plus petit et son coût de plus en plus faible. Personne ne milita en faveur du maintien en service des tubes à vide et les constructeurs se mirent tous rapidement au goût du jour.

Il fallut toutefois attendre un peu — en fait près d'une dizaine d'années — entre le moment où l'équipe des laboratoires Bell (J. Bardeen, W. Brattain et W. Shockley, qui obtinrent pour cela le prix Nobel) mit au point le premier prototype de transistor, le 27 janvier 1947, et celui où le premier ordinateur transistorisé véritablement fiable fut commercialisé.

Le transistor présenta rapidement plusieurs autres avantages. Alors qu'il était réalisé au début à partir du cristal de germanium, le silicium apparut vite comme un matériau mieux adapté. Or le silicium n'est rien d'autre que le nom savant donné au sable des plages, d'apparition géologique certes récente mais qui ne se caractérise pas particulièrement par sa rareté ni par son coût élevé (ce qui ne veut pas dire que sa transformation en semi-conducteur n'est pas, elle, une opération coûteuse). Un autre avantage du transistor fut la facilité — relative bien entendu — avec laquelle on pouvait en automatiser la production. Les débouchés du transistor ne furent pas seulement l'informatique, puisque l'industrie des communications dans son ensemble (radio et télévision, notamment) bénéficia des progrès qu'il permettait. On lui doit par exemple la possibilité de construire des radios portatives, surnommées dès lors... « transistors », en souvenir des éléments de base qui le composent. Les lampes à vide furent donc remplacées, dès la fin de la première informatique, par les transistors pour confectionner les unités logiques de traitement de l'information, tandis que les tores de ferrite permettaient de constituer des mémoires moins coûteuses, peu volumineuses et fiables.

L'étape suivante fut constituée par la mise au point du fameux *circuit intégré*, véritable base de la miniaturisation des composants. Jusque-là les transistors étaient, quelle que fût la petitesse de leur taille, séparés les uns des autres et il fallait les raccorder ensemble, grâce aux trois fils de métal qui pointaient hors du cristal où ils étaient coulés. Une unité de traitement logique était donc composée d'un assemblage plus ou moins complexe d'entités distinctes. Le circuit intégré (Integrated Circuit ou *IC*) est une petite plaque où sont superposés, grâce à des couches successives de matériaux comme l'aluminium qui permettent de les graver dans la matière, des transistors, des amplificateurs, des résistances et des circuits de connexion permettant aux informations de circuler sous une forme binaire et surtout d'y être stockées et traitées logiquement.

En 1960, un transistor occupait une surface de silicium d'environ un millimètre carré. En 1980, un tel transistor gravé sur un circuit intégré occupait une surface de 0,0001 millimètre carré et avait comme voisins sur le même circuit plusieurs milliers d'autres transistors. Le premier prototype de circuit intégré fut créé en 1958 par un jeune ingénieur de Texas Instrument, Jack S. Kilby.

Malgré leur incontestable fiabilité, les tores de ferrite ne pouvaient pas continuer longtemps à être le support matériel des mémoires d'ordinateur. Ils étaient d'accès aisé mais assez chers à fabriquer et surtout, pour pouvoir être lue, l'information devait être détruite (un circuit de régénération, qui alourdissait le dispositif, était donc nécessaire). En 1970, la société Fairchild produisit la première mémoire intégrée sur une puce, suivant un principe analogue à celui du circuit intégré. Le 4100 de Fairchild avait une mémoire de 256 bits et l'accès à chacun des bits ne demandait que 70 millionièmes de seconde. Mais il s'agissait d'une « mémoire morte » (ROM, pour Read-Only Memory), c'est-à-dire une mémoire que l'on peut seulement lire. La même année, Intel produisit la première mémoire vive (RAM, pour Random Access Memory — mémoire dans laquelle on peut lire, effacer et écrire les informations) sur circuit imprimé : Intel 1103, qui avait 1 K de mémoire, soit quatre fois plus que le 4100 de Fairchild.

La même société réalisa un an plus tard, en 1971, le premier « microprocesseur », Intel 4004. Il s'agissait d'une suite logique du mouvement d'intégration et de miniaturisation des composants. Si l'on réussissait à mettre sur des plaques qui mesuraient un dixième de pouce de côté (soit un quart de centimètre) un circuit intégré comprenant des unités de traitement logique ou une mémoire de 1 K, pourquoi ne pas les réunir et intégrer dans un même ensemble miniature un minuscule ordinateur, auquel il ne manquerait que les organes d'entrée et de sortie, clavier, écran, imprimante, évidemment impossibles à miniaturiser ? Intel 4004 pouvait exécuter 60 000 opérations de deux chiffres binaires en une seconde et manipuler en tout environ 4 K d'informations. Ces performances, mineures par rapport à nos standards actuels (des millions d'opérations par seconde), n'en étaient pas moins révolutionnaires. Elles ouvrirent la voie à la troisième informatique et permirent la conception, au début des années soixante-dix, des premiers micro-ordinateurs.

La série 360 d'IBM

Dès le début des années soixante, au croisement des progrès en matière de matériels et de logiciels, IBM décida de lancer une série d'ordinateurs de différentes puissances qui seraient compatibles entre eux et dont la technologie de base, sans être forcément la plus avancée, serait à toute épreuve sur le plan commercial. La série 360 s'imposa rapidement comme norme, notamment pour ce qui concerne l'organisation de la mémoire et l'adoption, comme plus petite unité accessible en mémoire, du caractère et non plus du mot. La série 360 fut aussi l'occasion d'une normalisation du système d'exploitation de la machine. Les programmes qui tournaient sur l'un quelconque des modèles de la série 360 pouvaient tourner sur tous les autres... sous réserve évidemment que la taille de la mémoire le permette. Cette compatibilité des programmes encouragea l'achat de matériels toujours plus puissants. L'invention de la notion de compatibilité tenait compte du fait que les investissements en programmation étaient désormais de plus en plus lourds pour les utilisateurs. Avec IBM, changer de machines n'impliquait plus une réécriture des programmes, à la condition évidemment de garder du matériel IBM. Cette série, lancée en 1965, remplacera progressivement tous les matériels précédents d'IBM.

L'une des innovations de la série 360 fut la mise au point du code EBCDIC. Il s'agissait d'une nouvelle manière de coder les caractères (un caractère peut être soit une lettre de l'alphabet, soit un chiffre, soit un signe quelconque, un signe de ponctuation par exemple). Jusque-là les ordinateurs utilisaient des paquets de 6 chiffres binaires pour représenter l'ensemble des caractères utilisés. 6 chiffres binaires permettent de représenter au maximum 64 caractères (de la même façon, comme nous l'avons vu au chapitre 3, que le codage binaire de Bacon employait 5 chiffres binaires pour représenter l'alphabet). Or, si l'on voulait étendre l'usage des ordinateurs et permettre qu'ils traitent toutes les informations utilisées dans la vie courante, il fallait se rendre à l'évidence : 64 caractères étaient un nombre insuffisant. Pour des applications ordinaires, l'ensemble des signes utilisés dans un service comptable par exemple, il fallait compter au moins 120 signes, si l'on incluait toutes les subtilités que sont les majuscules, les minuscules, les signes d'opération, la ponctuation, etc. Un accroissement de la taille du caractère s'imposait et ce fut IBM qui le réalisa.

Le code EBCDIC (pour Extended Binary Coded Decimal Interchange Code) utilisa 8 chiffres binaires au lieu de 6. Cet accroissement d'un tiers de la longueur du caractère permettait, par la magie de la combinatoire, de multiplier par 4 le nombre de caractères que l'on pouvait ainsi représenter. On passait en effet de 64 à 256 caractères ! Grâce à cette amélioration significative, l'ordinateur était prêt pour toutes les utilisations de la vie courante et le programmeur se rapprochait encore plus de l'utilisateur. Le seul inconvénient était évidemment l'augmentation de la taille de la mémoire nécessaire (en moyenne d'un tiers), mais cela eut rapidement moins d'importance compte tenu de la baisse permanente du coût des mémoires centrales.

Le code EBCDIC anticipait de peu une nouvelle norme mise au point aux États-Unis à l'usage des transferts d'information dans les télécommunications : la norme ASCII (pour American Standard Code for Information Interchange) prévoyait la normalisation d'un code à 7 chiffres binaires, auquel IBM pouvait donc parfaitement s'adapter.

Une autre innovation de la série 360 fut une simplification de la plus petite unité accessible en mémoire. Jusque-là, suivant une tradition qui remontait aux années quarante, cette unité était le mot, composé donc de plusieurs caractères. Désormais la case mémoire minimale sera le caractère de 8 chiffres binaires, nommé *octet*. La mémoire de l'ordinateur était donc dorénavant formée par une combinaison de ces briques de base que sont les octets. Cette nouvelle norme, qui sera rapidement adoptée par tous les autres constructeurs — après quelques résistances —, est à l'origine du système de mesure que nous connaissons encore actuellement et qui prend pour base le « K » qui sert à mesurer la taille de la mémoire (K pour kilo-octet, un octet étant formé par 8 chiffres binaires). Un K sert donc à représenter 1 024 caractères. Dans le même ordre d'esprit, tous les assemblages de mémoire seront donc des multiples de 8. Ainsi, la mémoire des micro-ordinateurs a été successivement de 1 K puis de 16 K, de 64 K, 128 K, 256 K, 512 K. La taille des mémoires centrales des machines de la fin des années soixante allait de 64 à 256 K. Dans les années quatre-vingt, les mémoires centrales auront une puissance, selon les modèles, comprise entre 1 000 et 16 000 K.

En 1971, IBM lança la série 370, dans le même esprit que la série 360, et dotée de nombreux perfectionnements. A partir de là les gros ordinateurs de ce type n'auront plus le monopole exclusif du traitement informatique : il faudra compter avec les très gros ordinateurs, qui sont de puissantes machines scientifiques, les mini-ordinateurs et enfin les micro-ordinateurs, derniers-nés d'un processus d'innovation en matière de miniaturisation que rien ne semblait devoir arrêter.

Les très gros ordinateurs

Ils sont nés essentiellement des besoins en calculs scientifiques motivés en général par des applications militaires. La collecte et le traitement des données météorologiques, pour un usage mixte, civil et militaire, nécessitaient par exemple des matériels puissants, sans commune mesure avec ce que pouvaient offrir les IBM 360 ou 370. Le premier très gros ordinateur fut mis au point au début des années soixante-dix, selon un montage désormais classique aux États-Unis, par une université (l'université de l'Illinois), avec des crédits militaires de l'ARPA (Advanced Research Project Agency — un des services du Pentagone) et avec l'assistance d'une compagnie privée, en l'occurrence Burroughs. Cette machine, qui prit le nom d'ILLIAC IV, effectuait plusieurs dizaines de millions d'opérations par seconde et avait un fonctionnement dit « en parallèle », qui lui permettait de faire rapidement des calculs vectoriels. Avec ce type de machine, les gros ordinateurs classiques servent de « machine frontale », d'interface avec l'extérieur, et permettent de mieux gérer certains travaux.

Au début des années quatre-vingt, deux des grands modèles commercialisés seront le Cyber 205 de Control Data et le Cray 1, machines travaillant avec des mots de 64 chiffres binaires. L'une des questions qu'il fallait résoudre consistait à diminuer au minimum la longueur des câblages reliant les différents éléments de la machine, afin de diminuer le temps de circulation des informations. Sur le Cray 1, les armoires renfermant les composants sont disposées en cercle afin de réduire la distance des connexions. Le Cyber 205, introduit en 1981 sur le marché, exécutait 800 millions d'opérations par seconde.

Des ordinateurs de plus en plus petits

La tendance à concevoir et à construire des ordinateurs de plus en plus petits a sans doute comme point de départ une innovation importante développée au MIT au début des années soixante : l'utilisation des ordinateurs en « temps partagé ». La vitesse déjà atteinte par les gros ordinateurs — des millions d'opérations par seconde —, couplée avec la possibilité de faire transiter des informations par le réseau téléphonique, permit d'imaginer une nouvelle philosophie d'utilisation. Sur différents terminaux, des utilisateurs pouvaient simultanément commander l'exécution de programmes distincts : chaque seconde, la machine pouvait consacrer quelques centaines de milliers d'opérations à l'un, puis à l'autre, puis à un troisième, etc. A l'échelle humaine, l'infidélité provisoire de l'unité centrale était évidemment invisible et l'ordinateur donnait l'impression de se consacrer entièrement au programme de chaque utilisateur.

Le terminal, permettant la mise en œuvre de travaux de moindre ampleur sur un site éloigné du centre de calcul, mettait l'ordinateur à la portée des utilisateurs individuels. Pourquoi ne pas rendre ce terminal *indépendant* et ne pas concevoir des machines beaucoup moins puissantes, certes, mais qui permettaient l'exécution de multiples petits travaux pour lesquels un gros ordinateur était une solution trop lourde ? L'histoire des ordinateurs a démarré avec des machines monstrueuses : était-ce sous l'effet d'une fatalité technologique ? En fait le principe de l'ordinateur est indépendant de sa taille et il n'y a pas de seuil minimal en la matière (les premiers micro-ordinateurs de 1 K en feront la démonstration). Les modalités de leur utilisation, plus que des questions techniques, semblent avoir conditionné la taille des premiers ordinateurs. Plus ceux-ci devaient se rapprocher d'utilisateurs n'ayant pas d'immenses travaux de calcul à faire effectuer quotidiennement, plus la diminution de la taille sera à l'ordre du jour. Elle sera facilitée par l'évolution vers la miniaturisation des composants électroniques.

Le premier mini-ordinateur fut incontestablement le PDP-1 (Programmed Data Processor model 1) de Digital Equipment Corporation, conçu à partir de 1957 par Kenneth H. Olsen, qui avait travaillé au laboratoire d'informatique de Forrester au MIT et donc contribué au Whirlwind du programme SAGE. Quelques années plus tard, en 1963, le PDP-8 fut le premier modèle commercialisé avec succès de ce nouveau type de machine, qui permettait à de petits utilisateurs d'avoir, dans leurs bureaux d'études, leurs laboratoires ou leurs entreprises, un véritable ordinateur. Le PDP-8 n'était guère puissant — à peine 4 K de mémoire —, mais son prix était très bas, comparé aux machines que l'on connaissait jusque-là, et son usage assez aisé. Il avait à peu près la taille d'un réfrigérateur (ceux-ci étaient encore assez volumineux à l'époque) et la marine américaine, par exemple, en installa à bord de ses sous-marins. Le PDP-8 sonnait le glas de l'ordinateur-diva, entouré d'une nuée de techniciens inabordables, et enchâssé dans un environnement climatisé.

Les modèles PDP — qui furent suivis par des machines de plusieurs autres compagnies — étaient réalisés avec des transistors et des tores de ferrite. Les progrès en matière de circuits intégrés rendirent possible la conception de machines à la fois plus puissantes et plus petites. A vrai dire, pas plus qu'il n'y avait de différence de nature entre les gros ordinateurs et les mini-ordinateurs, il n'y a pas eu de véritable rupture technique entre le mini et le micro-ordinateur. L'essor du micro-ordinateur fut lié, comme nous le verrons dans un chapitre ultérieur, à des facteurs sociaux plutôt qu'à une possibilité technique, qui était de toute façon acquise pour l'essentiel. Il fallait croire que ces machines correspondaient à un besoin, ou du moins auraient des acheteurs (ce qui n'est pas forcément pareil), pour se lancer dans une telle aventure.

Les deux premiers prototypes de micro-ordinateurs furent développés en 1973 sous la direction de David Ahl dans les laboratoires de la compagnie Digital, qui ne donna pas suite au projet. A cette occasion fut inventé le *disque souple (floppy disk drive)* qui est maintenant un élément standard de la plupart des micro-ordinateurs et qui sert à conserver les données et les programmes sur des disques interchangeables. La même année, Jonathan Titus, jeune ingénieur passionné d'électronique, après avoir acheté un exemplaire d'un circuit Intel 8008, construisit grâce à lui une machine de la taille d'une grande boîte à chaussures, dotée d'une mémoire de 8 fois 256 bits, que l'on pouvait étendre à 16 K. Dire que l'usage de cette machine était commode ne serait pas conforme à la vérité : les données devaient être introduites une à une, en langage binaire, et elles se volatilisaient lorsque l'on coupait l'alimentation. Il fallait, de plus, décrypter le résultat des opérations à partir des pastilles lumineuses qui s'allumaient et s'éteignaient sur le cadran frontal. Les plans de cette machine aussi fabuleuse que difficile à manier furent annoncés pour la première fois par la revue *Radio-Electronics* en juillet 1974 et vendus par correspondance par J. Titus. La machine, annoncée comme un « mini-ordinateur personnel » *(personal minicomputer)*, prit le nom de MARK 8.

Le premier micro-ordinateur commercialisé sous la forme d'une machine (et non de plans) sera l'ALTAIR 8800, construit autour d'un microprocesseur Intel 8080. Il était vendu, soit en kit, soit déjà assemblé, et fut annoncé au public par l'intermédiaire d'une autre revue technique, *Popular Electronics*, en janvier 1975. Sa capacité de traitement était de 65 000 mots de 8 bits et il devait, à terme, pouvoir être connecté avec des équipements périphériques tels qu'un écran. Une petite équipe construisit pour cette machine des unités de mémoire additionnelles et une autre écrivit un interpréteur BASIC qui devait en faciliter l'usage. La voie était ouverte pour les machines de la série Apple et plus tard les

« PC » (Personal Computer) en tout genre. Le premier Apple 2 fut introduit en 1977 et le PC d'IBM en 1981. Sur le plan technique la micro-informatique était née. Désormais, chaque utilisateur pouvait disposer d'une machine correspondant à ses besoins : toutes les gammes d'ordinateurs, du plus gros au plus petit, étaient présentes sur le marché.

Pour la suite de la lecture thématique, rendez-vous page 115 où commence la troisième partie : le développement des usages et de l'industrie informatique.

Pour en savoir plus

BREMOND, Georges, *La Révolution informatique*, Paris, Hatier, 1982.

Pour approfondir

AUGARTEN, Stan, *State of the Art, a Photographic History of the Integrated Circuit*, New York, Ticknor and Fields, 1983.
AUGARTEN, Stan, *Bit by Bit, An Illustrated History of Computers*, New York, Ticknor and Fields, 1984.
RANDELL, Brian (édité par), *The Origins of Digital Computers*, Berlin, Heidelberg, New York, Springer-Verlag, 1982.
FELDMAN, Jérôme, « Les langages de programmation », *Pour la science*, n° 28, février 1980.
GILLES, Bertrand, *Histoire des techniques*, Paris, Gallimard, coll. « Bibl. de la Pléiade », 1978.
MOREAU, René, *Ainsi naquit l'informatique*, Paris, Dunod, 1982.

# 10. L'informatique : un enjeu économique et stratégique mondial

L'industrie informatique est souvent citée comme exemple d'une expansion sans précédent qui témoignerait plus que toute autre de la vitalité et du dynamisme des nouvelles industries fondées sur la science. Bien que la « recherche-développement » soit une composante très forte de l'économie de l'ordinateur, les compagnies qui ont réussi dans ce secteur sont plutôt celles qui étaient issues, et en premier lieu IBM, du monde du tertiaire et des machines de bureau. La première informatique avait été une informatique technique, mise au point dans les grands laboratoires universitaires avec des crédits militaires. L'existence d'un marché d'État aux États-Unis sera à l'origine de l'expansion d'une industrie tournée après coup vers le marché civil.

Tout en restant centrée sur la machine, la deuxième informatique sera celle de la prise de conscience de l'enjeu stratégique que constitue l'information. Avec les machines, les grandes compagnies vendent une idée nouvelle, la prise en compte de l'information, en un nouveau mode d'organisation sociale. La personnalité de l'industrie informatique était déjà largement formée et se caractérisait par la domination des compagnies américaines et un fort écart technologique entre les industries des principaux pays occidentaux. La troisième informatique, tissant un filet aux dimensions mondiales, sera celle des réseaux et de la communication en même temps que les cartes industrielles seront redistribuées, comme l'illustre abondamment la percée japonaise. L'industrie des télécommunications apparaîtra en tout point complémentaire avec celle de l'informatique. Ces deux domaines ont en commun la digitalisation de leurs techniques et relèvent tous deux de la « filière électronique ».

L'industrie informatique : une enfance protégée

Le scénario du développement des premiers ordinateurs met en scène principalement deux partenaires, les laboratoires universitaires et les organismes commanditaires relevant de l'armée. Ce phénomène, très prononcé aux États-Unis, l'a été également en Angleterre, en France et sans doute dans les pays de l'Est. Incontestablement fille de l'Université et de l'armée, l'informatique ne se mettra finalement que très tard à l'école de l'industrie. Il faudra attendre pratiquement la deuxième informatique pour que l'influence du financement militaire décroisse, tout en restant déterminante pour des pans entiers de ce domaine, en particulier les gros et très gros ordinateurs. Jusque-là, l'importance des marchés d'État, notamment militaires, est telle que l'on peut affirmer que l'industrie des ordinateurs a grandi en dehors des lois économiques du marché.

L'influence des crédits militaires peut s'apprécier de deux façons. D'une part, ces crédits ont servi à financer des activités de recherche et de développement qui bénéficieront directement à quelques grandes compagnies et leur permettront de s'implanter sur le marché civil. D'autre part, ces mêmes compagnies verront leurs produits vendus à bon prix sur un marché d'État garanti. La plupart des inventions en électronique et en informatique faites sous contrats militaires seront en effet diffusées dans l'industrie sans qu'il en coûte la plupart du temps un dollar aux compagnies. Le meilleur exemple de ce fait est sans doute constitué par les plans du premier ordinateur, dont von Neumann fit tout pour qu'ils ne soient pas l'occasion d'une prise de brevet.

Pourtant les travaux dont ils étaient issus avaient été financés entièrement par l'armée dans le cadre du contrat PX (l'ENIAC) et dans le cadre du contrat qui devait aboutir aux plans de l'EDVAC. La compagnie privée que les ingénieurs de l'ENIAC, Eckert et Mauchly, avaient fondée quelque temps après n'aura plus qu'à puiser largement dans le capital d'expérience et de savoir-faire acquis pendant plusieurs années grâce à des fonds publics. Plus tard, lorsque l'industrie privée aura en partie pris le relais des universités dans la conception des ordinateurs, les transferts d'innovations se feront à l'intérieur d'une même compagnie. IBM, par exemple, avait obtenu en 1958, entre autres contrats, un financement de l'US Air Force pour mettre au point le Q 31, un ordinateur de grande puissance destiné au système de commande du SAC (Strategic Air Command). Une bonne partie du « matériel » de la machine fut dérivée des innovations acquises sur le Stretch qui avait été financé par la Commission de l'énergie atomique. Plusieurs de ces innovations furent directement transférées dans la conception de la série 360, qui bénéficia ainsi d'un financement d'État indirect.

La volonté d'une certaine transparence des innovations techniques n'était d'ailleurs pas à sens unique. La seule grande invention de l'informatique qui n'ait pas vu le jour dans un laboratoire sous contrat militaire (pendant la première informatique), le transistor, sera rapidement cédée par les laboratoires Bell à l'ensemble de l'industrie, dans le but explicite de ne pas freiner la diffusion de cette nouvelle technologie dans les applications militaires. Aussi les premières usines de production automatisée des transistors seront-elles financées par l'armée dès 1952, pour satisfaire ses propres besoins. La part de l'État dans les dépenses totales de recherche et développement en matière d'informatique sera encore, en 1965, de 50 % aux États-Unis.

Dans les années cinquante, le marché civil des ordinateurs était extrêmement étroit, et en tout cas sans aucune comparaison avec celui ouvert par les besoins des militaires et du gouvernement. En 1953, si l'on ne tient pas compte des marchés et des installations militaires (qui, bien que prépondérants, étaient hors statistiques), le reste des marchés d'État aux États-Unis représentait 53,8 % des installations totales civiles. L'apparition du premier « ordinateur civil » en 1951, l'UNIVAC 1, ne doit pas faire illusion. Jusqu'en 1954, ce sont à peine quelques dizaines de machines qui sont absorbées par le marché civil et les prévisions de l'époque n'annonçaient en aucun cas un véritable développement de ce secteur. Jusqu'en 1960, il n'y avait guère plus que quelques milliers d'ordinateurs civils en circulation, dont 1 500 exemplaires du fameux IBM 650, vendus sur le marché traditionnel de la mécanographie. Le tableau ci-dessous indique la répartition des ordinateurs aux États-Unis suivant leur commanditaire. La part du marché d'État — et de sa composante militaire — apparaît clairement. En 1966, alors que l'influence de la défense nationale et de l'État a très largement décru par rapport aux années cinquante, pour un peu plus de deux ordinateurs « civils », il y a un ordinateur d'État, les trois quarts des ordinateurs utilisés par le gouvernement étant destinés au Département de la défense.

TABLEAU 1

Répartition des ordinateurs aux États-Unis et importance des marchés d'État

(Début de la deuxième informatique)

Répartition	*Juillet 1964*	*Fin 1966*
Ordinateurs universels utilisés par le gouvernement (y compris l'armée)	1 767	2 600
Ordinateurs militaires spéciaux	2 000	5 100
Ordinateurs financés par l'État (contrats indirects)	2 000	3 000
TOTAL DES MARCHÉS D'ÉTAT	5 767	10 700
Autres ordinateurs	16 233	24 200
TOTAL DES ORDINATEURS EN SERVICE AUX ÉTATS-UNIS	22 000	34 900

Source : Combinaison de tableaux, OCDE, *Écarts technologiques*, Paris, 1969.

Mais cette répartition en nombre des ordinateurs rend imparfaitement compte de la valeur des marchés correspondants. Les fameux « ordinateurs spéciaux » étaient des machines intégrées dans des systèmes d'armes complets qui, pour des raisons évidentes, étaient caractérisés par leur haute fiabilité et leur miniaturisation poussée, donc par leur coût élevé. Ils étaient développés dans un contexte politico-militaire où l'on ne regardait guère à la dépense si les impératifs de la défense nationale le justifiaient. C'est ainsi que les composants des ordinateurs pour les missiles Atlas étaient plaqués or à vingt-quatre carats afin d'augmenter encore leurs performances. Il n'y a aucune comparaison de coût possible entre ces ordinateurs « spéciaux » et, par exemple, les IBM 650, véritables « modèle T » informatiques de l'industrie.

L'importance des marchés d'État dans les premiers pas de l'industrie des ordinateurs va également contribuer à façonner la personnalité de plusieurs des principales compagnies fabriquant du matériel informatique (composants, machines, logiciels). Control Data, quant au marché de ses premiers ordinateurs, travaillait pour un seul client : l'US Navy ; DEC (Digital Equipment Corporation) et SDS (Scientific Data Systems) se lanceront sur le marché uniquement avec des commandes d'État.

Les caractéristiques de l'industrie informatique

Le premier ordinateur commercialisé fut donc inauguré en 1951 ; quinze ans plus tard, 50 000 ordinateurs étaient installés dans le monde occidental (plus 2 500 environ dans les pays de l'Est), pour une valeur de 20 milliards de dollars. Une puissante industrie devait s'installer sur ce marché formidable, qui connaîtra dès lors un taux de croissance sans précédent. Initialement, les six principaux pays producteurs étaient les États-Unis, la France, le Royaume-Uni, l'Allemagne, le Japon et l'Italie. Seuls ces pays (dans le monde occidental) disposaient d'un produit national brut suffisant pour s'engager industriellement dans ce nouveau secteur d'activité. Mais, très rapidement, les compagnies qui s'imposeront comme les plus puissantes, y compris par l'intermédiaire de leurs filiales à l'étranger, seront huit compagnies américaines. Elles se partageront 90 % du marché mondial. Il faut remarquer également qu'à part l'une ou l'autre exception, les compagnies qui dominent sont celles qui sont entrées sur le marché le plus tôt. Le tableau 2 indique la production de ces compagnies ainsi que leur date d'entrée dans l'industrie.

TABLEAU 2

Production des principales compagnies d'informatique
(en nombre d'ordinateurs)

(Deuxième informatique)

Rang	Compagnies	Date d'entrée sur le marché	1962		1967	
			Production	% de la prod. mond.	Production	% de la prod. mond.
1	IBM	1953	4 806	65,8	19 773	50
2	Rand	1951	635	8,7	4 778	12,1
3	NCR	1960	126	1,7	4 265	10,8
4	CDC	1960	147	2,0	1 868	4,7
5	Honeywell	1958	41	0,6	1 800	4,6
6	Burroughs	1954	161	2,2	1 675	4,2
7	RCA	1957	120	1,6	977	2,5
8	General Electric	1958	83	1,1	960	2,4
TOTAL			6 119	83,7	36 096	91,3
AUTRES COMPAGNIES			1 186	16,3	3 420	8,7
PRODUCTION MONDIALE			7 305	100	39 516	100

Source : OCDE, *Écarts technologiques*, Paris, 1969.

L'informatique se développe donc *rapidement* là où elle avait *d'abord* pris pied. Ce phénomène, qui caractérise fortement cette industrie, est lié à deux tendances en apparence contradictoires : d'un côté, l'essor extrêmement rapide d'une industrie en perpétuel renouvellement ; de l'autre, un très fort conservatisme sur certains aspects essentiels. La combinaison d'une forte poussée vers l'avant et de certaines pesanteurs expliquera la permanence de la domination de l'industrie américaine sur la production et la vente des ordinateurs.

L'informatique était avant tout une industrie fondée sur la science et la technologie, aussi le poids des dépenses de recherche-développement était-il décisif pour le maintien d'une avance technologique. Mais, paradoxalement, les grandes réussites commerciales ne furent pas toujours celles qui s'appuyaient sur le matériel le plus avancé techniquement. En d'autres termes, il n'y a pas eu de lien systématique entre la position acquise par une entreprise sur le marché et sa contribution au progrès technologique. Plusieurs exemples illustrent ce fait. IBM mit sur le marché, au début des années soixante, le modèle 1401, qui fut un gros succès commercial puisque cette machine sera finalement vendue à plus de 14 000 exemplaires. Or cet ordinateur ne représentait pas un sommet de la technique de l'époque. Il avait été conçu, entre autres, pour pouvoir être familier aux utilisateurs traditionnels de machines mécanographiques à cartes perforées.

Le modèle H 200 d'Honeywell, lancé en 1963, eut un succès fondé sur le même principe : sans être véritablement une grande avancée sur le plan technologique, cet ordinateur pouvait utiliser les programmes du 1401 d'IBM, et, tout en occupant le même créneau commercial, était moins cher que son concurrent. Grâce au H 200, cette compagnie, dernière venue sur le marché, occupa, quatre ans après le lancement du modèle, la position enviable de cinquième compagnie mondiale. A l'inverse, le Gamma 60 de Bull était de loin le système le plus avancé techniquement sur le marché civil, mais il ne fut vendu qu'à six exemplaires.

Ainsi, non seulement il n'était pas nécessaire de posséder les techniques les plus avancées pour conquérir un marché, mais, dans nombre de cas, une simple politique d'accords de licence permettait à des compagnies d'éviter les lourds investissements qu'impliquait la recherche. Cette politique fut largement utilisée en Europe et au Japon, mais aussi aux États-Unis, par des compagnies qui à court terme pouvaient espérer un gain, mais qui encourageraient de ce fait la domination technologique des majors. Au début de 1967, il n'y avait, en dehors des États-Unis, que deux compagnies qui produisaient une gamme complète d'ordinateurs sans faire appel à des licences de fabrication américaine : ICT au Royaume-Uni et Fujitsu au Japon.

Un autre élément de cette combinaison étrange entre

conservatisme et innovation fut la question des logiciels. Rapidement, grâce à la souplesse d'utilisation que permettaient les nouveaux langages de programmation, la part du matériel dans les coûts informatiques avait décru, au profit du logiciel proprement dit. Le renouvellement fréquent du matériel, dû à l'accroissement des performances de l'électronique, posait un redoutable problème aux clients : celui de la reconversion des programmes qui, eux, restaient toujours ceux dont ils avaient besoin. Le coût qu'entraînait la réécriture systématique des programmes pouvait annuler le gain obtenu grâce au changement de matériel. De ce fait, les acheteurs eurent tendance à rester fidèles à la même compagnie et à choisir des constructeurs qui leur garantissaient justement une évolution de leur propre matériel. Cette tendance favorisera nettement les compagnies déjà en place — et celles qui, comme Honeywell, surent se couler dans le moule d'un modèle déjà implanté. Elle expliquera le succès de la série 360 d'IBM, qui utilisera merveilleusement bien les effets de ce frein imposé par une clientèle par ailleurs soucieuse d'innovation.

Les compagnies qui réussiront dans l'informatique seront également celles qui sauront utiliser avec profit les réseaux commerciaux déjà en place dans le secteur du traitement de l'information mécanographique. Avant l'apparition des ordinateurs, ce secteur était déjà largement en voie d'expansion rapide, avec des applications assez sophistiquées, comme le montre l'exemple de la machine Synchro-Madas, mise en place dans un grand magasin de Pittsburgh vers le milieu des années trente (il s'agissait d'un système comptable complet où 250 terminaux étaient connectés par des lignes téléphoniques à une trentaine de tabulatrices et de machines à écrire en ligne).

L'informatique, avec par exemple le 650, puis le 1401 d'IBM et le H 200 d'Honeywell, se développera sur la base d'un marché traditionnel, progressivement et patiemment agrandi depuis la fin du siècle dernier. Les grandes compagnies, comme la Rand, IBM, Burroughs et NCR, étaient déjà implantées dans le secteur des machines de bureau. Les États-Unis, avec un secteur tertiaire structurellemnet très développé et idéologiquement ouvert à l'innovation technique, constituaient de ce point de vue la terre d'élection d'une informatique qui acceptait sans honte de faire réaliser par des bijoux technologiques des travaux auxquels suffisaient souvent les machines mécanographiques traditionnelles. Pendant longtemps, en effet, la plupart des ordinateurs du marché civil seront trop puissants et trop sophistiqués pour les usages auxquels ils étaient destinés.

L'importance de l'écart technologique

Au seuil de la deuxième informatique, c'est-à-dire vers le milieu des années soixante, la personnalité de l'industrie des ordinateurs était déjà largement formée. L'importance des financements d'État, notamment pour les besoins de la défense nationale, avait été telle que l'on peut avancer sans risque d'imprudence l'hypothèse que sans eux l'informatique que nous connaissons aujourd'hui n'aurait pas vu le jour. Le seuil qui permit de concevoir des machines pour le marché civil à des coûts supportables par celui-ci n'aurait peut-être jamais été franchi.

Les années soixante furent celles d'une double prise de conscience : d'une part de l'ampleur de ce que l'on nomma alors l'*écart technologique* entre les pays, d'autre part des *enjeux stratégiques majeurs* que constituaient les technologies de traitement de l'information. D'une certaine façon, la prise de conscience fut tardive car des tendances structurelles lourdes s'étaient déjà affirmées et elles se révéleront parfois irréversibles, comme par exemple la domination de l'industrie américaine et, au sein de celle-ci, la suprématie d'IBM.

L'écart technologique peut s'apprécier de deux façons : à partir du nombre d'ordinateurs utilisés par un pays, et à partir du nombre de ceux que son industrie nationale (à l'exclusion des filiales locales de grandes compagnies étrangères) produit. L'écart peut donc renvoyer à un sous-développement en matière d'équipement, ce à quoi les grands pays occidentaux échapperont rapidement, malgré leur retard initial sur les États-Unis, ou à un sous-développement en matière de maîtrise des grands choix technologiques, que permet seule la maîtrise de la production des matériels. De ce dernier point de vue, seuls deux pays, le Royaume-Uni et le Japon, résisteront, tout au long de la deuxième informatique, à la domination américaine. La production de leur industrie nationale réussira à couvrir une bonne partie des besoins (plus de 75 %). Les autres verront la progression de leur parc informatique essentiellement assurée par les fournitures d'une industrie américaine qui détenait plus de 90 % du marché mondial. Il faut considérer ce fait paradoxal que, plus le sous-équipement en informatique d'un pays avait tendance à diminuer, plus s'accroissait la perte de son indépendance nationale dans ce domaine stratégique. La situation créée faisait donc que le choix était entre un sous-équipement ou une perte d'indépendance nationale...

Le tableau 3, qui met en rapport pour quatre pays les ordinateurs produits nationalement et ceux qui sont installés sur le sol national, met en évidence cet écart technologique. Les chiffres qu'il donne sont d'autant plus crus que sous la rubrique « production nationale » sont inclus les ordinateurs fabriqués par des filiales de compagnies étrangères (par exemple IBM-France et IBM-Allemagne).

TABLEAU 3

**Nombre d'ordinateurs
en fonction de leur pays de production
et d'installation**

1962				
Pays d'installation → Pays de conception ↓	France	RFA	Royaume-Uni	États-Unis
France	134	10	3	Aucun
RFA	Aucun	99	Aucun	Aucun
Royaume-Uni	6	15	245	15
États-Unis	145	414	64	7 290
TOTAL	285	538	312	7 305

Un enjeu économique et stratégique mondial

1967				
Pays d'installation → Pays de conception ↓	France	RFA	Royaume-Uni	États-Unis
France	593	224	37	Aucun
RFA	99	606	37	937
Royaume-Uni	125	82	1 005	1 203
États-Unis	1 191	2 025	1 172	37 196
TOTAL	2 008	2 937	2 251	39 336

Source : OCDE sur la base de chiffres fournis par Diebold-France.

Plusieurs explications ont été fournies pour expliquer l'existence de cet écart technologique. Une analyse de l'OCDE, publiée en 1969, proposait plusieurs facteurs. L'un des principaux était le rôle joué par les marchés gouvernementaux dans le contexte américain des années cinquante. Il est inutile de revenir sur cette question qui vient d'être longuement exposée, sinon pour souligner que ce soutien ne participait pas d'une politique délibérée, comme ce sera le cas dans l'exemple du « plan Calcul » français, mais d'une réponse immédiate à des besoins identifiés au coup par coup, souvent sous l'empire de l'urgence, comme dans le cas du réseau SAGE et de ses successeurs. Les entreprises qui bénéficièrent le plus de ces soutiens furent — outre IBM — UNIVAC (Rand), NCR et RCA.

Un autre facteur fut le rôle qu'avait joué le *management* dans le succès de certaines entreprises. Là où on aurait pu attendre de l'industrie des ordinateurs qu'elle soit issue de l'industrie très technologique des composants électroniques, ce furent en fait des compagnies venues essentiellement du secteur des machines de bureau qui prospérèrent. Le Japon a été le seul pays, en effet, où l'industrie des calculateurs fut créée par l'industrie électronique. L'analyse de l'OCDE soulignait le fait que les fabricants de machines de bureau détenaient le marché tandis que les sociétés d'électronique possédaient la technologie. La clientèle aurait donc été un atout plus précieux que la technologie.

Cette particularité de l'industrie des ordinateurs n'est étonnante qu'à travers une vision « techniciste » de l'informatique où l'on ne verrait dans ce domaine que les aspects liés aux machines. Or, comme ce livre tente de le montrer, l'informatique est un domaine multidimensionnel, qui ne se laisse pas réduire à ses aspects matériels. Avant de vendre des machines, les grandes compagnies comme IBM vendaient l'idée que l'information était une donnée stratégique pour les entreprises modernes. Acheter un ordinateur, c'était bien plus qu'acheter une machine : avec cette nouvelle technologie s'imposait un nouveau style de gestion, de prise de décision, d'organisation de l'entreprise. Si l'informatique n'avait été qu'une technique, les industries techniques auraient probablement occupé le marché. Dans les faits, ce sont les industries qui étaient les plus perméables aux nouvelles idéologies nées dans les années quarante, les industries du tertiaire, proches de la nouvelle catégorie montante des ingénieurs et des cadres, qui envahirent un secteur qui n'était pas le leur au départ.

Un autre facteur qui explique l'écart technologique était le coût d'entrée dans l'industrie, devenu rapidement très élevé. Pour bien l'apprécier, il est nécessaire de distinguer entre deux stratégies d'entrée dans le marché : sur la base d'un sous-secteur spécialisé ou bien à partir du projet de devenir une compagnie fabriquant des gammes complètes de matériel et de logiciel. Dans le premier cas, le grand risque était de devenir très vite complètement tributaire des constructeurs, qui peuvent soit reprendre un créneau un instant délaissé, soit imposer leurs propres normes dans les secteurs qu'ils n'occupent pas. La possibilité pour une nouvelle compagnie de se lancer à part entière — c'est-à-dire en visant la maîtrise de son destin industriel — sur le marché de l'informatique sera rapidement rendue très difficile.

Les dangers de la « politique des créneaux » furent illustrés, lors de la deuxième informatique, par les mésaventures survenues à des compagnies comme Storage Technology qui s'étaient engouffrées dans la fabrication de périphériques (par exemple des dérouleurs de bandes) compatibles IBM et meilleur marché. Une simple baisse des prix de la part d'IBM cassa les profits de la plupart de ces compagnies. Gene Amdahl, ancien directeur des systèmes avancés chez IBM, tenta, lui, de se placer sur un créneau inexpugnable. IBM avait dû, pour respecter l'écart entre les différents modèles de la série 370 (du plus petit au plus puissant), fixer les prix non pas en fonction des coûts de production mais en rapport avec les performances des machines. Les modèles les plus puissants étant déjà vendus assez cher (par rapport au marché potentiel et donc au seuil de rentabilité), il avait fallu limiter la puissance de la machine de haut de gamme, pour que son coût reste accessible.

Gene Amdahl s'engouffra dans cette brèche et fabriqua une machine entièrement compatible IBM, plus puissante que la plus puissante de la série 370, mais vendue au même prix que cette dernière. En 1976, il avait repris à son compte 12 % du marché des gros ordinateurs et 22 % l'année suivante. « C'est comme si, disait-il, j'étais monté sur leurs épaules. S'ils veulent me noyer, ils auront la tête dans l'eau les premiers. » Amdahl avait simplement oublié qu'IBM pouvait retenir sa respiration plus longtemps : la compagnie lança sur le marché une machine plus puissante encore, et moins chère. En 1979, Amdahl Corporation ne faisait plus un seul dollar de bénéfice.

Il y eut bien sûr le contre-exemple de Control Data, fondée par des ingénieurs issus de Sperry Rand en 1960, qui sut rapidement s'imposer et gagner la quatrième place en 1967, mais ceux-ci avaient emporté avec eux un savoir-faire inestimable. L'entreprise est toujours possible, mais les problèmes commencent en général à se poser à l'étape suivante, lorsque, après avoir lancé le modèle initial, il faut développer une nouvelle série de machines. D'autant qu'à partir de 1964 et de la mise en service de la série 360 d'IBM, il devint évident que l'entrée dans le marché nécessitait des investissements considérables : IBM dépensa en effet cinq milliards de dollars pour mettre au point l'ordinateur type de la deuxième informatique, soit autant que le projet Manhattan, qui avait mobilisé d'immenses ressources gouvernementales pendant la dernière guerre afin de mettre au point rapidement la première bombe A. L'essentiel de l'investissement d'IBM n'avait d'ailleurs pas été consacré à la technologie elle-même (comme on l'a vu, les recherches dans ce domaine avaient largement bénéficié des crédits militaires de la décennie précédente), mais à la réorganisation de l'appareil productif, des circuits de distribution, du service après-vente, et aussi du dispositif financier qui allait permettre une politique de location à grande échelle.

La pratique de la location, et la puissance financière qu'elle supposait (une compagnie ne gagnait rien les premières années où justement elle investissait le plus), fut une cause de plus de l'écart technologique. La société française Bull, par exemple, fut absorbée en 1967 par General Electric, un des majors du marché, en partie à cause de son impossibilité à maîtriser des problèmes financiers de ce type. Le système de la location, tout en maintenant l'écart technologique et en garantissant aux premiers entrés sur le marché qu'ils y resteraient seuls, permit l'extension de l'informatique beaucoup plus que si les machines avaient continué à être simplement vendues. Le client n'avait pas à faire de grosses dépenses initiales — il payait par mois le quarante-huitième de la valeur totale de l'ordinateur dont il disposait. De plus, lorsque la technologie était devenue obsolète (ce qui n'était pas si rare) et que les ingénieurs commerciaux de la compagnie d'informatique qui le fournissait avaient réussi à le convaincre de l'intérêt d'une machine plus performante, il suffisait de changer la nature du contrat de location et l'affaire était conclue. Lorsqu'un client gardait la machine plus de quatre ans, les revenus de la location constituaient un bénéfice net. Lorsqu'il en changeait avant que ce délai ne se soit écoulé, l'ordinateur repartait à titre d'occasion sur le marché de la location tandis que le constructeur implantait un de ses tout nouveaux modèles.

La prise de conscience des enjeux stratégiques

La réalité de l'écart technologique prit son sens à l'intérieur d'une prise de conscience plus vaste concernant le rôle que l'information et l'informatique semblaient désormais appelées à jouer. Le regard porté sur les ordinateurs changea progressivement de nature. On ne comprenait pas vraiment, certes, ce qu'il y avait derrière les capots couverts de cadrans — et les informaticiens demeuraient des experts très tournés vers la machine —, mais, d'une part, il y avait de plus en plus d'ordinateurs (ceux-ci semblent pousser comme des champignons après la pluie) et, d'autre part, il semblait que l'on pouvait de moins en moins s'en passer. Ainsi que le montrent les deux tableaux suivants, les cinq premières années de la deuxième informatique ont justement été caractérisées par une progression foudroyante du nombre de machines installées. La présence de nombreux « petits ordinateurs » (qu'il ne faut pas confondre avec les « micro-ordinateurs », lesquels n'existaient pas encore) témoigne du début de la pénétration en profondeur du tissu social et économique.

Les ordinateurs, dès lors, ne sont plus regardés comme de simples machines à calculer ou à établir la paie, mais comme des machines à traiter l'information. Les Français, si soucieux du poids des mots, commençaient à adopter le terme « ordinateur » (proposé par le professeur Jacques Perret en 1955 à la demande d'IBM-France pour remplacer l'impropre « calculateur », de la même façon que *computer* avait remplacé *calculator*), qui faisait de cette machine — surtout dans l'expression « ordinateur universel » — une véritable machine à mettre de l'ordre, à *organiser*. L'enjeu désormais n'était plus la machine en tant que telle, mais ce qu'elle permettait de traiter, l'*information*. Toute une littérature métaphorique fut alors produite sur le thème de l'importance, au sein des sociétés à fort secteur tertiaire, de l'information considérée comme une « nouvelle matière première », dont la valeur serait « inversement proportionnelle à la vitesse de traitement ». L'ordinateur serait en train de jouer le même rôle que la machine à vapeur lors de la révolution industrielle rebaptisée du coup « *première* révolution industrielle ». L'information deviendrait, comme l'énergie, source de pouvoir et de richesse. Cette argumentation trouvera un écho amplifié dans la période ouverte par la crise de 1973, où non seulement l'industrie informatique fut l'une des seules à maintenir un fort taux de croissance, mais où, de plus, elle porta l'espoir d'une relance dont elle deviendrait, avec l'industrie des télécommunications, le pivot central.

TABLEAU 4

Progression du parc d'ordinateurs
(« moyens » et « gros » ordinateurs)

(Début de la deuxième informatique)

	1965	*1970*	*Facteur de croissance*
États-Unis ..	3 700	14 000	3,7
Japon	850	2 300	2,7
Europe	3 580	9 800	2,7

Progression du parc d'ordinateurs
(« petits » ordinateurs)

(Début de la deuxième informatique)

	1965	*1970*	*Facteur de croissance*
États-Unis ..	20 000	40 000	2
Japon	450	4 700	10,4
Europe	2 500	4 700	1,9

Source : OCDE, *Écarts statistiques*, Paris, 1969.

L'empire IBM

Au seuil de la troisième informatique, l'industrie américaine domine le marché mondial et une compagnie domine largement cette industrie : IBM, surnommée Big Blue outre-Atlantique, ou, plus affectueusement, Blanche-Neige (en référence aux sept « nains » que sont les autres principales compagnies d'informatique). Les cinq compagnies qui, outre DEC, entouraient IBM (ou plutôt à qui IBM servait d'« environnement ») devaient être appelées le BUNCH (pour Burroughs, UNIVAC, NCR, Control Data, Honeywell). Le BUNCH détenait, en 1967, 36,4 % du marché mondial (et IBM 50 %), mais ce chiffre devait constamment diminuer, passant à 29 % en 1977 puis à 11 % en 1981. La concurrence avait été sévère et deux des sept nains déclareront forfait en cours de route, General Electric en 1970 et RCA un an plus tard. Ces deux compagnies venaient d'ailleurs de l'industrie électronique et non de celle des machines de bureau. RCA avait pourtant tenté en 1970 une offensive commerciale contre IBM en baissant ses prix et en offrant des avantages aux utilisateurs qui reconvertiraient leur matériel. Les ventes augmentèrent de 50 %, mais RCA ne put assurer l'investissement financier qu'une telle opération nécessitait. L'année suivante la compagnie enregistra de sérieuses pertes et fut rachetée à bas prix par UNIVAC, tandis que General Electric, au même moment, était repris par Honeywell, qui hérita par la même occasion de la Compagnie des machines Bull, rachetée quelques années auparavant par GE.

Honeywell, comme Control Data (CDC), avait attaqué un créneau spécifique du marché occupé par IBM. CDC avait été fondée en 1957 par W. Norris, qui travaillait auparavant pour Sperry Rand. Les quatre employés du début devinrent 10 000 en 1961, et la compagnie développa, au début exclusivement grâce à des contrats militaires et à ceux de l'Atomic Energy Commission, des gros ordinateurs, qui concurrenceront ceux d'IBM. Le 360-90 qu'IBM opposera à Control Data ne sera d'ailleurs pas véritablement un succès, tant CDC était bien implantée sur son créneau. L'importance des dépenses de recherche, mais aussi la pratique de la location, impliquait la mise en mouvement de masses financières importantes. Control Data, par exemple, après avoir été tributaire du marché financier, devait acheter, pour ses propres besoins, un établissement de crédit, la Commercial Credit Company.

Honeywell s'en était pris, dans le sillage du succès de l'IBM 1401, au marché des moyens ordinateurs. Le H 200, muni d'un logiciel permettant la reconversion des programmes tournant sur le 1401 et répondant au nom approprié de *liberator*, était vendu 30 % moins cher. Son succès fut immédiat. Le lancement de la série 360 fut conçu par IBM comme une réponse à ces attaques extrêmement rudes que subissait la compagnie. Annoncés en 1964, présents sur le marché deux ans plus tard (pendant lesquels une partie de la clientèle avait bloqué tout autre achat de matériel), les nouveaux ordinateurs, malgré quelques difficultés initiales dues à des problèmes de programmation, permettront rapidement d'assurer la domination d'IBM sur le marché mondial. Entre 1966 et 1971, son chiffre d'affaires doubla (passant de 4,2 à 8,2 milliards de dollars), ainsi que ses profits, qui atteignirent un milliard de dollars. IBM avait à cette occasion entamé un processus d'intégration verticale et produit elle-même les composants dont ses ordinateurs étaient faits. Il s'agissait des micro-modules miniaturisés, moins en avance techniquement que les circuits intégrés de l'époque, mais dont la production de masse était plus facilement maîtrisable.

Burroughs et NCR, sans constituer un véritable danger pour IBM, n'en obligèrent pas moins la compagnie à compter avec eux car ils étaient solidement implantés dans le secteur de la gestion, des ordinateurs de bureau et des périphériques en rapport avec des applications commerciales dans les banques et la distribution. Ces compagnies n'en décidèrent pas moins de réagir. Control Data décida en 1969 d'attaquer IBM en justice en lui reprochant d'abord d'utiliser l'« effet d'annonce » (c'est-à-dire d'annoncer beaucoup trop tôt la sortie de nouveaux ordinateurs et ainsi de provoquer l'attentisme des clients), ensuite de pratiquer des politiques de prix discriminatoires en fonction des clients, et enfin, surtout, de tenter d'obtenir par tous les moyens le monopole du marché des ordinateurs. Le département de la Justice engagea à son tour, en 1972, un procès contre Big Blue au nom de la loi antitrust. Celui-ci devait se terminer en... 1982, grâce à la nomination d'un juge ultralibéral qui conclut à l'innocence d'IBM. La procédure antitrust avait eu comme conséquence, en 1975, d'inciter IBM à cesser de pratiquer une politique de prix qui liait dans un même ensemble le matériel et le logiciel. L'industrie du logiciel allait naître sur cette concession de taille.

La montée des petits systèmes

Entre-temps, les attaques sur d'autres créneaux n'avaient pas manqué. La mini-informatique s'était développée très rapidement : en 1974, il y avait 100 000 mini-ordinateurs en service dans le monde ; un an plus tard, il y en avait 190 000, dont les deux tiers aux États-Unis. Une nouvelle compagnie, Digital Equipment Corporation, avait, grâce à ce nouveau créneau, pris pied dans le monde de l'informatique. En 1978, DEC avait vendu 70 000 PDP-11 et devint rapidement la deuxième compagnie mondiale derrière IBM (mais assez loin), en réalisant, en 1981, un chiffre d'affaires de 3,5 milliards de dollars (24 milliards pour IBM). Au milieu des années soixante-dix, Apple lançait la micro-informatique et la nouvelle compagnie aux allures bucoliques s'empara de 60 % du nouveau marché.

La loi dite « loi de Grosh » affirmait depuis longtemps qu'à coût égal un grand système informatique offrait plus de puissance que plusieurs petits systèmes. L'esprit centralisateur de toute la deuxième informatique illustrait bien ce phénomène. Pourtant, à partir de 1974, cette loi va s'inverser, comme le montre le tableau 5 qui décrit l'évolution du coût des instructions par seconde (une opération de base que calcule un ordinateur).

La troisième informatique est celle où la puissance d'un petit système coûte moins cher que la partie équivalente d'un grand système. La micro-informatique commença à bouleverser les données du marché des ordinateurs. Toutes les attaques contre IBM auront lieu désormais sur ce segment du marché. De nombreuses petites compagnies se lancèrent, à la suite d'Apple, à l'assaut d'un créneau en pleine expansion. la firme Commodore, par exemple, détiendra en 1985 la moitié du marché américain après avoir vendu l'année précédente près de 2 000 000 de micro-ordinateurs. En cinq ans, de 1980 à 1985, on passa aux États-Unis de 200 000 à 10 millions de micro-ordinateurs vendus.

TABLEAU 5

Inversion de la loi de Grosh

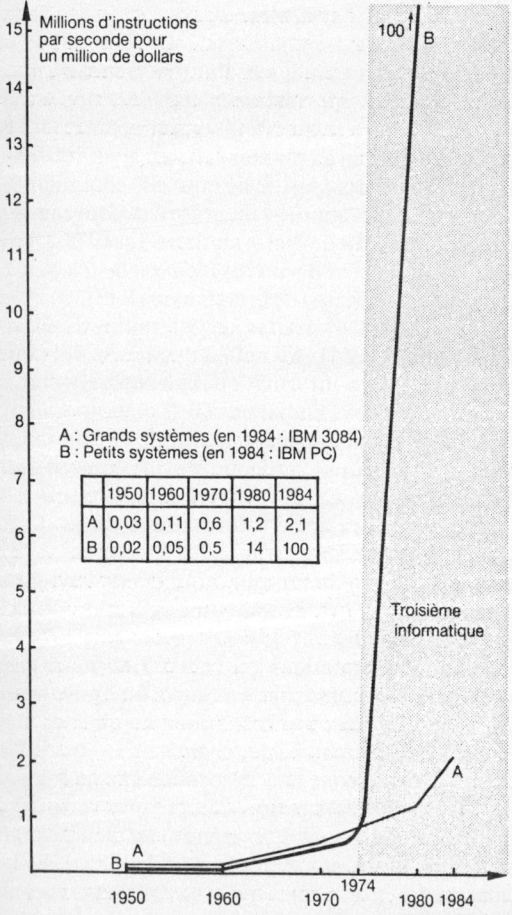

Source : Guy VEZIAN, « Le retour de la grande informatique », *Le Monde*, 20 septembre 1984.

Moins les machines étaient puissantes, plus il semblait que l'on pouvait en vendre. La firme anglaise Sinclair, par exemple, introduisit sur le marché européen, en 1980, une machine d'initiation, de la taille d'un livre et vendue quelques centaines de francs français (500 FF pour les dernières versions) pour une puissance de 1 K : le Sinclair ZX 80, remplacé l'année suivante par le ZX 81. Ces modèles furent vendus à 100 000 exemplaires en 1980, 250 000 en 1981 et 500 000 en 1982. Mais l'attrait pour ce type de machine très « bas de gamme », souvent liée aux jeux vidéo, devait aller en décroissant et le marché de la micro-informatique allait prendre une tournure plus professionnelle.

Libérée par la fin du procès qui l'opposait aux autorités américaines, IBM put enfin contre-attaquer dans ce nouveau secteur auquel, au départ, la compagnie n'avait pas attaché d'importance. En 1983, le Personal Computer d'IBM avait repris 30 % des ventes de micro-ordinateurs dans le monde. La mise au point de cette nouvelle machine avait permis à IBM de rompre avec la tradition de l'intégration tous azimuts : toutes les pièces du PC provenaient de compagnies extérieures et IBM ne jouait là que le rôle du coordinateur, ainsi bien sûr que celui du vendeur. A cette occasion, IBM se lança dans une politique d'alliance et de prise de participation, en acquérant par exemple 16 % du capital d'une société de semi-conducteurs, Intel, l'une des entreprises de pointe de la fameuse Silicon Valley. Le temps n'était plus en effet celui où les concurrents reculaient devant IBM tout en se battant vaillamment : l'Empire du Soleil levant représentait potentiellement une sérieuse menace grâce aux progrès spectaculaires que son industrie connaissait et à sa maîtrise progressive de la filière électronique.

Le Japon ou l'histoire d'une ambition

En 1976, il y avait moins de 10 000 ordinateurs au Japon. En 1984, on en comptait 2,5 millions, qui étaient loin d'être tous américains. Grâce à un savant dosage entre une politique de protectionnisme qui préservait le marché national et une politique d'achat de licences qui garantissait le niveau technologique, l'industrie japonaise put se développer dans une relative sécurité ; d'autant plus que le gouvernement, par l'intermédiaire du MITI, ministère de l'Industrie et du Commerce extérieur, la soutenait sans faille en injectant massivement des crédits d'État. Les compagnies japonaises, qui ne contrôlaient que 18 % du marché intérieur en 1978, en détenaient 40 % quatre ans plus tard.

Cette percée japonaise était en fait l'aboutissement d'une stratégie cohérente dont l'histoire remonte au-delà des années soixante. Dès la première informatique, le MITI joua en effet un rôle important dans la prise de conscience du rôle futur que joueraient l'informatique et l'électronique — on se souvient que, de son côté, l'action de l'État américain, tout en ayant été décisive, ne semble pas avoir relevé quant à elle d'une politique concertée, mais plutôt de poussées irrégulières, le plus souvent sous l'effet de l'urgence de programmes militaires. Le Japon, n'ayant pas d'armée, conformément aux conventions d'armistice, put, dès l'après-guerre, planifier un développement rigoureux des nouvelles technologies dans le secteur civil. Là où l'informatique aux États-Unis se développait en grande partie sous le voile du secret militaire, toute la société civile japonaise était conviée à participer au développement de l'industrie électronique.

La stratégie japonaise peut être résumée en quelques étapes qui ont été franchies avec bonheur, malgré certains aléas, depuis les années cinquante. Le premier pas fut constitué par le choix de produits qui nécessitaient une main-d'œuvre à la fois qualifiée et peu rémunérée, et qui avaient devant eux un vaste marché. Les appareils-radio à transistors constituèrent un des premiers succès de l'industrie électronique japonaise.

Le Japon, ensuite, pratiqua une politique d'acquisition des technologies, américaines notamment, par le biais des achats de licences, plutôt que de laisser importer trop massivement du matériel de compagnies étrangères. Cette mesure fut couplée avec la mise en place d'une protection des marchés intérieurs, ainsi réservés aux firmes japonaises. La conquête de ces marchés se fit d'autant plus rapidement que la société japonaise s'y prêtait, en particulier grâce à un certain égalitarisme qui permit l'établissement de standards de consommation de masse et freina la segmentation des marchés. La vitesse de diffusion de biens électroniques en fut d'autant accélérée.

Une telle politique permit au Japon d'exporter des produits compétitifs et de conquérir progressivement les marchés mondiaux. L'industrie informatique japonaise put se constituer sur une base solide, par extension progressive de la « filière électronique » (ensemble de produits à base de semi-conducteurs, comprenant à la fois des biens de consommation et des biens d'équipement) qu'elle maîtrisait petit à petit.

L'une des caractéristiques de l'informatique japonaise, très axée sur l'électronique, a été longtemps sa pauvreté en matière de production de logiciels, pratiquement tous importés jusqu'à une date récente. Faut-il voir là un facteur culturel (les programmeurs japonais n'auraient, dit-on, guère de sympathie pour la stricte logique binaire) ou un facteur économique, lié au poids pris par l'électronique, ou bien encore un mélange des deux ? Il n'en reste pas moins que les projets de la « cinquième génération » impulsés par le MITI incluent le développement de langages de programmation plus proches de la langue naturelle, plus « analogiques ». Peut-être les Japonais auront-ils économisé l'étape intermédiaire d'une informatique trop logique, et passeront-ils directement de l'ère des ordinateurs classiques à l'ère d'une intelligence artificielle plus proche du raisonnement humain.

D'autres pays tentent de suivre le modèle industriel du Japon, comme la Corée ou Taiwan. Le Brésil, récemment, a mis en œuvre une politique de protection de son industrie micro-informatique naissante, en interdisant la pénétration du marché national par les compagnies étrangères, IBM en particulier. L'extension de la filière électronique vers l'informatique s'était faite au Japon, il est vrai, sur la base des petits systèmes. Les tableaux 6 et 7 montrent l'évolution récente du poids de l'industrie électronique et informatique japonaise dans le marché mondial.

L'industrie américaine, du fait de cette pénétration japonaise progressive, n'est-elle pas en train de devenir une industrie de distribution ? Cette question prend appui sur le fait qu'en 1984-1985, la balance commerciale en électronique des États-Unis a été pour la première fois en déficit. La production de l'IBM PC illustre bien ce phénomène puisque l'essentiel des pièces qui le composent (des semi-composants jusqu'aux périphériques) sont importées d'Extrême-Orient. Plusieurs raisons conjoncturelles expliquent cette tendance, comme la surévaluation du dollar ou les taux d'intérêt trop élevés ; mais elle relève aussi de deux problèmes de fond, qui concernent directement l'industrie électronique américaine (laquelle emploie deux millions et demi de salariés) : la part des dépenses de recherche affectées au secteur civil est trop faible (contrairement, nous l'avons vu, à la tendance japonaise) et les ingénieurs en technologie de pointe ont de plus en plus de mal à transformer leurs travaux en produits compétitifs. IBM n'en garde pas moins la tête haute, avec, en 1985, cinquante milliards de dollars de chiffre d'affaires, pour une part de 43 % du marché mondial des ordinateurs, et 10 % du marché mondial de l'électronique.

Les accords récents (31 juillet 1986) entre les États-Unis et le Japon (en échange de l'arrêt du *dumping* sur les prix des produits japonais vendus aux États-Unis, le Japon ouvre les portes de son marché intérieur aux compagnies américaines) correspondent sans doute à une volonté affirmée des deux partenaires de dominer ensemble le marché mondial, au détriment à la fois de l'Europe et des pays qui tentent de mettre sur pied une industrie électronique et informatique. L'Europe avait déjà réagi à cette tendance en lançant en 1984 un vaste programme de soutien aux industries européennes afin de leur permettre de « dépasser leurs concurrents mondiaux ». Le programme ESPRIT s'attaque toutefois à des obstacles redoutables, dont le moindre n'est sans doute pas la difficulté de la construction européenne proprement dite.

Les progrès de la digitalisation

La maîtrise de l'industrie des semi-conducteurs n'est plus, au cœur de la troisième informatique, le seul enjeu vital. Dans ce secteur, certaines tendances lourdes sont déjà bien en place

Un enjeu économique et stratégique mondial

TABLEAU 6

Solde des échéances de matériels électroniques et informatiques
(en millions de dollars)

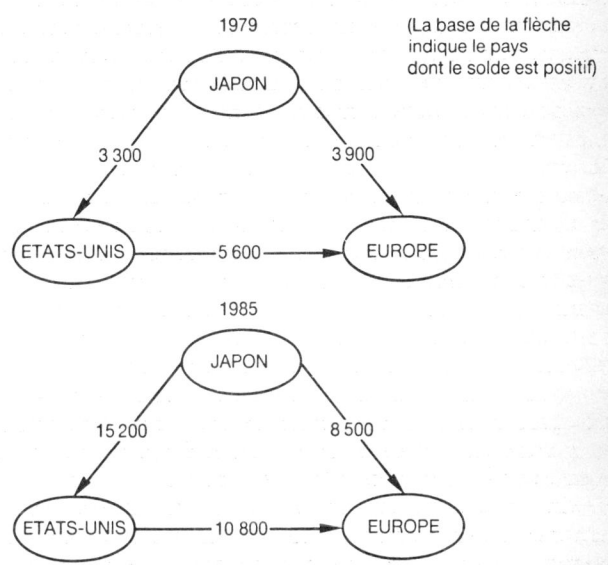

Source : Combinaison de données Electronics International Corporation.

TABLEAU 7

Origine de la production mondiale en électronique

	Europe	Japon	États-Unis	Autres	
1980	26 %	15 %	46 %	13 %	100 %
1985	21 %	21 %	47 %	11 %	100 %

Source : Combinaison de données Electronics International Corporation.

et elles seront, comme nous l'avons vu, difficiles à infléchir. La restructuration des grandes compagnies passe par des concentrations : en 1986, Sperry Rand et Burroughs fusionnent pour former une nouvelle société : UNISYS, qui passe au deuxième rang mondial devant Digital, et la compagnie Bull rachète la division informatique d'Honeywell. D'autres enjeux apparaissent, liés au développement de l'industrie des logiciels et à celui des réseaux téléphoniques transportant des données informatiques. Tous ces mouvements en profondeur proviennent de l'extension massive que connaît désormais la *digitalisation* des informations de toute nature.

Auparavant, les informations étaient traitées, mémorisées ou transportées sous des formes variées (soit oralement, soit par le support du papier, soit « analogiquement », par le téléphone ou le télégraphe ou encore par l'image). Avec l'extension des capacités des ordinateurs, mais aussi de la volonté de les utiliser à ces nouvelles tâches, les informations seront de plus en plus traduites sous une forme digitale (c'est-à-dire traitées logiquement par des ordinateurs après qu'un logiciel a assuré la traduction de l'information en données logiques). Ainsi, les centraux téléphoniques deviendront progressivement électroniques et leur mode de traitement, digital. Les nouveaux centraux sont composés à 90 % de matériels électroniques et informatiques. L'extension de la digitalisation de l'information va donc de pair avec le développement de la filière électronique, le recours croissant aux réseaux de télécommunications et la montée du secteur des logiciels.

L'industrie des logiciels s'est beaucoup développée, depuis 1975, à la fois à travers les sociétés de services (qui proposent aux utilisateurs des traitements à façon) et à travers les compagnies qui mettent sur le marché des logiciels prêts à l'emploi pour les utilisateurs d'ordinateurs. L'un des grands enjeux est ici la question de la *compatibilité*. Un logiciel donné (un programme de traitement de texte par exemple) ne peut fonctionner qu'avec un seul système d'exploitation (il s'agit du système qui traduit le programme dans le langage de l'ordinateur). IBM ayant choisi en 1980 comme système d'exploitation le MS-DOS, tout constructeur d'ordinateurs qui souhaite que ses machines puissent utiliser les nombreux logiciels fabriqués par ou pour IBM (ou des données écrites grâce à ces logiciels) se voit pratiquement contraint d'utiliser le même système d'exploitation. Parmi les grandes compagnies, seule Apple a, jusqu'à présent, maintenu son propre standard, le PRO-DOS. Ses machines n'étaient donc pas « compatibles » (sous-entendu : « compatibles IBM »). En 1987, Apple annonce qu'elle va bientôt mettre le Macintosh au standard MS-DOS. Les programmes jouent en fait un rôle de plus en plus important en informatique : une bonne machine sera aussi celle pour laquelle de bons programmes auront été écrits. Les fabricants de programmes devraient, dans l'avenir, influencer encore plus fortement le marché des ordinateurs.

Le développement des réseaux

Les grands mouvements stratégiques que développe l'industrie informatique entourent désormais la planète tout entière. La rencontre avec les télécommunications avait déjà eu lieu dans les années quarante et le réseau SAGE en avait été une première application à grande échelle. La troisième informatique est celle des réseaux de communication qui intègrent petits, moyens et grands systèmes. Il existe deux sortes de réseaux : ceux qui sont internes à une entreprise ou une administration (les réseaux de réservation des places d'avion en furent un des premiers exemples commerciaux) et ceux qui, partagés entre des partenaires différents, permettent de faire transiter des informations, d'accéder à des banques de données ou à des services communs, qu'il s'agisse des entreprises ou du grand public (par l'intermédiaire de la télématique). Tous ces réseaux sont appelés à connaître rapidement un grand développement. Deux types de problèmes se posent à ce sujet : les effets de la déréglementation des services de communication et la définition des normes d'accès des matériels aux réseaux.

L'impulsion de la déréglementation a été donnée par le démantèlement, en 1983, de la puissante compagnie de téléphone ATT (American Telephon and Telegraph) par l'administration américaine. Le mouvement a ensuite touché le Japon, puis l'Angleterre, et des projets de ce type existent dans plusieurs pays européens, dont la France, où l'administration de la DGT (Direction générale des télécommunications) bénéficie jusqu'à présent d'un monopole absolu. L'ouverture à la concurrence que permet la vague de déréglementation risque toutefois d'être compromise par une définition des normes techniques d'accès aux réseaux qui ferait la part trop belle au principal constructeur d'ordinateurs. Derrière une question technique de normes se cache en effet le problème de l'accroissement de la domination du marché par IBM que permettrait l'adoption de standards favorables unilatéralement à cette compagnie. Le rétablissement de la concurrence dans les télécommunications risque ainsi de provoquer une sorte de fossilisation du marché informatique. Les équilibres de l'avenir passent sans doute là aussi par une prise de conscience du rôle des utilisateurs et par le maintien de la liberté de choix en matière de constructeurs, comme de fabricants de logiciels.

Partie à l'assaut du marché mondial de l'information, grâce à sa conjonction avec l'industrie du téléphone, l'informatique devait désormais devenir un puissant outil de communication et, par là même, l'un des nouveaux fondements de la culture.

Pour la suite de la lecture thématique, rendez-vous page 139 où commence la quatrième partie qui traite des fondements de la culture informatique.

Pour en savoir plus

BREMOND, Georges, *La Révolution informatique*, Paris, Hatier, 1982.
Guide des technologies de l'information, Paris, Autrement, 1984.

Pour approfondir

ADER, Martin, *Le Choc informatique*, Paris, Denoël, 1984.
DOURILLE, Evelyne, FOUQUIN, Michel, DE MAUTORT, Laurent, DE SAINT-VAULRY, Alix, « L'électronique japonaise : de la maîtrise industrielle à la maîtrise technologique », Paris, *Problèmes économiques*, n° 1865, 14 mars 1984.

GODEMENT, Roger, « Aux sources du modèle scientifique américain », Paris, *La Pensée*, n°s 201, 203 et 204, 1978 et 1979.

OCDE, *Écarts technologiques, les calculateurs électroniques*, Paris, 1969.

SCHMEDER, Geneviève, « Les interprétations technologiques de la crise », Paris, *Problèmes économiques*, n° 1900, 28 novembre 1984.

TREILLE, Jean-Michel, *L'Économie mondiale de l'ordinateur*, Paris, Éd. du Seuil, 1973.

11. De la « révolution » à la « culture informatique »

Une fois terminée la « période des fondateurs », l'informatique va subir successivement deux transformations en profondeur. La deuxième informatique, qui s'étend sur une période comprise entre le milieu des années soixante et la fin des années soixante-dix, a été caractérisée par l'extension considérable des usages de l'informatique. Cette technique a été rapidement considérée comme le départ d'une véritable « révolution » qui devait à terme bouleverser toutes les structures sociales et économiques. L'informatique avait, dans cet esprit, une vocation universelle. Sur le plan des configurations de matériel, la deuxième informatique a incontestablement été celle des grands systèmes centralisés.

L'apparition du micro-ordinateur allait complètement bouleverser le paysage. Les changements qu'il a introduits à partir de 1975 concerneront l'ensemble de l'informatique et pas seulement les « petites » applications. L'image de l'informatique dans l'opinion a été transformée en même temps que les besoins nouveaux qu'elle suscitait. L'invention du micro-ordinateur par les radicaux californiens, sur laquelle nous allons revenir, avait pour objectif explicite de battre en brèche la centralisation et la possession des précieuses « informations » par quelques privilégiés. La « guérilla » micro-informatique a en partie porté ses fruits. Elle a constitué une sorte de révolution dans la révolution et son radicalisme a été en grande partie à l'origine de la naissance de la « culture informatique », partagée dans un large public et facteur de démocratisation de la vie sociale et du savoir.

L'emploi des métaphores politiques dans le langage informatique, tout au moins celui qui sert à décrire les modalités de sa diffusion sociale, montre à quel point le débat politique traditionnel a été progressivement remplacé par un débat sur le rôle des techniques dans les sociétés modernes. La question n'est plus de savoir s'il faut ou non que la technique vienne au secours de l'homme dans la gestion de la « complexité informationnelle », mais plutôt celle de savoir *quelle technique* est la plus appropriée à ce projet.

L'informatique de la deuxième période, qui avait été considérée comme une menace pour les libertés, a acquis avec le micro-ordinateur une image beaucoup plus « conviviale ». Pour les générations nées dans les années soixante, informatique et liberté sont désormais synonymes. La société de l'information centralisée devient progressivement une société de communication, une société de réseaux. L'informatique de la troisième période a largement contribué à changer l'image de la science elle-même dans l'opinion publique. Les plus ardents promoteurs de la troisième informatique se recrutèrent parmi ceux qui, il y a encore peu de temps, contestaient politiquement les technocrates sans âme de la société de consommation et leurs systèmes centralisés. Reconvertis, les contestataires d'hier ont fait évoluer la technique et ont tenté de lui donner un autre sens. Y sont-ils vraiment parvenus ou n'ont-ils fait, à leur corps défendant, que renforcer cela même qu'ils dénonçaient à l'origine ?

Les grands thèmes de la deuxième informatique

Au seuil des années soixante, dès le lancement de la série 360 d'IBM, les esprits les plus éclairés découvrirent que l'informatique avait une portée sans doute bien plus large que tout ce que l'on avait imaginé jusque-là. Les ordinateurs, malgré leur coût encore très élevé et leur maniabilité toute relative, se vendaient bien. La stratégie des constructeurs, qui s'appuyaient sur le réseau des machines mécanographiques traditionnelles, y était pour beaucoup, mais le terrain se révélait très largement favorable. La vente des ordinateurs était portée par un courant idéologique qui en associait les potentialités à l'idée même de modernité. Acheter un ordinateur, pour une entreprise, c'était faire concrètement la preuve de sa puissance et de son caractère résolument moderne.

L'attrait pour l'informatique qui se développait alors n'était pas un produit superficiel de la publicité et du marketing : il était enraciné dans la croyance selon laquelle le traitement de l'information par ordinateur avait un caractère universel. Pour les informaticiens et une poignée de dirigeants, le *calcul logique* apparaissait non seulement comme la base nécessaire pour comprendre la gestion des entreprises ou du système social, mais également comme l'une des clefs de la compréhension de l'univers tout entier. La conscience de partager une sorte de secret — tout serait « calculable » et il suffirait de trouver le bon programme — contribua à former chez les professionnels de l'informatique, ainsi que chez ceux qui les soutenaient, le sentiment d'appartenir à une élite qui avait déjà pris pied dans le monde de demain. La deuxième informatique était résolument celle des experts.

Le règne des informaticiens

A partir des années soixante, l'informatique se répand dans la société, essentiellement sous la forme de grands systèmes centralisés, extrêmement complexes, qui vont devenir progressivement les pivots autour desquels entreprises et administrations devront tourner. L'informaticien était devenu un expert avec qui on devait négocier la forme — et souvent le contenu — de chaque information qui circulait dans l'entreprise. Informatiser un service ou même l'entreprise tout entière impliquait une refonte complète de ses structures pour laquelle l'avis des informaticiens était déterminant. La profession commençait à s'étendre en tentant d'absorber dans un premier temps celle des spécialistes en organisation, que les informaticiens pensaient remplacer avantageusement.

Souvent issu de l'ancien service mécanographique de l'entreprise, le nouveau service informatique n'avait plus rien d'une annexe technique et devenait sans cesse plus proche des directions générales. La littérature informaticienne multipliait alors les références à une thématique plus ancienne, où l'on imaginait une gestion rationnelle de l'entreprise grâce aux machines et au contrôle des flux d'information, plutôt qu'une direction de type traditionnel, marquée par l'arbitraire humain et la recherche de pouvoir.

La suppression de la direction humaine des entreprises — et des administrations — était mise progressivement à l'ordre du jour. Les MIS (Management Information System), la gestion intégrée des entreprises, l'interconnexion des fichiers administratifs furent les premiers pas tentés dans cette direction par les zélateurs enthousiastes des nouvelles technologies.

Ce règne des experts correspondait moins à une volonté de prise de pouvoir par de nouvelles couches de techniciens, informaticiens ou autres, qu'au désir — très empreint de rationalité technicienne — de transférer les mécanismes décisionnels aux machines. Après tout, l'essence du travail d'un informaticien a toujours été de faire réaliser par des machines ce que l'homme faisait jusque-là par lui-même. La prochaine cible ne pourrait-elle pas être les fonctions dirigeantes ? Les nouveaux experts étaient, plutôt que des technocrates avides de pouvoir pour eux-mêmes, les utopistes des Temps modernes, promoteurs d'une mutation révolutionnaire du savoir et des conditions d'exercice du pouvoir.

Alors que les premiers informaticiens étaient fort peu nombreux, leurs descendants des années soixante formèrent rapidement un groupe professionnel de plus en plus vaste, doté d'une forte mobilité interne et bénéficiant d'un marché de l'emploi où l'offre, pour longtemps, dépassa largement la demande.

Les premiers informaticiens *formés comme tels*, et non plus originaires d'autres domaines, le furent justement dans le cadre du projet SAGE. Mais ce sont surtout les grandes compagnies d'informatique, avant que les sytèmes publics de formation ne prennent finalement le relais, qui formeront les informaticiens. Au créateur libre de toute contrainte autre que celles de la matière, succédera l'expert dont la compétence était devenue autant technique — faire tourner les machines — que sociale — négocier avec les utilisateurs.

Pour mieux faire accepter l'informatique, il fut alors néces-

De la « révolution » à la « culture informatique »

saire de la débarrasser de toute considération jugée « métaphysique ». L'époque des « cerveaux pensants » était révolue : la cybernétique, dénoncée comme « peu sérieuse » ou « incapable de tenir ses promesses », fut mise à l'index. L'informatique se dotera d'une branche spécialisée, expérimentale et lointaine, pour s'occuper des projets de création d'une intelligence artificielle et accueillir — à bonne distance des réalités professionnelles quotidiennes — les envolées imaginaires les plus excessives.

Le désir de faire apparaître l'informatique comme une discipline « sérieuse » fut d'autant plus fort que certains problèmes, non négligeables, commençaient à apparaître : puisque le domaine semblait devenir une « discipline » qui avait sa place au Panthéon du savoir, il était nécessaire d'en connaître mieux les *limites*. Or, l'informatique des années soixante se présentait comme une « science des sciences », une sorte de discipline universelle — puisque « tout est information ». De ce fait, l'informatique éprouvait beaucoup de difficultés à se définir elle-même avec rigueur ; était-elle une science, une technique, un nouveau paradigme, s'occupait-elle d'ordinateur, d'information ou de système, ou bien encore était-elle tout cela à la fois ?

La formation, dans différents pays, d'un mot désignant la nouvelle discipline s'accompagnera d'intenses discussions qui témoignent de l'existence d'un véritable problème d'identité. Des interrogations commencèrent à naître sur la *nature* du matériau que traitaient les ordinateurs : est-ce de la pure forme ou est-ce aussi du sens ? Tant que la première informatique évoluait principalement dans les systèmes de calculs formels à usage militaire, tout allait bien, mais le domaine parut avoir des contours assez flous dès lors qu'il devenait, du fait de sa diffusion massive, une véritable « science sociale », et les informaticiens des experts tous azimuts.

L'informatique des grands systèmes centralisés et des experts-informaticiens a sans doute été celle qui a prêté le plus le flanc à la critique, et qui a suscité les plus grandes craintes, notamment sur le plan des libertés publiques. L'informatisation des administrations a souvent abouti à la tentation d'une vaste connexion des fichiers entre eux, en particulier les fichiers comportant des informations nominatives.

La « société d'information » qui était proposée comme idéal semblait tout bonnement avoir été décalquée sur le modèle de l'organisation militaire rationnelle que l'ordinateur justement avait contribué à mettre en place. L'ordinateur apparaissait aux yeux des opinions publiques occidentales, confrontées à son envahissement, comme un monstre froid, sans âme et lointain, servi par une caste de techniciens au langage imperméable et sur lequel l'homme de la rue n'avait pas de prise. Ce sentiment de malaise engendrait des résistances, que les informaticiens baptisèrent un peu trop facilement « résistance au changement ». Il sera renforcé par les proclamations selon lesquelles la « révolution informatique » allait transformer radicalement le savoir, les systèmes d'enseignement, la vie quotidienne. Les informaticiens partaient à l'assaut de toutes les spécialités qui faisaient appel à eux et exigeaient qu'elles se « réforment » pour « s'adapter au progrès ». Dans le domaine des sciences, il était question d'une « autre mathématique », d'une « autre physique ». Cette tendance, légèrement impérialiste, devenait d'autant plus gênante que l'informatique permettait de résoudre efficacement bien des problèmes, et que de toute façon on commençait à ne plus pouvoir se passer des ordinateurs. Tout, dans la deuxième informatique, appelait une rupture. Elle vint par le bas, grâce à la micro-informatique.

La naissance de la micro-informatique

Comme une sorte de réplique de l'invention de l'ordinateur dans les années quarante, la mise au point du micro-ordinateur naquit moins d'un impératif technique que sous l'effet d'une poussée plus globale. Sur le plan matériel, dès la fin des années soixante, IBM aurait pu sans difficulté développer un produit de ce type, en équipant par exemple un terminal d'ordinateur d'un microprocesseur, le rendant ainsi indépendant.

Mais le micro-ordinateur ne correspondait pas, en tant que

projet, à l'image que la compagnie se faisait de l'informatique de demain, orientée pour IBM vers les grands systèmes où la centralisation des informations était le principal moyen de les rendre contrôlables par la direction des entreprises, à l'image d'ailleurs de ce qui se passait à l'intérieur même de la maison IBM. Cette centralisation n'excluait pas une certaine autonomie des employés à tous les niveaux, mais le concept du « terminal » branché sur l'ordinateur central — grâce aux techniques du « temps partagé », suffisait largement pour garantir le jeu nécessaire au bon fonctionnement de l'ensemble.

De la même façon, David Ahl avait, au sein de la compagnie Digital, conçu dès 1974 un Personal Computer. Mais, après examen, sa proposition fut rejetée, essentiellement à cause des ingénieurs de vente. Ceux-ci ne voyaient pas à quel usage concret pourrait correspondre un ordinateur d'aussi faible capacité. Les mini-ordinateurs développés par Digital, et vendus à des dizaines de milliers d'exemplaires, correspondaient quant à eux à des besoins clairement identifiés et cette direction semblait la bonne. Les vendeurs de Digital comme ceux d'IBM avaient en un sens raison : il n'y avait pas d'usage *concret* immédiat pour ce genre de machine. D'un autre côté, plus essentiel, ils avaient incontestablement tort, comme l'avenir le montra rapidement, car il existait un vaste marché potentiel qui s'enracinait dans le besoin latent d'une *appropriation individuelle* de cette nouvelle technologie.

La tendance irréversible de l'informatique était de se rapprocher de l'utilisateur individuel pour devenir un outil à portée de main. IBM ne croyant qu'à l'avenir des gros ordinateurs, Digital avait réussi sa percée dans le secteur des mini-ordinateurs et c'était à son tour de se voir dépassée par la tendance dont elle avait pourtant profité.

La guérilla de l'information

Le micro-ordinateur est né d'un projet social formulé au début des années soixante-dix par un groupe radical américain, qui avait surtout comme souci la *démocratisation de l'accès à l'information*, plutôt qu'un désir d'innovation technique.

Toute l'affaire semble avoir commencé en 1970 à l'université de Berkeley, en Californie, en plein milieu de la crise du Cambodge où plusieurs groupes d'étudiants férus d'informatique et de programmation, mais aussi constituant un des fers de lance du mouvement contre la guerre du Viêt-nam, décidèrent de mettre leurs connaissances techniques au service de leur cause politique. Deux ans plus tard, la revue radicale *People's Computer Company* annonçait que « les ordinateurs étaient principalement utilisés contre le peuple au lieu de le libérer ». L'article concluait : « Il est temps de changer tout cela, nous avons besoin d'une compagnie d'ordinateurs pour le peuple. »

Il n'était évidemment pas encore question de micro-ordinateurs : une première réalisation de ce projet politique sera *Resource One*, une sorte de communauté informatique installée dans un local d'artistes de la banlieue industrielle de San Francisco et organisée autour d'un IBM XDS-940, machine légèrement obsolète pour l'époque. Une « base de données urbaines », accessible à tous, collectait toutes les informations utiles aux activités communautaires de la région.

Un second projet vit rapidement le jour en août 1973, *Community Memory* (« Mémoire communautaire »), utilisant cette fois-ci un réseau de terminaux dispersés dans toute la région. L'objectif était toujours « une démocratie directe en matière d'information ». Le système fonctionnait sans contrôle central sur les informations que chacun pouvait introduire ou lire à son gré. *Community Memory* était présentée comme une alternative à l'usage dominant des médias électroniques qui provoquaient la passivité des usagers. Les radicaux californiens retrouvèrent, peut-être sans le savoir, les accents exacts des critiques que Norbert Wiener formulait trois décennies plus tôt, lorsqu'il dénonçait les systèmes programmés où l'information remontait et ne redescendait jamais et où tous les actes de l'homme étaient prévisibles. La lutte de ces jeunes radicaux était donc bien l'esprit des débuts de la cybernétique, une lutte contre l'entropie que le système politique américain semblait générer. L'un de leurs objectifs était de lutter concrètement contre la politique du secret en matière d'information, ce qui était également l'un des piliers de la pensée de Wiener.

La démocratie américaine voyait s'enfoncer de plus en plus en son sein un coin constitué par le poids croissant de la défense nationale. Le secret qui entourait tout ce qui touchait aux activités militaires s'étendait chaque jour davantage et menaçait à terme les valeurs fondamentales de l'Amérique. Dans un pays où le respect de la vie privée était sacré et où l'institution — fréquente en Europe et dans les pays totalitaires — des « documents d'identité » restait inconnue, un service comme la NSA — National Security Agency — pouvait, au nom des intérêts de la défense, posséder secrètement, et en dehors de tout contrôle démocratique, la plus grande base de données probablement jamais réalisée sur la vie privée de millions de citoyens. A la dernière guerre mondiale avaient succédé la guerre froide, la guerre de Corée, puis celle du Viêt-nam, où l'ordinateur avait été systématiquement utilisé dans un contexte d'opacité maximale. Ce que la lutte contre le nazisme avait légitimé ne paraissait plus être valable dans le contexte extérieur d'une guerre d'origine coloniale. Tout cela, pour beaucoup d'Américains, semblait contraire à la nature même de cette technologie qui devait permettre, comme Wiener l'avait souhaité, l'avènement d'une société de communication, transparente et pacifique.

Évidemment, les tentatives de la « mémoire communautaire » constituaient un faible moyen pour réaliser un tel projet. Le « peuple », on s'en doute bien, n'était pas le principal consommateur de ce système d'« information à accès libre ». De plus il y avait quelque chose de paradoxal à vouloir lutter contre IBM — pour ce que représentait cette compagnie — avec... des ordinateurs IBM dont l'architecture était conçue dans un esprit centralisateur.

La solution à ce problème fut en quelque sorte trouvée en 1975 à Albuquerque, Californie, où fut mis au point l'ALTAÏR, premier véritable micro-ordinateur commercialisé. Plusieurs groupes réfléchissaient alors à la posiblité de créer une technologie alternative, avec des moyens simples. Ces groupes avaient pris des noms en résonance avec l'esprit frondeur de l'époque : Loving Grace Cybernetics, IBM pour Itty-Bitty Machine Compagny, ou Kentucky Fried Computer, en référence à la chaîne de restauration rapide de poulet, et puis aussi Apple dont l'emblème rappelait aussi bien la compagnie de disques créée par les Beatles que les accents rustico-écologiques du mouvement contestataire de l'époque. Le premier logo d'Apple était formé par un blason d'un style assez vieillot représentant Newton sous un arbre d'où pendait... la fameuse pomme de la connaissance.

Le radicalisme de l'époque était en effet un mélange assez savoureux de gauchisme éventuellement marxiste, de bouddhisme zen, d'écologie « survivaliste », de musique rock et électronique, de science-fiction mâtinée de retour aux sources. Certaines communautés vivaient en Californie dans des campements à l'orée des villes, mangeant autour de feux de camp des plats végétariens — éventuellement garnis de champignons hallucinogènes — et conjuguant les attraits de la stéréophonie, de l'électronique et du retour à la nature. Ces hordes barbares — au demeurant très pacifiques — d'un nouveau genre partaient à la conquête du vieux monde pour lui imposer une culture égalitaire. Le micro-ordinateur naquit au sein de ce milieu, mais son succès dépassa immédiatement les espérances de départ. L'Apple II de Stephen Wozniac et Steven Jobs, conçu et construit au départ dans un garage, apporta rapidement la fortune à ses fondateurs. Une partie des bénéfices fut investie... dans le financement de deux gigantesques festivals rock, l'un en 1982, l'autre l'année suivante.

Le micro-ordinateur avait trouvé rapidement des relais en dehors du mouvement contestataire. Le gouverneur de Californie, Jerry Brown, fut l'un des hommes qui encouragèrent la généralisation de l'usage de cette nouvelle informatique, à l'origine, disait-il, d'une « culture entièrement différente » où « l'information est l'égalisateur et met à bas la hiérarchie ». L'annonce du modèle suivant d'Apple, le Macintosh, s'accompagnera d'un slogan en continuité avec les origines de la micro-informatique et affirmant sa vocation universelle : « Le principe de la démocratie tel qu'il s'applique à la technologie est : une personne, un ordinateur. »

Le micro-ordinateur trouvera ses véritables lettres de noblesse quand les grandes compagnies, et pour finir IBM elle-même — qui attendra tout de même 1981 pour lancer son Personal Computer —, se lanceront à leur tour à l'assaut du marché de l'« informatique conviviale ».

La rupture de la troisième informatique

Il n'est sans doute pas exagéré de dire que la micro-informatique transforma l'informatique tout entière. La froide logique traditionnelle qui semblait définitivement accompagner l'affirmation de l'universalité des ordinateurs céda en partie la place à une image ludique, créative, enrichissante de l'informatique. Finie la technique lointaine et austère : l'informatique qui venait du froid, marquée par le secret de ses origines, devenait une informatique des mers du Sud, qui s'apprend en même temps que la planche à voile, le surf et le tir à l'arc dans les clubs de vacances. Les jeux sur ordinateurs contribuèrent largement à cette image. L'ordinateur devenait maîtrisable par tout un chacun, ou presque. La société de l'informatique devenait une culture de la communication. Plus question de « révolution » et les Danton en blouse blanche des premiers centres de calcul se transformaient en petits génies du bricolage travaillant jour et nuit dans leurs garages pour faire surgir les nouvelles sources de la convivialité.

L'informatique de la deuxième période avait fait craindre qu'une menace sérieuse ne pèse sur l'emploi. Plus on vantait les qualités de l'ordinateur, sa puissance, sa rapidité à effectuer des tâches que jusque-là des hommes et des femmes effectuaient traditionnellement, plus le travailleur pouvait douter de son utilité future face à la machine. La micro-informatique constitua dans ce contexte un repère rassurant : l'ordinateur était devenu l'*auxiliaire* du travailleur de bureau, ce qui présupposait évidemment qu'il ne le remplaçait pas. Il pouvait, au contraire, augmenter la productivité de chacun.

De la même façon, les menaces sur les libertés semblaient en passe de devenir simplement un mauvais souvenir. La plupart des sociétés démocratiques avaient saisi l'occasion pour mettre au point un arsenal juridique qui protégeait encore mieux le citoyen qu'avant l'usage des ordinateurs.

Le micro-ordinateur permit en fait l'intégration sociale de l'informatique tout entière. Il fit de cette machine un objet s'intégrant à notre façon de réfléchir sur nous-mêmes en devenant un « objet incitatif » (qui provoque des questions existentielles chez ceux qui le manipulent). Le temps des « machines pensantes » des années cinquante était certes révolu, mais la comparaison de l'ordinateur avec le cerveau humain n'en poursuivait pas moins une carrière très honorable. La réflexion sur le mouvement de la pensée passa de plus en plus par l'observation du fonctionnement des programmes et de leur interaction avec l'utilisateur humain.

L'avenir des informaticiens

Que devenaient les informaticiens dans cette évolution ? Quelle était leur place dans le slogan « Tous informaticiens ! » qui est le maître mot de la nouvelle culture informatique ? Quel était le rôle de l'informaticien professionnel face au développement des informaticiens amateurs en tout genre ?

L'éclatement du groupe professionnel des informaticiens est renforcé par la demande qui est maintenant faite aux spécialistes de se rapprocher le plus possible des utilisateurs. Aux généralistes de l'information, très mobiles, de la deuxième informatique, succédèrent les informaticiens spécialisés, implantés chez le client, très proches d'utilisateurs qui, grâce à la formation qu'ils reçoivent de plus en plus, tendent à devenir aussi compétents en informatique que les informaticiens eux-mêmes.

Là où, dans les années soixante, la souplesse de définition de l'informatique paraissait être un facteur permettant sa diffusion massive, le flou actuel des limites du domaine pourrait bien être un facteur de l'éclatement d'une profession qui commence d'ailleurs à connaître le chômage en son sein, alors qu'il n'y a toujours pas assez de spécialistes formés.

De la « révolution » à la « culture informatique »

La généralisation de la « culture informatique » et les multiples actions de formation qu'elle entraîne dans tous les milieux fait-elle l'affaire des informaticiens professionnels ? La généralisation de la culture musicale n'a pas entraîné la disparition des grands orchestres, ni même des formations de musique de chambre, mais en matière d'informatique la culture passe par la pratique et l'amateur y dépasse parfois le professionnel.

En effet, à la différence du professionnel, toujours asservi à une utilisation de son travail extérieure à l'informatique, l'amateur peut pratiquer une informatique « pure », libre de toute contingence. L'amateur ressemble ainsi de plus en plus aux créateurs de la première informatique.

Quel est l'avenir des informaticiens ? L'informatique de demain aura-t-elle encore besoin d'eux ? Le mouvement d'automatisation généralisée qu'ils ont contribué à engendrer ne va-t-il pas, en s'étendant, se retourner contre eux : verrons-nous le travail de l'informaticien s'informatiser à son tour tandis que la pratique ludique de l'informatique deviendrait le lot de tout un chacun ?

Deux obstacles majeurs s'opposent pour l'instant à la disparition des informaticiens. Le premier tient à ce que la programmation, et plus encore l'analyse, reste malgré tout un *art*, un art rigoureux et logique, certes, mais un art quand même, qui résiste en tant que tel à tout algorithme. Rappelons-nous que Turing avait inventé sa machine, non pour calculer, mais pour prouver les limites du calcul : elle lui a servi à démontrer, entre autres, qu'il n'existait pas d'algorithme capable de démontrer qu'un autre algorithme pouvait résoudre un problème donné.

Le deuxième obstacle à la disparition des informaticiens réside dans le fait que la « culture informatique » ou « l'informatique pour tous » est en partie une illusion, un thème idéologique abstrait : le BASIC n'est pas l'informatique et la grande technicité du domaine n'est pas réductible à la microprogrammation. On peut bien faire des gammes chez soi et s'écouter jouer avec plaisir sans qu'il y ait quoi que ce soit d'équivalent avec le travail d'un grand orchestre.

Vers une « culture informatique » ?

Les mutations d'ensemble provoquées par la micro-informatique ne doivent pas faire oublier la diversité et la complexité que cette technique recouvre. La troisième informatique se présente en fait, sous bien des aspects, comme un cumul, une superposition de toutes les mutations que l'informatique a subies depuis l'origine. La problématique des cerveaux artificiels est toujours présente, sous d'autres formes. Sur le plan des matériels, les très gros ordinateurs côtoient tous les autres types de machines, jusqu'aux plus petites. Sur le plan des langages de programmation, la diversité est aussi la règle et la plupart des langages inventés depuis les années soixante sont encore en service. Le développement de la télé-informatique a été pour beaucoup dans l'affirmation de cette diversité. Les réseaux relient petites et grosses machines afin de les adapter aux besoins de chacun. Il y avait bien eu, au début des années quatre-vingt, un vaste débat à l'intérieur du monde de l'informatique où partisans de la micro- et de la macro-informatique s'affrontaient, mais chacun se rendit rapidement compte que les vraies questions n'étaient sans doute pas là.

Certaines interrogations avaient commencé à naître au sein même du monde des informaticiens. Joseph Weizenbaum, l'un des maîtres de l'intelligence artificielle, se fit le porte-parole d'un courant de réflexion plus fondamental sur l'informatique. Des critiques pouvaient être formulées à deux niveaux. Premièrement, à partir du constat selon lequel l'informatique est un outil puissant, on ne pouvait plus éviter de s'interroger sur l'*usage* qui en était fait. Le débat sur l'utilisation de l'informatique pour établir des fichiers de personnes en fut une bonne illustration. Weizenbaum n'hésita pas à suggérer que l'informatique jouait peut-être un rôle extrêmement conservateur dans nos sociétés : devant les blocages provoqués par l'excès d'informations et leur vitesse croissante de circulation, l'informatique avait certes apporté une solution, mais celle-ci n'était que provisoire et masquait en fait la nécessité de réformes plus en profondeur. On n'aide

De la «révolution» à la «culture informatique»

pas un homme, disait-il, en le faisant tomber plus vite dans un puits.

A partir de là, un deuxième type de critique pouvait être formulé concernant les fondements exacts de la puissance de l'informatique : n'avait-on pas exagéré le pouvoir de la logique et du traitement algorithmique ? L'informatique était-elle si « universelle » qu'on l'avait cru jusque-là ? N'y avait-il pas des limites sévères à la calculabilité ?

Des réflexions de Weizenbaum, qui eurent un grand écho dans le monde de l'informatique et au-delà, se dégage la nécessité d'un double contrôle de l'informatique : le contrôle de son usage et le contrôle de la technique elle-même, pour éviter à la fois que cette technique soit mise au service de causes néfastes pour l'homme et que la « dérive vers la logicalité », pour reprendre l'expression de Weinzebaum, ne sème trop d'illusions sur ce que peuvent réellement faire les ordinateurs. Un débat s'ouvrit alors sur les projets de l'intelligence artificielle, lors duquel on mit en question la capacité même de ce domaine à réaliser les projets qui légitimaient son existence en tant que discipline.

Le principal « liant » de la troisième informatique fut sans doute l'invention de la notion de « culture informatique ». Ce terme souffre évidemment de son manque de définition initiale. Que veut dire exactement « culture informatique » ? Nul ne le sait vraiment, même si chacun voit à peu près de quoi il pourrait s'agir. Voudrait-on désigner par-là — puisqu'il n'est guère pertinent de se demander à quoi sert la culture — que désormais il n'est plus nécessaire de s'interroger sur les usages de l'informatique ? La raison est sans doute qu'il fallait un terme suffisamment lâche et vague pour recouvrir toute la diversité actuelle de l'informatique. A terme, avoir une culture informatique pourrait tout simplement signifier être capable de *conduire* tous les dispositifs digitaux qui nous entourent (sans avoir pour autant à les programmer). Il ne faut pas sous-estimer l'important effort de formation et de restructuration de l'activité intellectuelle que l'acquisition d'une telle culture suppose. Mais il ne faut pas pour autant retomber dans les pièges extrémistes qui avaient marqué de leur empreinte la deuxième informatique. L'informatique n'est pas *la* nouvelle culture, même si elle bouleverse certaines de nos conceptions traditionnelles : elle constitue plutôt une dimension supplémentaire de notre culture.

Certaines questions essentielles sur le *sens* de l'informatique, les modalités de son usage, les problèmes *éthiques* nouveaux qu'elle pose, ne pourront être soulevées, et résolues, qu'au sein même de la culture qui a produit l'informatique. Les étapes essentielles de cette maîtrise, depuis près d'un demi-siècle, ont été d'abord la maîtrise des principes de base, puis celle des machines, puis celle des langages et de leurs usages. L'étape actuelle est celle de la maîtrise des enjeux sociaux et éthiques soulevés par l'intégration de l'informatique. Une meilleure connaissance de l'histoire de l'informatique, depuis sa naissance jusqu'à ses développements récents, permet sans doute d'accroître notre compréhension de ces enjeux.

Pour en savoir plus

BRETON, Philippe, *La Tribu informatique*, Paris, Métailié, 1990.
KIDDER, Tracy, *Eagle*, Paris, Flammarion, 1982.
YOUNG, Jeffrey S., *Steven Jobs, un destin fulgurant*, Paris. Éd. Micro Application, 1989.

Pour approfondir

ARSAC, Jacques, *La Science informatique*, Paris, Dunod, 1970.
DREYFUS, Hubert L., *Intelligence artificielle, mythes et réalités*, Paris, Flammarion, 1984.
JAMOUS, Haroun et GREMION, Pierre, *L'Ordinateur au pouvoir*, Paris, Éd. du Seuil, 1978.
JOUËT, Josiane, *L'Écran apprivoisé : télématique et informatique à domicile*, Paris, CNET, 1987.
LEVY, Pierre, *La Machine univers. Création, cognition et culture informatique*, Paris, La Découverte, 1987.
PHELIZON, Jean-François, *Dysfonctionnements de l'informatique*, Paris, Éd. d'Informatique, 1980.
PIRSIG, Robert, *Traité du zen et de l'entretien des motocyclettes*, Paris, Éd. du Seuil, 1978.
PAVÉ, Francis, *L'Illusion informaticienne*, Paris, L'Harmattan, 1989.

PROULX, Serge (sous la direction de), *Vivre avec l'ordinateur : les usagers de la micro-informatique*, Montréal, G. Vermette, 1988.

PROULX, Serge (sous la direction de), « L'informatisation, mutation technique, changement de société », *Sociologie et Sociétés*, vol. XVI, n° 1, avril 1984.

ROSZAK, Theodor, *The Cult of Information*, New York, Pantheon Books, 1986.

TURKLE, Sherry, *Les Enfants de l'ordinateur*, Paris, Denoël, 1986.

WEIZENBAUM, Joseph, *Puissance de l'ordinateur et Raison de l'homme*, Paris, Éd. d'Informatique, 1981.

La citation de la page 230 est extraite du livre de Steven LEVY, *Hackers : Heroes of the Computer Revolution*, New York, Anchor Press/Doubleday, 1984, page 165.

Bibliographie générale

ADER, Martin, *Le Choc informatique*, Paris, Denoël, 1984.
ARSAC, Jacques, *La Science informatique*, Paris, Dunod, 1970.
ARSAC, Jacques, *Les Machines à penser*, Paris, Éd. du Seuil, coll. « Science ouverte », 1987.
AUGARTEN, Stan, *Bit by Bit. An Illustred History of Computer*, New York, Ticknor and Fields, 1984.
AUGARTEN, Stan, *State of the Art. A Photographic History of the Integrated Circuit*, New York, Ticknor and Fields, 1983.
BEAUNE, Jean-Claude, *L'Automate et ses mobiles*, Paris, Flammarion, 1980.
BREMOND, Georges, *La Révolution informatique*, Paris, Hatier, 1982 (nouvelle édition sous le titre : *L'Informatique, enjeux économiques et sociaux)*.
BRETON, Philippe, *La Tribu informatique*, Paris, Métailié, 1990.
BRETON, Philippe, *Études sur la naissance et le développement des technologies de l'Information (1942-1985)*, thèse pour le doctorat d'État, université Louis-Pasteur, Strasbourg-I, 1985.
BRETON, Philippe, PROULX, Serge, *L'Explosion de la communication ou la Naissance d'une nouvelle idéologie*, Paris, La Découverte, 1989.
CHAOS COMPUTER CLUB, *Danger pirates informatiques*, Paris, Plon, 1989.
CICÉRON, *De l'orateur*, livre 2, Paris, Société d'édition Les Belles Lettres, 1927.
COHEN, John, *Les Robots humains dans le mythe et dans la science*, Paris, Vrin, 1968.
Culture technique, n° 21, « L'empire de l'informatique » (éd. Philippe Breton et Paul Caseau), Paris, CRCT, 1990.
DAUMAS, Maurice, « Les calculateurs mécaniques », *Histoire générale des techniques*, t. 5, Paris, PUF, 1979.
DEVAUX, Pierre, *Automates, Automatisme, Automation*, Paris, PUF, coll. « Que sais-je ? », n° 29.

DOURILLE, Evelyne, FOUQUIN, Michel, DE MAUTORT, Laurent, DE SAINT-VAULRY, Alix, « L'électronique japonaise : de la maîtrise industrielle à la maîtrise technologique », Paris, *Problèmes économiques*, n° 1865, 14 mars 1984.

DREYFUS, Hubert, L., *Intelligence artificielle, mythes et réalités*, Paris, Flammarion, 1984.

DUBARLE, Dominique, « Une nouvelle science : la cybernétique. Vers la machine à gouverner ? », *Le Monde*, 28 décembre 1948.

ESCARPIT, Robert, *Théorie générale de l'information et de la communication*, Paris, Hachette Université, 1976.

FELDMAN, Jérôme, « Les langages de programmation », *Pour la science*, n° 28, février 1980.

GIEDON, Siegfried, *La Mécanisation au pouvoir*, t. 1, Paris, Denoël-Gonthier, 1980.

GILLES, Bertrand, *Histoire des techniques*, Paris, Gallimard, Bibl. de la Pléiade, 1978.

GODEMENT, Roger, « Aux sources du modèle scientifique américain », Paris, *La Pensée*, n°s 201, 203 et 204, 1978 et 1979.

Guide des technologies de l'information, Paris, Autrement, 1984.

HEATH, F., « Le métier Jacquard et le code binaire », in *Histoires de machines*, Paris, Belin, Bibliothèque pour la science, 1980.

HEIMS, Steve, *John von Neumann and Norbert Wiener*, Cambridge, Massachusetts, MIT Press, 1980.

« Histoires de cybernétique », *Cahiers du CREA*, 1, rue Descartes, 75005 Paris.

HODGES, Andrew, *Alan Turing ou l'Énigme de l'intelligence*, Paris, Bibliothèque scientifique Payot, 1988.

HYMAN, Anthony, *Charles Babbage, Pioneer of the Computer*, New Jersey, Princeton University Press, 1982.

IFRAH, George, *Les Chiffres ou l'Histoire d'une grande ambition*, Paris, Robert Laffont, 1985.

JAMOUS, Haroun et GREMION, Pierre, *L'Ordinateur au pouvoir*, Paris, Éd. du Seuil, 1978.

JOUËT, Josiane, *La Communication au quotidien*, Paris, La Documentation française, 1985.

JOUËT, Josiane, *L'Écran apprivoisé : télématique et informatique à domicile*, Paris, CNET, 1987.

Les Machines à calculer et la Pensée humaine, Paris, Éd. du CNRS, 1953.

KIDDER, Tracy, *Eagle*, Paris, Flammarion, 1982.

LEVY, Pierre, « L'informatique et la civilisation occidentale », Paris, *Esprit*, juillet-août 1982.

LEVY, Pierre, *La Machine univers. Création, cognition et culture informatique*, Paris, La Découverte, 1987.

LEVY, Stephen, *Hackers : Heroes of the Computer Revolution*, New York, Anchor Press/Double Day, 1986.

LIGONNIÈRE, Robert, *Préhistoire et Histoire des ordinateurs*, Paris, Robert Laffont, 1987.

MAYR, Otto, « La régulation des machines par rétroaction », *Histoire de machines*, Paris, Belin, Bibliothèque pour la science, 1978, 1979, 1980.

MÉRIMÉE, Prosper, *La Vénus d'Ile*, Paris, Nouveaux Classiques Larousse, 1975.

MEYRINK, Gustav, *Le Golem*, Paris, Stock, 1969.

MOREAU, René, *Ainsi naquit l'informatique*, Paris, Dunod, 1982.

OCDE, *Écarts technologiques : les calculateurs électroniques*, Paris, 1969.

PAVÉ, Francis, *L'Illusion informaticienne*, Paris, L'Harmattan, 1989.

PHELIZON, Jean-François, *Dysfonctionnements de l'informatique*, Paris, Éd. d'Informatique, 1980.

PIERCE, J.-R., *Symboles, Signaux et Bruits. Introduction à la théorie de l'information*, Paris, Masson, Sofradel, 1966.

PIRSIG, Robert, *Traité du zen et de l'entretien des motocyclettes*, Paris, Éd. du Seuil, 1978.

PROULX, Serge (sous la direction de), « L'informatisation : mutation technique, changement de société », *Sociologie et Sociétés*, vol. XVI, n° 1, Presses de l'université de Montréal, avril 1984.

PROULX, Serge (sous la direction de), *Vivre avec l'ordinateur : les usagers de la micro-informatique*, Montréal, G. Vermette, 1988.

RAMUNNI, Jérôme, *La Physique du calcul, histoire de l'ordinateur*, Paris, Hachette, 1989.

RANDELL, Brian (édité par), *The Origins of Digital Computers*, Berlin, Heidelberg, New York, Springer-Verlag, 1982.

RANDELL, Brian, « La genèse des calculateurs électroniques », *Histoire générale des techniciens*, t. 5, Paris, PUF, 1979.

REICHARDT, Jasia, *Les robots arrivent*, Paris, Chêne, 1978.

RITCHIE, David, *The Computer Pioneers*, New York, Simon and Schuster, 1986.

ROSZAK, Theodor, *The Cult of Information*, New York, Pantheon Books, 1986.

SCHMEDER, Geneviève, « Les interprétations technologiques de la crise », *Problèmes économiques*, n° 1900, Paris, 28 novembre 1984.

SFEZ, Lucien, *Critique de la communication*, Paris, Éd. du Seuil, 1988.

TREILLE, Jean-Michel, *L'Économie mondiale de l'ordinateur*, Paris, Éd. du Seuil, 1973.

TURING, Alan, « Les ordinateurs et l'intelligence », *Pensée et Machine*, coll. « Milieux », Champ-Vallon, 1983.

TURKLE, Sherry, *Les Enfants de l'ordinateur*, Paris, Denoël, 1986.

VILLIERS, DE L'ISLE-ADAM, *L'Ève future*, Paris, Jean-Jacques Pauvert, 1960.

VON NEUMANN, *The Computer and the Brain*, New Haven, Yale University Press, 1958.

WEIZENBAUM, Joseph, *Puissance de l'ordinateur et Raison de l'homme*, Paris, Éd. d'Informatique, 1981.

WIENER, Norbert, *Cybernetics, or Control and Communication in the Animal and the Machine*, Cambridge, Massachusetts, Technology Press, New York, John Wiley; Paris, Hermann, 1948.

WIENER, Norbert, *Cybernétique et Société*, Paris, Éd. des Deux-Rives, 1952.

WIENER, Norbert, ROSENBLUETH Arturo et BIGELOW Julian, « Comportement, intention et téléologie », in *Les Études philosophiques*, n° 2, Paris, 1962.

WILKES, Maurice, *Memoirs of a Computer Pioneer*, Cambridge, Massachusetts, MIT Press, 1985.

YATES, Francès A., *L'Art de la mémoire*, Paris, Gallimard, 1975.

YOUNG, Jeffrey S., *Steven Jobs, un destin fulgurant*, Paris, Éd. Micro Application, 1989.

Table des questions

	Pages
Quelle a été la première utilisation du codage binaire?	50
Quel rôle le transport des messages depuis l'Antiquité a-t-il joué dans l'application de l'informatique?	44, 45
Comment les automates et les êtres artificiels de l'Antiquité ont-ils stimulé la créativité des concepteurs d'ordinateurs?	35, 36, 83, 104, 128, 160, 161, 162, 163, 164, 166
En quoi le thème de l'imperfection de l'homme est-il un facteur de créativité en informatique?	30, 31, 128, 160, 161, 162, 163, 164, 171, 172
Qui était von Neumann et quel rôle a-t-il joué dans la conception du premier ordinateur?	84, 85, 86, 92, 93, 118, 119, 120
Quel était le premier ordinateur?	87, 97, 101
Quand la notion moderne de communication est-elle apparue?	141, 142, 143, 146, 147, 148, 149
Comment fonctionne une « machine de Turing » et qu'est-ce qu'un algorithme?	51, 52, 53, 54, 55, 90, 93, 94
En quoi la pensée de Norbert Wiener, fondateur de la cybernétique, a-t-elle si profondément influencé la culture contemporaine?	141, 142, 143, 144, 146, 147, 148, 149, 230
Quel a été le rôle des marchés d'État dans la naissance de l'industrie des ordinateurs?	194, 195, 196, 197
Pourquoi les Américains ont-ils longtemps dominé le marché mondial et comment le réveil japonais s'est-il opéré?	201, 202, 203, 204, 213, 214, 215, 216

Les « animaux artificiels » et les « cerveaux pensants » des années cinquante ont-ils contribué au développement de l'informatique ?	152, 153, 160, 161, 162, 163, 164, 165, 166, 171, 172, 227
Le fait que les ordinateurs des années cinquante aient été conçus pour l'armée a-t-il des conséquences durables pour leurs usages civils ?..	228, 229, 230, 231, 232
Quel a été le premier réseau informatique à grande échelle ?	126, 127, 128, 129, 130, 136
Sur quelle « image de l'homme » l'informatique repose-t-elle et pourquoi l'humanisme est-il mis en cause par les machines ?	141, 142, 157, 160, 161, 162, 163
Qui étaient les premiers informaticiens et quelle a été l'évolution de la profession ?	130, 139, 140, 141, 152, 180, 225, 226, 227, 234, 235
Quelles sont les grandes étapes de l'informatisation depuis 1945 ?	10, 11, 12, 13, 139, 140, 141, 175, 176, 177, 193, 223, 224, 233
Pourquoi les radicaux californiens ont-ils inventé la micro-informatique ?	229, 230, 231, 232
Depuis quand et pourquoi parle-t-on de « culture informatique » ?	235, 236, 237, 238

Index général

Abaque, 59.
ABC (Atanasoff-Berry Computer), 67, 76.
Aberdeen (gare d'), 85.
ACE (Automatic Computing Engine), 100; - Pilot, 101.
ADAM, 31.
Additionneur de cuisine *(kitchen adder)*, 71.
AEC (Atome Energy Commission) (Commission américaine pour l'énergie atomique), 119, 132, 133, 209.
AHL, David, 191, 229.
AIKEN, Howard H., 67-69, 73, 74, 121, 124, 152.
AL-KHWARIZMI, Mohammed Ibn Musa Abu Djefar, 51.
ALBERT LE GRAND, 35.
Algèbre logique, 50.
ALGOL (ALGOrithmic Language), 181.
Algorithme, 51, 52, 90.
ALTAÏR 8800, 191, 231.
Amdahl Corporation, 205.
AMDAHL, Gene, 109, 205.
AMPÈRE, A.M., 149.
AN/FSQ 7, 107, 130.
AN/FSQ 8, 107.

Analyseur différentiel, 67, 117.
Animaux artificiels, 166.
APHRODITE, 31.
Apple 2, 192, 232.
Apple Computer Company, 211, 232.
Appropriation individuelle (de l'informatique), 229.
ARISTOTE, 35.
Arithmomètre, 62.
ARPA (Advanced Research Project Agency), 188.
Ars magna, 36.
ASCC (Automatic Sequence-Controlled Calculator), 74
ASCII (American Standard Code for Information Interchange), 187.
ASHBY, W. Ross, 152.
ATANASOFF, John V., 67, 76, 77.
ATHENA, 32.
Atlas Guidance Computer Model 1, 111, 134.
ATT (American Telephon and Telegraph), 219.
Automates du XVIIIe siècle, 21.

BABBAGE, Charles, 50, 62, 73.

Bacon (codage binaire de), 186.
BACON, Francis, 48.
BACON, Roger, 35.
BALDWIN, Frank Stephen, 64.
BARDEEN, J., 183.
BARK (Binär Automatisk Reläkalkylator), 110.
BASIC (Beginner's All-Purpose Symbolic Instruction Code), 182, 191, 235.
BAUDOT, Émile, 45.
BEATLES, 232.
Bell Telephone Laboratories, 72, 183, 195.
BELL, Alexandre Graham, 46.
BERRY, Clifford, 76.
Bible, 31.
Big Blue, 208.
BIGELOW, Julian, 104, 150.
BINAC (BINary Automatic Computer), 97, 103.
Bit (définition), 46, 187.
BIZMAC, 109, 132.
BLANCHE-NEIGE, 208.
BMEWS (Ballistic Missiles Early Warning System), 133.
Boeing, 131.
BOLLÉE, Léon, 64.
BOLTZMANN, Ludwig, 47.
Bombes volantes, 71.
BOOLE, George, 46, 48, 50, 51 ; (algèbre de), 46, 90.
BOUCHON, Basile, 30.
Boulier, 58, 59.
BRATTEIN, Walter, 183.
British Atomic Weapons Research Establishment, 124.
BRL (Ballistic Research Laboratory), 84, 116, 117.

BROGLIE, Louis de, 152, 153.
BROWN, Jerry, 232.
BTL Model 1 (Bell Telephon Laboratories Model 1), 72.
Bull (Compagnie des Machines), 110, 206, 218.
BUNCH (Burroughs, UNIVAC, NCR, Control Data, Honeywell), 209.
BURKS, Arthur, 104.
Burroughs Company, 188, 200, 210, 218.
BURROUGHS, William S., 65.
BUSH, Vannevar, 66, 117.
BYRON (lord), 63.

CAB 2000, 2022, 3000 (Calculatrice arithmétique binaire), 110.
Cadran solaire, 24.
Calcul artificiel, 57, 58.
Calculateurs analogiques, 67.
Calculi (cailloux), 54, 59.
Cap Canaveral, 134.
CAPEK, Karel, 37.
Cartes perforées, 65.
CBS, 135.
CBS-TV, 134.
CDC 1604, 111.
CEA (Commissariat à l'énergie atomique), 133.
Centre de Recherche sur les armes atomiques britanniques (British Atomic Weapons Research Establishment), 124.
Cerveau artificiel, 21, 32, 83, 150, 175.
Cerveau électronique, 38.
CHAPPE, Claude, 45.

Index général

CICÉRON, 43, 53.
Circuit intégré, 184.
Clepsydre, 23, 24.
CLÉMENT, Joseph, 63.
CNRS (Centre national de la recherche scientifique), 152.
COBOL (COmmon Business-Oriented Language), 181.
Codage binaire, 30, 48.
Colossus, 100, 123.
Commercial Credit Company, 209.
Commission de l'énergie atomique, 195.
Commission des affaires anti-américaines, 106.
Commodore, 211.
Communication, 146, 148, 154.
Complex calculator, 72.
Complexité, 141 ; - du comportement, 144.
Compter sur ses doigts, 58.
Comptomètre, 65.
Control Data, 189, 197, 205, 210.
COUFFIGNAL, Louis, 64, 152.
Cray 1, 111, 189.
CRAY, Seymour, 111.
CRT (Cathode Ray Tubes), 101.
Cryptographie, 48.
CTÉSIBIOS, 25.
CUBA (Calculateur universel binaire pour l'armement), 110, 132.
Culture de la communication, 233.
Culture informatique, 140, 235, 236.
CXPQ, 133.
Cyber 205, 189.
Cybernétique, 139, 147-151, 158, 170, 227.
Cylindre à cames, 29.
Dames de voyage, 29.
Dartmouth College, 73.
DCL (Digital Computer Laboratory), 107.
DEC (Digital Equipment Corporation), 190, 197, 209, 211.
DÉDALE, 33.
Defense System Engineering Committee, 127.
DESCARTES, René, 36.
DGT (Direction générale des télécommunications), 220.
DIEU (existence de), 51.
Disque souple, 191.
Douglas, 131.
DREBBEL, Cornelius, 26, 145.
DREYFUS, Philippe, 38, 110.
DUBARLE, Dominique (Rév. Père), 170, 171.

EBCDIC (Extended Binary Coded Decimal Interchange Code), 186, 187.
Écarts technologiques, 201.
ECKERT, J. Presper, 67, 77, 84, 87, 88, 96, 103, 151, 194.
ECKERT, Wallace, 121.
EDISON, Thomas, 29, 34, 45.
EDSAC (Electronic Delay Storage Automatic Computer), 97, 102, 153.
EDVAC (Electronic Discrete Variable Computer) (Ordinateur électronique à variables discontinues), 86, 87, 88, 93, 97, 99, 103, 194 ; - (plans), 95.

256   *Une histoire de l'informatique*

EINSTEIN, Albert, 119.
EISENHOWER, Dwight David, 119, 135.
Enformer, 43.
ENIAC (Electronic Numerator, Integrator, Analyser and Computer), 60, 67, 68, 75, 76, 77, 78, 85, 88, 89, 94, 97, 98, 118, 178, 194.
Enigma, 123.
Entropie, 47, 168, 169.
ERA 1101, 1102, 1103 (Electronic Research Associates Company), 132.
ESPRIT (programme), 216.
Êtres artificiels, 21, 30, 166.
Êtres logiques, 34.
Ève future (L'), 34.
Exposition de Paris de 1855, 62.
Exposition universelle de 1848, 45.

FABER, Joseph, 28.
Fairchild Semi-Conductor, 185.
FALCON, Jacques de, 30.
Feed-back (rétroaction), 38, 141, 144, 145.
FELT, Dorr E., 65.
Femme artificielle, 31, 33.
Ferranti Ltd, 152.
Ferranti Mark 1, 110, 124.
Filière électronique, 193, 215.
Floppy disk drive (disque souple), 191.
FORRESTER, Jay W., 106, 171.
FORTRAN (FORmula TRANslation), 109, 180.
FOURIER, Joseph, 44.
Francine, 36.

FRANKEL, Stanley, 93, 120.
FRANKENSTEIN, 34.
FRY, T. C., 72.
Fujitsu, 199.
GALATÉE, 31.
GALILÉE, 28.
GAMMA ET (Extension Tambour), 110.
Gamma 1, 2 et 3, 110.
Gamma 60, 112, 199.
General Electric, 206, 209.
GENNES (DE), 29.
GOLDSTINE, Adèle, 98.
GOLDSTINE, Herman H., 77, 84, 85, 97, 118, 120, 121.
Golem, 21, 30, 31, 33, 128.
GREY, Walter W., 152, 154, 167.

H 200 (Honeywell), 199, 209.
HARTLEY, R.V.L., 41, 47.
HÉPHAÏSTOS, 32.
HÉRON D'ALEXANDRIE, 25, 26, 29.
HOBBES, Thomas, 36.
HOLLERITH, Herman, 65.
Hommes de voyage, 29.
Homuncule, 34, 35.
Honeywell, 218.
HOPPER, Grace Murray, 180.
Horloge astronomique de Strasbourg, 28.
Horloge calculante, 61.
Horloge mécanique, 27.
HUYGENS, Christian, 28.

IAS (Institute of Advanced Studies), 97.
IBM (building), 98.

Index général

IBM (International Business Machines), 66, 74, 75, 108, 153, 176, 193, 195, 201, 202, 204, 208, 219, 228, 229, 231.
IBM (Itty-Bitty Machine Compagny), 232.
IBM 360, 95, 186, 188, 200, 205, 210, 224.
IBM 603, 98.
IBM 650, 108, 135, 196, 197.
IBM 701, 97, 105, 108, 180.
IBM 702, 108.
IBM 704, 109, 136, 180.
IBM 705, 136.
IBM 709, 131.
IBM 1730, 133.
IBM 7070, 136.
IBM 7080, 136.
IBM 7090, 112, 133, 134.
IBM PC (Personal Computer), 213.
IBM SSEC, 97.
IBM XDS-940, 230.
IBM-1401, 209.
IBM-Allemagne, 202.
IBM-France, 202, 207.
ICT, 199.
ILLIAC (ILLInois Automatic Computer), 105.
ILLIAC IV, 123, 188.
Iliade (L'), 32.
Incas, 59.
Informatik, 151.
Informatio, 43.
Information analogique, 146.
Information digitale, 145.
Informatique, 38 ; - (imaginaire de l'), 157 ; - (le mot), 110.
Institut Blaise-Pascal, 152.
Intel 1103, 185.
Intel 4004, 185.
Intel 8080, 191.
Intelligence artificielle, 139.
JACQUARD, Joseph-Marie, 30, 50, 63, 65.
JACQUET-DROZ, Henri-Louis, 28.
JACQUET-DROZ, Pierre, 28.
JOBS, Steven, 232.
JOHNIAC, 105.

KELVIN, William (lord), 66.
Kentucky Fried Computer, 232.
KEPLER, Johannes, 61.
KILBY, Jack S., 185.

Laboratoire de calcul de l'armement, 132.
LA METTRIE, Julien Offroy de 36.
Langage de programmation, 175, 179.
Langage-machine, 178.
LARC (Livermore Atomic Research Computer), 112, 132, 176.
Leibniz (roue de), 62.
LEIBNIZ, Gottfried Wilhelm von, 36, 45, 61.
Lincoln Lab, 130.
LISP, 182.
Lockheed, 131.
LOEW (rabbin), 33.
Logabax, 152.
Logarithme, 60.
Loi de Grosh, 211.
Los Alamos, 119.
LOVELACE, Augusta Ada (comtesse), 63.

Loving Grace Cybernetics, 232.
LULLE, Raymond, 35.
LYNDON, R.C., 71.
M 460, 132.
Machine analogique, 66.
Machine analytique (Analytical Engine), 62, 73.
Machine analytique de Babbage, 100, 165, 183.
Machine à différence (Difference Engine), 62.
Machine à états discrets, 92, 177.
Machine à multiplier, 60.
Machine à vapeur, 27.
Machine de Hollerith, 65.
Machine de Napier, 60.
Machine de Pascal, 65.
Machine IAS, 104, 122, 135.
Machine Merchant, 120.
Machine pensante, 163.
Machine Synchro-Madas, 200.
Macintosh, 219, 232.
MACY, Josiah, 152.
MAISONROUGE, Jacques de, 153.
MANIAC (Mathematical Analyser, Numerator, Integrator And Computer), 105.
MARK 1 (Harvard), 67, 73, 74, 75, 76, 117, 160.
MARK 1 (Manchester), 97, 101, 110, 179.
MARK 2, 3 (Harvard), 75, 121.
MARK 6, 75.
MARK 8 (mini-ordinateur personnel), 191.
Mathématiciens-programmeurs, 140, 153.
MATSUZAKI, Kiyoshi, 60.

MAUCHLY, John W., 67, 73, 77, 84, 87, 88, 96, 103, 118, 151, 194.
MCCULLOCH, Warren S., 93, 99, 150, 152, 165.
McGuire (base de l'Air Force), 130.
Mémoire artificielle, 53.
Mémoire à tambour, 109.
Mémoire communautaire (Community Memory), 230.
Mémoire morte (ROM), 185.
Mémoire vive (RAM), 185.
Merchant, 120.
MÉRIMÉE, Prosper, 33.
Millionnaire (le), 65.
MIS (Management Information System), 226.
MIT (Massachusetts Institute of Technology), 66, 77, 106, 116, 118, 148, 189.
MITI (Ministère de l'industrie et du commerce japonais), 214, 215.
Model 1, 67, 72, 73, 117.
Model V, 73, 98.
Monroe Calculating Machine Company, 64, 74.
MONROE, Jay Randolph, 64.
Moore School (Université de Pennsylvanie), 76, 85, 86, 96, 118.
MOORE, George, 29.
Morse, Samuel F.B., 45, 46.
MS-DOS, 218, 219.
MURROW, Edward R., 135.

NAPIER, John, 60.
NBS (National Bureau of Standards), 125.

Index général

NCR (National Cash Register Company), 200, 203, 210.
Neurospate, 35.
NEWMAN, Max, 99.
NEWTON, Isaac, 232.
NICOLAU (ingénieur général), 132.
NORC (Naval Ordnance Research Calculator), 131.
NORRIS, William C., 209.
NSA (National Security Agency), 133, 134, 231.

OCDE, 203.
OLSEN, Kenneth H., 190.
ONR (Office of Naval Research), 107.
Ordinateur, 207.
Organes d'entrée et de sortie, 177.

PARACELSE, 35.
PASCAL (langage), 182.
PASCAL, Blaise, 58, 60, 61, 84.
Pascale ou Pascaline, 61.
PC (Personal Computer), 192.
PDP-1 (Programmed Data Processor Model 1), 190.
PDP-8, 190.
PDP-11, 211.
People's Computer Company, 230.
PERRET, Jacques, 207.
Philco, 111, 133.
Philco 2000, 134.
PITTS, Walter, 93, 99, 150.
PL/1 (Programming Language Number 1), 181.
PLATON, 31, 148.
PLINE, 35.
Poupées parlantes, 29.
PRO-DOS, 219.
Procédure effective, 51.
Programmation, 141.
Projet Manhattan, 205.
PROLOG, 182.
PROMÉTHÉE, 32.
PX (projet), 118.
PYGMALION, 31.
Pygmalionisme, 29.

Q 31, 195.
Quipus, 59.

Radio brain, 100.
RAM (Random Access Memory) (Mémoire vive), 185.
Rand Corporation, 130.
RCA (Radio Corporation of America), 109, 123, 132, 203, 209.
Remington Rand, 111.
Resource One, 230.
Régulateur à boules, 27.
Régulateur à flotteur, 25.
Régulation, 141; - (principe de la), 23.; - par rétroaction (feed-back), 26; - thermique, 27.
Rétroaction (feed-back), 38, 141, 144, 145.
Robot, 37.
ROM (Read-Only Memory) (Mémoire morte), 185.
ROSENBLUETH, Arturo, 53, 105, 142, 150.
RUSSELL, Bertrand, 53.

SABRE (Semi-Automatic Business-Related Environment), 125, 126, 136.
SAGE (Semi Automatic Ground Environment System), 107, 125, 126, 128, 159, 171, 190, 203, 219, 226.
SCHEUTZ, Edvard, 63.
SCHEUTZ, Pehr Georg, 63, 84.
SCHICKARD, Wilhelm, 61, 84.
SCHREYER, Helmut, 70.
Science des ordinateurs (Computer science), 151.
SDC (Systems Development Corporation), 130.
SDS (Scientific Data Systems), 197.
SEA (Société d'électronique et d'automatisme), 132.
SEAC, 111.
Sept « nains », 208.
SHANNON, Claude, 41, 46, 47, 48, 151.
SHELLEY, Mary, 34.
SHOCKLEY, W., 183.
Signaux de fumée, 44.
Sinclair, 213.
Société de l'information, 170, 228.
SOCRATE, 52.
Soroban, 60.
Soupape flottante, 25.
Sperry Rand, 205, 209, 218.
Stchoty, 60.
STIBITZ, George, 67, 69, 71-73, 121, 180.
Strategic Air Command (SAC), 195.
Stretch (IBM 7090), 112, 133, 176, 195.
Suan pan, 60.
SX 80, 81, 213.
Ta ch'ouan, 33.
Tabulating Machines Corporation, 65.
Talos, 33.
Texas instrument, 185.
Télégraphe électrique, 45.
Téléphone (invention du), 46.
Thermostat, 26, 145.
Théologie de la programmation, 182.
THOMAS D'AQUIN (saint), 35.
THOMAS DE COLMAR, Charles-Xavier, 62, 64.
TITUS, Jonathan, 191.
Tores de ferrite, 182.
TORRES Y QUEVEDO, Léonardo, 64, 73, 152.
Tortues artificielles, 154.
TRANSAC S-1000, 111, 133.
Transistor (transconductance resistor), 182-184, 195.
Turing (machine de), 51-54 ; - (test de), 164.
TURING, Alan, 42, 51, 52, 83, 90, 92, 93, 123, 151, 164-166, 179.

UNISYS, 218.
Unité de commande interne, 91.
Unité de contrôle, 177.
Unité logique, 177.
UNIVAC (UNIVersal Automatic Computer), 97, 103, 105, 126, 132, 176.
UNIVAC 1, 106, 134, 179, 180, 195.
UNIVAC 1103, 131.

Index général

URE, Andrew, 27.
US Air Force, 195.
US Army's Ordnance Departement, 84.

VAUCANSON, Jacques de, 28, 37 ; - (le joueur de flûte de), 28.
VEBLEN, Oswald, 116.
VILLIERS DE L'ISLE-ADAM, Philippe de, 34.
Virgule flottante *(floating-point)*, 180.
VITRUVE, 25.
VON NEUMANN, John, 83-87, 90, 92, 96, 97, 99, 102, 104, 115, 119, 121, 122, 139, 148, 151, 164, 175, 178.
VON NEUMANN, Klara, 122.

WATSON, Thomas J. (père), 125.
WATSON, Thomas J., Jr, 74, 98.
WATT, James, 27.
WEIZENBAUM, Joseph, 236, 237.
Whirlwind, 105-107, 108, 128, 190.
WHITEHEAD, Alfred North, 53.
WIENER, Norbert, 73, 104, 142, 144, 147, 150, 152, 154, 155, 157, 161, 162, 163, 168-170, 230.
WILKES, Maurice, 99, 151, 152.
WILLIAMS, Samuel B., 72, 102.
WOMERSLEY, J.R., 99, 152.
WOOD, Thomas Nathan, 60.
WOZNIAC, Stephen, 232.

Z1, 70.
Z2, 70.
Z3 *(premier calculateur universel contrôlé par un programme)*, 70, 71.
Z4, 70, 71.
ZUSE, Konrad, 67, 68, 69, 70, 71, 124.
ZX 80, 213.
ZX 81, 213.

Table

Avant-propos. Culture, histoire, technique 7
— Les multiples dimensions de l'informatique 9

Présentation de l'ouvrage 15

PREMIÈRE PARTIE
Les racines de l'informatique

1. Automates et êtres artificiels 21

— Le prototype de l'automatisme : le piège du chasseur primitif 22

Les deux histoires de l'automatisme : la maîtrise du temps et le contrôle du mouvement 23
— L'invention de la clepsydre 23
— Automatisme et régulation 25
— Des horloges aux automates à figure humaine 27
— L'automatisme et la programmation 29

Les êtres artificiels 30
— Êtres artificiels et automates 32

L'automate logique 34
— Vers l'intelligence artificielle 35
— L'héritage de l'automatisme 37
— L'automatique des informations 38

2. Les origines de la notion d'information 41

— Une distinction essentielle : la forme et le sens 42
— Le transport des messages 44
— La théorie de l'information 46
— De la cryptographie à la logique binaire 48
— La machine de Turing 51

3. L'histoire du calcul artificiel 57

Première époque : du boulier aux machines de bureau 58
— Les premières machines à calculer 60
— Les machines de Babbage 62
— Les premières machines de bureau 64
— Les machines à calculer scientifiques 66

Deuxième époque : les grands calculateurs des années quarante 67
— Les grands calculateurs électromécaniques 69
  • Zuse, ou l'inventeur solitaire 69
  • Le « Model 1 » 71
  • Sur les traces de la « machine analytique » : le calculateur Harvard MARK 1 73
— Les calculateurs électroniques 75
  • Le dernier grand calculateur : l'ENIAC 76

DEUXIÈME PARTIE
La formation de l'informatique

4. Du calculateur à l'ordinateur : la naissance d'une nouvelle lignée technique 83

— Une rencontre décisive 84
— Du calculateur à l'ordinateur : un nouveau principe technique 86
— Les limites de l'ENIAC 88

— La naissance de l'ordinateur	89
— L'unité de commande interne	91
— Une machine à «états discrets»	92

5. 1942-1962 : les premiers ordinateurs — 95

1945-1951 : sur les traces de l'EDVAC — 95
- L'aventure anglaise — 99
  - L'échec du projet «ACE» — 100
  - Le Manchester MARK 1 — 101
  - L'EDSAC — 102
- Les premiers ordinateurs américains — 102
  - Le BINAC : BINary Automatic Computer — 103
  - La machine «IAS» de von Neumann — 104

Les grandes réalisations des années cinquante — 105
- L'UNIVAC 1 — 106
- À la recherche du temps réel ; le Whirlwind — 106
- IBM et l'héritage du Whirlwind — 108
- Le développement des ordinateurs en Europe — 110

1959-1962 : la génération des transistors — 111

6. L'ordinateur : une convergence d'intérêts scientifiques et militaires — 115

- Le rôle des recherches balistiques de l'armée — 116
- La Moore School et le projet ENIAC — 118
- Le rôle de John von Neumann — 119
- Les «calculateurs» de Los Alamos — 120
- Les circonstances de l'invention de l'ordinateur — 121
- La machine «IAS» — 122
- Les premières utilisations anglaises de l'ordinateur — 123
- Les premières utilisations de l'ordinateur à grande échelle — 125
- Le réseau de défense continentale SAGE — 126
- Les innovations du réseau SAGE — 128

— Des centaines d'ordinateurs pour l'armée 131
— Les usages militaires de la « deuxième génération » 132
— Les premiers ordinateurs civils 134
— Les débuts d'IBM dans l'industrie informatique .. 135

7. La première informatique et la cybernétique 139

— Les trois informatiques 139
— Les années quarante : un bouillon de culture 141
— La « méthode comportementale d'étude » 142
— L'héritage de l'automatisme 144
— Information digitale et information analogique ... 145
— De l'information à la communication 146
— Norbert Wiener et la cybernétique 147
— Les grands thèmes de la cybernétique 149
— La course commune de la cybernétique et de la première informatique 151
— La séparation entre la cybernétique et la première informatique 154

8. Les enjeux sociaux et éthiques des nouvelles machines 157

— L'inadaptation de l'homme à la vitesse 158
— Une remise en question de l'humanisme 160
— De l'homme à la machine 162
— Les « machines pensantes » 163
— Les « animaux artificiels » 166
— La société et l'information 168
— La machine à gouverner le monde 170

TROISIÈME PARTIE
L'extension de l'informatique

9. L'explosion des perfectionnements techniques 175

— L'architecture des ordinateurs 177

— Les langages de programmation 178
— Les perfectionnements du matériel 182
— La série 360 d'IBM 186
— Les très gros ordinateurs 188
— Des ordinateurs de plus en plus petits 189

10. L'informatique : un enjeu économique et stratégique mondial 193

— L'industrie informatique : une enfance protégée .. 194
— Les caractéristiques de l'industrie informatique ... 197
— L'importance de l'écart technologique 201
— La prise de conscience des enjeux stratégiques 206
— L'empire IBM 208
— La montée des petits systèmes 211
— Le Japon ou l'histoire d'une ambition 213
— Les progrès de la digitalisation 216
— Le développement des réseaux 219

11. De la « révolution » à la « culture informatique » . 223

— Les grands thèmes de la deuxième informatique .. 224
— Le règne des informaticiens 225
— La naissance de la micro-informatique 228
— La guérilla de l'information 229
— La rupture de la troisième informatique 233
— L'avenir des informaticiens 234
— Vers une « culture informatique » ? 236

Bibliographie générale 241

Table des questions 247

Index général 251

COMPOSITION : CHARENTE-PHOTOGRAVURE À L'ISLE-D'ESPAGNAC (16340)
IMPRESSION : IMP. BRODARD ET TAUPIN À LA FLÈCHE (72200)
DÉPÔT LÉGAL SEPTEMBRE 1990. N° 12348 (1226 D-5)

Collection « Science ouverte »

dirigée par Jean-Marc Lévy-Leblond

Pierre Achard et al., *Discours biologiques et Ordre social*, 1977
Jean-Pierre Adam, *Le Passé recomposé*, 1988
Alexander Alland, *La Dimension humaine*, 1974
Jacques Arsac, *Les Machines à penser*, 1987
Henri Atlan, *A tort et à raison*, 1986
Madeleine Barthélemy-Madaule, *Lamarck ou le Mythe du précurseur*, 1979
Stella Baruk, *Échec et Maths**, 1973
  Fabrice ou l'École des Mathématiques, 1977
  L'Age du capitaine, 1985
Jean Bernard, Marcel Bessis, Claude Debru (sous la dir.), *Soi et Non-Soi*, 1990
Basil Booth & Nicholas Wade, *La Souris truquée*, 1987
Jean-Louis Boursin, *Les Dés et les Urnes*, 1990
Henri Broch, *Le Paranormal**, 1985
Mario Bunge, *Philosophie de la physique*, 1975
Giovanni Ciccotti et al., *L'Araignée et le Tisserand*, 1979
Robert Clarke, *Naissance de l'homme**, 1982
Paul Colinvaux, *Les Manèges de la vie*, 1982
Benjamn Coriat, *Science, Technique et Capital*, 1976
Michel Crozon, *La Matière première*, 1987
Antoine Danchin, *Une aurore de pierres*, 1990
William C. Dement, *Dormir, Rêver*, 1981
Alain Dupas, *La Lutte pour l'espace*, 1977
Albert Einstein et Max Born, *Correspondance 1916-1955*, 1988
Ivar Ekeland, *Le Calcul, l'Imprévu**, 1984
Paul Feyerabend, *Contre la méthode**, 1979
  Adieu la Raison, 1989
Peter T. Furst, *La Chair des dieux*, 1974
Jean-Gabriel Ganascia, *L'Ame-Machine*, 1990
Martin Gardner, *L'Univers ambidextre*, 1985
Bertrand Gille, *Les Mécaniciens grecs*, 1980
Stephen J. Gould, *Le Sourire du flamant rose*, 1988
George Greenstein, *Le Destin des étoiles*, 1987
Edward Harrison, *Le Noir de la nuit*, 1990
P. Huard, J. Bossy, G. Mazars, *Les Médecines de l'Asie*, 1978

* L'astérisque indique les ouvrages disponibles dans la série de poche « Points Sciences ».

Albert Jacquard, *Éloge de la différence**, 1981
  *Au péril de la science?**, 1984
  L'Héritage de la liberté, 1986
Jean Jacques, *Les Confessions d'un chimiste ordinaire*, 1981
Patrick Lagadec, *La Civilisation du risque*, 1981
  États d'urgence, 1988
André Langaney, *Le Sexe et l'Innovation**, 1979
Tony Lévy, *Figures de l'infini*, 1987
J.-M. Lévy-Leblond et A. Jaubert, *(Auto)critique de la science**, 1973
Eugene Linden, *Ces singes qui parlent*, 1979
Georges Ménahem, *La Science et le Militaire*, 1976
Agata Mendel, *Les Manipulations génétiques*, 1980
P.-A. Mercier, F. Plassard, V. Scardigli, *La Société digitale*, 1984
Abraham A. Moles, *Les Sciences de l'imprécis*, 1990
Catherine Mondiet-Colle, Michel Colle, *Le Mythe de Procuste*, 1989
Hubert Reeves, *Patiences dans l'azur**, 1981
  Poussières d'étoiles, 1984
  L'Heure de s'enivrer, 1986
Jacques-Michel Robert, *Comprendre notre cerveau**, 1982
Colin Ronan, *Histoire mondiale des sciences*, 1988
Philippe Roqueplo, *Le Partage du savoir*, 1974
  Penser la technique, 1983
Steven Rose, *Le Cerveau conscient*, 1975
H. Rose, S. Rose et al., *L'Idéologie de/dans la science*, 1977
Joël de Rosnay, *L'Aventure du vivant*, 1988
Rudy Rucker, *La Quatrième Dimension*, 1985
Carl Sagan, *Les Dragons de l'Eden*, 1980
Evry Schatzman, *Les Enfants d'Uranie*, 1986
Michel Schiff, *L'Intelligence gaspillée*, 1982
Dominique Simonnet, *Vivent les bébés!*, 1986
William Skivington, *Machina Sapiens*, 1976
Solomon H. Snyder, *La Marijuana*, 1973
Isabelle Stengers *et al*, *D'une science à l'autre*, 1987
Peter S. Stevens, *Les Formes dans la nature*, 1978
Pierre Thuillier, *Le Petit Savant illustré*, 1978
  Les Savoirs ventriloques, 1983
Francisco J. Varela, *Connaître*, 1989
Renaud Vié le Sage, *La Terre en otage*, 1989
Steven Weinberg, *Les Trois Premières Minutes de l'univers**, 1978

Collection Points

SÉRIE SCIENCES

dirigée par Jean-Marc Lévy-Leblond

S1. La Recherche en biologie moléculaire
    ouvrage collectif
S2. Des astres, de la vie et des hommes
    par Robert Jastrow
S3. (Auto)critique de la science
    par Alain Jaubert et Jean-Marc Lévy-Leblond
S4. Le Dossier électronucléaire
    par le syndicat CFDT de l'Énergie atomique
S5. Une révolution dans les sciences de la Terre
    par A. Hallam
S6. Jeux avec l'infini, *par Rózsa Péter*
S7. La Recherche en astrophysique, *ouvrage collectif*
S8. La Recherche en neurobiologie (épuisé)
    (voir nouvelle édition, S.57)
S9. La Science chinoise et l'Occident
    par Joseph Needham
S10. Les Origines de la vie, *par Joël de Rosnay*
S11. Échec et Maths, *par Stella Baruk*
S12. L'Oreille et le Langage, *par Alexandre Tomatis*
S13. Les Énergies du Soleil, *par Pierre Audibert*
    en collaboration avec Danielle Rouard
S14. Cosmic Connection ou l'appel des étoiles, *par Carl Sagan*
S15. Les Ingénieurs de la Renaissance, *par Bertrand Gille*
S16. La Vie de la cellule à l'homme, *par Max de Ceccatty*
S17. La Recherche en éthologie, *ouvrage collectif*
S18. Le Darwinisme aujourd'hui, *ouvrage collectif*
S19. Einstein, créateur et rebelle, *par Banesh Hoffmann*
S20. Les Trois Premières Minutes de l'Univers
    par Steven Weinberg
S21. Les Nombres et leurs mystères
    par André Warusfel
S22. La Recherche sur les énergies nouvelles
    ouvrage collectif
S23. La Nature de la physique, *par Richard Feynman*
S24. La Matière aujourd'hui, *par Émile Noël et alii*
S25. La Recherche sur les grandes maladies
    ouvrage collectif
S26. L'Étrange Histoire des quanta
    par Banesh Hoffmann et Michel Paty

S27. Éloge de la différence, *par Albert Jacquard*
S28. La Lumière, *par Bernard Maitte*
S29. Penser les mathématiques, *ouvrage collectif*
S30. La Recherche sur le cancer, *ouvrage collectif*
S31. L'Énergie verte, *par Laurent Piermont*
S32. Naissance de l'Homme, *par Robert Clarke*
S33. Recherche et Technologie
 Actes du Colloque national
S34. La Recherche en physique nucléaire
 ouvrage collectif
S35. Marie Curie, *par Robert Reid*
S36. L'Espace et le Temps aujourd'hui, *ouvrage collectif*
S37. La Recherche en histoire des sciences
 ouvrage collectif
S38. Petite Logique des forces, *par Paul Sandori*
S39. L'Esprit de sel, *par Jean-Marc Lévy-Leblond*
S40. Le Dossier de l'Énergie
 par le Groupe confédéral Énergie (CFDT)
S41. Comprendre notre cerveau
 par Jacques-Michel Robert
S42. La Radioactivité artificielle
 par Monique Bordry et Pierre Radvanyi
S43. Darwin et les Grandes Énigmes de la vie
 par Stephen Jay Gould
S44. Au péril de la science ?, *par Albert Jacquard*
S45. La Recherche sur la génétique et l'hérédité
 ouvrage collectif
S46. Le Monde quantique, *ouvrage collectif*
S47. Une histoire de la physique et de la chimie
 par Jean Rosmorduc
S48. Le Fil du temps, *par André Leroi-Gourhan*
S49. Une histoire des mathématiques
 par Amy Dahan-Dalmedico et Jeanne Peiffer
S50. Les Structures du hasard, *par Jean-Louis Boursin*
S51. Entre le cristal et la fumée, *par Henri Atlan*
S52. La Recherche en intelligence artificielle
 ouvrage collectif
S53. Le Calcul, l'Imprévu, *par Ivar Ekeland*
S54. Le Sexe et l'Innovation, *par André Langaney*
S55. Patience dans l'azur, *par Hubert Reeves*
S56. Contre la méthode, *par Paul Feyerabend*
S57. La Recherche en neurobiologie, *ouvrage collectif*
S58. La Recherche en paléontologie, *ouvrage collectif*
S59. La Symétrie aujourd'hui, *ouvrage collectif*
S60. Le Paranormal, *par Henri Broch*
S61. Petit Guide du ciel, *par A. Jouin et B. Pellequer*
S62. Une histoire de l'astronomie, *par Jean-Pierre Verdet*

S63. L'Homme re-naturé, *par Jean-Marie Pelt*
S64. Science avec conscience, *par Edgar Morin*
S65. Une histoire de l'informatique, *par Philippe Breton*
S66. Une histoire de la géologie, *par Gabriel Gohau*
S67. Une histoire des techniques, *par Bruno Jacomy*

Collection Points

1. Histoire du surréalisme, *par Maurice Nadeau*
2. Une théorie scientifique de la culture
   par Bronislaw Malinowski
3. Malraux, Camus, Sartre, Bernanos, *par Emmanuel Mounier*
4. L'Homme unidimensionnel, *par Herbert Marcuse* (épuisé)
5. Écrits I, *par Jacques Lacan*
6. Le Phénomène humain, *par Pierre Teilhard de Chardin*
7. Les Cols blancs, *par C. Wright Mills*
8. Littérature et Sensation. Stendhal, Flaubert, *par Jean-Pierre Richard*
9. La Nature dé-naturée, *par Jean Dorst*
10. Mythologies, *par Roland Barthes*
11. Le Nouveau Théâtre américain, *par Franck Jotterand* (épuisé)
12. Morphologie du conte, *par Vladimir Propp*
13. L'Action sociale, *par Guy Rocher*
14. L'Organisation sociale, *par Guy Rocher*
15. Le Changement social, *par Guy Rocher*
16. Les Étapes de la croissance économique, *par W. W. Rostow*
17. Essais de linguistique générale, *par Roman Jakobson* (épuisé)
18. La Philosophie critique de l'histoire, *par Raymond Aron*
19. Essais de sociologie, *par Marcel Mauss*
20. La Part maudite, *par Georges Bataille* (épuisé)
21. Écrits II, *par Jacques Lacan*
22. Éros et Civilisation, *par Herbert Marcuse* (épuisé)
23. Histoire du roman français depuis 1918
    par Claude-Edmonde Magny
24. L'Écriture et l'Expérience des limites, *par Philippe Sollers*
25. La Charte d'Athènes, *par Le Corbusier*
26. Peau noire, Masques blancs, *par Frantz Fanon*
27. Anthropologie, *par Edward Sapir*
28. Le Phénomène bureaucratique, *par Michel Crozier*
29. Vers une civilisation des loisirs ?, *par Joffre Dumazedier*
30. Pour une bibliothèque scientifique
    par François Russo (épuisé)
31. Lecture de Brecht, *par Bernard Dort*
32. Ville et Révolution, *par Anatole Kopp*
33. Mise en scène de Phèdre, *par Jean-Louis Barrault*
34. Les Stars, *par Edgar Morin*
35. Le Degré zéro de l'écriture
    suivi de Nouveaux Essais critiques, *par Roland Barthes*
36. Libérer l'avenir, *par Ivan Illich*
37. Structure et Fonction dans la société primitive
    par A. R. Radcliffe-Brown
38. Les Droits de l'écrivain, *par Alexandre Soljenitsyne*
39. Le Retour du tragique, *par Jean-Marie Domenach*

41. La Concurrence capitaliste
    par Jean Cartell et Pierre-Yves Cossé (épuisé)
42. Mise en scène d'Othello, *par Constantin Stanislavski*
43. Le Hasard et la Nécessité, *par Jacques Monod*
44. Le Structuralisme en linguistique, *par Oswald Ducrot*
45. Le Structuralisme : Poétique, *par Tzvetan Todorov*
46. Le Structuralisme en anthropologie, *par Dan Sperber*
47. Le Structuralisme en psychanalyse, *par Moustapha Safouan*
48. Le Structuralisme : Philosophie, *par François Wahl*
49. Le Cas Dominique, *par Françoise Dolto*
51. Trois Essais sur le comportement animal et humain
    par Konrad Lorenz
52. Le Droit à la ville, *suivi de* Espace et Politique
    par Henri Lefebvre
53. Poèmes, *par Léopold Sédar Senghor*
54. Les Élégies de Duino, *suivi de* Les Sonnets à Orphée
    par Rainer Maria Rilke (édition bilingue)
55. Pour la sociologie, *par Alain Touraine*
56. Traité du caractère, *par Emmanuel Mounier*
57. L'Enfant, sa « maladie » et les autres, *par Maud Mannoni*
58. Langage et Connaissance, *par Adam Schaff*
59. Une saison au Congo, *par Aimé Césaire*
61. Psychanalyser, *par Serge Leclaire*
63. Mort de la famille, *par David Cooper*
64. A quoi sert la Bourse ?, *par Jean-Claude Leconte* (épuisé)
65. La Convivialité, *par Ivan Illich*
66. L'Idéologie structuraliste, *par Henri Lefebvre*
67. La Vérité des prix, *par Hubert Lévy-Lambert* (épuisé)
68. Pour Gramsci, *par Maria-Antonietta Macciocchi*
69. Psychanalyse et Pédiatrie, *par Françoise Dolto*
70. S/Z, *par Roland Barthes*
71. Poésie et Profondeur, *par Jean-Pierre Richard*
72. Le Sauvage et l'Ordinateur, *par Jean-Marie Domenach*
73. Introduction à la littérature fantastique
    par Tzvetan Todorov
74. Figures I, *par Gérard Genette*
75. Dix Grandes Notions de la sociologie, *par Jean Cazeneuve*
76. Mary Barnes, un voyage à travers la folie
    par Mary Barnes et Joseph Berke
77. L'Homme et la Mort, *par Edgar Morin*
78. Poétique du récit, *par Roland Barthes*
    Wayne Booth, Wolfgang Kayser et Philippe Hamon
79. Les Libérateurs de l'amour, *par Alexandrian*
80. Le Macroscope, *par Joël de Rosnay*
81. Délivrance, *par Maurice Clavel et Philippe Sollers*
82. Système de la peinture, *par Marcelin Pleynet*
83. Pour comprendre les média, *par M. McLuhan*

84. L'Invasion pharmaceutique
    par Jean-Pierre Dupuy et Serge Karsenty
85. Huit Questions de poétique, *par Roman Jakobson*
86. Lectures du désir, *par Raymond Jean*
87. Le Traître, *par André Gorz*
88. Psychiatrie et Antipsychiatrie, *par David Cooper*
89. La Dimension cachée, *par Edward T. Hall*
90. Les Vivants et la Mort, *par Jean Ziegler*
91. L'Unité de l'homme, *par le Centre Royaumont*
    1. Le primate et l'homme
    par E. Morin et M. Piattelli-Palmarini
92. L'Unité de l'homme, *par le Centre Royaumont*
    2. Le cerveau humain
    par E. Morin et M. Piattelli-Palmarini
93. L'Unité de l'homme, *par Centre Royaumont*
    3. Pour une anthropologie fondamentale
    par E. Morin et M. Piattelli-Palmarini
94. Pensées, *par Blaise Pascal*
95. L'Exil intérieur, *par Roland Jaccard*
96. Semeiotiké, recherches pour une sémanalyse
    par Julia Kristeva
97. Sur Racine, *par Roland Barthes*
98. Structures syntaxiques, *par Noam Chomsky*
99. Le Psychiatre, son « fou » et la psychanalyse
    par Maud Mannoni
100. L'Écriture et la Différence, *par Jacques Derrida*
101. Le Pouvoir africain, *par Jean Ziegler*
102. Une logique de la communication
     par P. Watzlawick, J. Helmick Beavin, Don D. Jackson
103. Sémantique de la poésie, *par T. Todorov, W. Empson
     J. Cohen, G. Hartman, F. Rigolot*
104. De la France, *par Maria-Antonietta Macciocchi*
105. Small is beautiful, *par E. F. Schumacher*
106. Figures II, *par Gérard Genette*
107. L'Œuvre ouverte, *par Umberto Eco*
108. L'Urbanisme, *par Françoise Choay*
109. Le Paradigme perdu, *par Edgar Morin*
110. Dictionnaire encyclopédique des sciences du langage
     par Oswald Ducrot et Tzvetan Todorov
111. L'Évangile au risque de la psychanalyse (tome 1)
     par Françoise Dolto
112. Un enfant dans l'asile, *par Jean Sandretto*
113. Recherche de Proust, *ouvrage collectif*
114. La Question homosexuelle, *par Marc Oraison*
115. De la psychose paranoïaque dans ses rapports
     avec la personnalité, *par Jacques Lacan*
116. Sade, Fourier, Loyola, *par Roland Barthes*

117. Une société sans école, *par Ivan Illich*
118. Mauvaises Pensées d'un travailleur social
    par Jean-Marie Geng
119. Albert Camus, *par Herbert R. Lottman*
120. Poétique de la prose, *par Tzvetan Todorov*
121. Théorie d'ensemble, *par Tel Quel*
122. Némésis médicale, *par Ivan Illich*
123. La Méthode
    1. La nature de la nature, *par Edgar Morin*
124. Le Désir et la Perversion, *ouvrage collectif*
125. Le Langage, cet inconnu, *par Julia Kristeva*
126. On tue un enfant, *par Serge Leclaire*
127. Essais critiques, *par Roland Barthes*
128. Le Je-ne-sais-quoi et le Presque-rien
    1. La manière et l'occasion, *par Vladimir Jankélévitch*
129. L'Analyse structurale du récit, Communications 8
    ouvrage collectif
130. Changements, Paradoxes et Psychothérapie
    par P. Watzlawick, J. Weakland et R. Fisch
131. Onze Études sur la poésie moderne, *par Jean-Pierre Richard*
132. L'Enfant arriéré et sa mère, *par Maud Mannoni*
133. La Prairie perdue (Le Roman américain), *par Jacques Cabau*
134. Le Je-ne-sais-quoi et le Presque-rien
    2. La méconnaissance, *par Vladimir Jankélévitch*
135. Le Plaisir du texte, *par Roland Barthes*
136. La Nouvelle Communication, *ouvrage collectif*
137. Le Vif du sujet, *par Edgar Morin*
138. Théories du langage, Théories de l'apprentissage
    par le Centre Royaumont
139. Baudelaire, la Femme et Dieu, *par Pierre Emmanuel*
140. Autisme et Psychose de l'enfant, *par Frances Tustin*
141. Le Harem et les Cousins, *par Germaine Tillion*
142. Littérature et Réalité, *ouvrage collectif*
143. La Rumeur d'Orléans, *par Edgar Morin*
144. Partage des femmes
    par Eugénie Lemoine-Luccioni
145. L'Évangile au risque de la psychanalyse (tome 2)
    par Françoise Dolto
146. Rhétorique générale, *par le Groupe μ*
147. Système de la mode, *par Roland Barthes*
148. Démasquer le réel, *par Serge Leclaire*
149. Le Juif imaginaire, *par Alain Finkielkraut*
150. Travail de Flaubert, *ouvrage collectif*
151. Journal de Californie, *par Edgar Morin*
152. Pouvoirs de l'horreur, *par Julia Kristeva*
153. Introduction à la philosophie de l'histoire de Hegel
    par Jean Hyppolite

154. La Foi au risque de la psychanalyse
    par Françoise Dolto et Gérard Sévérin
155. Un lieu pour vivre, *par Maud Mannoni*
156. Scandale de la vérité, *suivi de* Nous autres Français
    par Georges Bernanos
157. Enquête sur les idées contemporaines
    par Jean-Marie Domenach
158. L'Affaire Jésus, *par Henri Guillemin*
159. Paroles d'étranger, *par Élie Wiesel*
160. Le Langage silencieux, *par Edward T. Hall*
161. La Rive gauche, *par Herbert R. Lottman*
162. La Réalité de la réalité, *par Paul Watzlawick*
163. Les Chemins de la vie, *par Joël de Rosnay*
164. Dandies, *par Roger Kempf*
165. Histoire personnelle de la France, *par François George*
166. La Puissance et la Fragilité, *par Jean Hamburger*
167. Le Traité du sablier, *par Ernst Jünger*
168. Pensée de Rousseau, *ouvrage collectif*
169. La Violence du calme, *par Viviane Forrester*
170. Pour sortir du XXe siècle, *par Edgar Morin*
171. La Communication, Hermès I, *par Michel Serres*
172. Sexualités occidentales, Communications 35
    ouvrage collectif
173. Lettre aux Anglais, *par Georges Bernanos*
174. La Révolution du langage poétique, *par Julia Kristeva*
175. La Méthode
    2. La vie de la vie, *par Edgar Morin*
176. Théories du symbole, *par Tzvetan Todorov*
177. Mémoires d'un névropathe, *par Daniel Paul Schreber*
178. Les Indes, *par Édouard Glissant*
179. Clefs pour l'Imaginaire ou l'Autre Scène
    par Octave Mannoni
180. La Sociologie des organisations, *par Philippe Bernoux*
181. Théorie des genres, *ouvrage collectif*
182. Le Je-ne-sais-quoi et le Presque-rien
    3. La volonté de vouloir, *par Vladimir Jankélévitch*
183. Le Traité du rebelle, *par Ernst Jünger*
184. Un homme en trop, *par Claude Lefort*
185. Théâtres, *par Bernard Dort*
186. Le Langage du changement, *par Paul Watzlawick*
187. Lettre ouverte à Freud, *par Lou Andreas-Salomé*
188. La Notion de littérature, *par Tzvetan Todorov*
189. Choix de poèmes, *par Jean-Claude Renard*
190. Le Langage et son double, *par Julien Green*
191. Au-delà de la culture, *par Edward T. Hall*
192. Au jeu du désir, *par Françoise Dolto*
193. Le Cerveau planétaire, *par Joël de Rosnay*

194. Suite anglaise, *par Julien Green*
195. Michelet, *par Roland Barthes*
196. Hugo, *par Henri Guillemin*
197. Zola, *par Marc Bernard*
198. Apollinaire, *par Pascal Pia*
199. Paris, *par Julien Green*
200. Voltaire, *par René Pomeau*
201. Montesquieu, *par Jean Starobinski*
202. Anthologie de la peur, *par Éric Jourdan*
203. Le Paradoxe de la morale, *par Vladimir Jankélévitch*
204. Saint-Exupéry, *par Luc Estang*
205. Leçon, *par Roland Barthes*
206. François Mauriac
    1. Le sondeur d'abîmes (1885-1933), *par Jean Lacouture*
207. François Mauriac
    2. Un citoyen du siècle (1933-1970), *par Jean Lacouture*
208. Proust et le Monde sensible, *par Jean-Pierre Richard*
209. Nus, Féroces et Anthropophages, *par Hans Staden*
210. Œuvre poétique, *par Léopold Sédar Senghor*
211. Les Sociologies contemporaines, *par Pierre Ansart*
212. Le Nouveau Roman, *par Jean Ricardou*

Collection Points

SÉRIE ACTUELS

A1. Lettres de prison, *par Gabrielle Russier*
A2. J'étais un drogué, *par Guy Champagne*
A3. Les Dossiers noirs de la police française
   par Denis Langlois
A4. Do It, *par Jerry Rubin*
A5. Les Industriels de la fraude fiscale, *par Jean Cosson*
A6. Entretiens avec Allende, *par Régis Debray* (épuisé)
A7. De la Chine, *par Maria-Antonietta Macciocchi*
A8. Après la drogue, *par Guy Champagne*
A9. Les Grandes Manœuvres de l'opium
   par Catherine Lamour et Michel Lamberti
A10. Les Dossiers noirs de la justice française
   par Denis Langlois
A11. Le Dossier confidentiel de l'euthanasie
   par Igor Barrère et Étienne Lalou
A12. Discours américains, *par Alexandre Soljénitsyne*
A13. Les Exclus, *par René Lenoir* (épuisé)
A14. Souvenirs obscurs d'un Juif polonais né en France
   par Pierre Goldman
A15. Le Mandarin aux pieds nus, *par Alexandre Minkowski*
A16. Une Suisse au-dessus de tout soupçon, *par Jean Ziegler*
A17. La Fabrication des mâles
   par Georges Falconnet et Nadine Lefaucheur
A18. Rock babies, *par Raoul Hoffmann et Jean-Marie Leduc*
A19. La nostalgie n'est plus ce qu'elle était
   par Simone Signoret
A20. L'Allergie au travail, *par Jean Rousselet*
A21. Deuxième Retour de Chine
   par Claudie et Jacques Broyelle et Évelyne Tschirhart
A22. Je suis comme une truie qui doute, *par Claude Duneton*
A23. Travailler deux heures par jour, *par Adret*
A24. Le rugby, c'est un monde, *par Jean Lacouture*
A25. La Plus Haute des solitudes, *par Tahar Ben Jelloun*
A26. Le Nouveau Désordre amoureux
   par Pascal Bruckner et Alain Finkielkraut
A27. Voyage inachevé, *par Yehudi Menuhin*
A28. Le communisme est-il soluble dans l'alcool ?
   par Antoine et Philippe Meyer
A29. Sciences de la vie et Société
   par François Gros, François Jacob et Pierre Royer
A30. Anti-manuel de français
   par Claude Duneton et Jean-Pierre Pagliano

A31. Cet enfant qui se drogue, c'est le mien
    par Jacques Guillon
A32. Les Femmes, la Pornographie, l'Érotisme
    par Marie-Françoise Hans et Gilles Lapouge
A33. Parole d'homme, *par Roger Garaudy*
A34. Nouveau Guide des médicaments, *par le Dr Henri Pradal*
A35. Rue du Prolétaire rouge, *par Nina et Jean Kéhayan*
A36. Main basse sur l'Afrique, *par Jean Ziegler*
A37. Un voyage vers l'Asie, *par Jean-Claude Guillebaud*
A38. Appel aux vivants, *par Roger Garaudy*
A39. Quand vient le souvenir, *par Saul Friedländer*
A40. La Marijuana, *par Solomon H. Snyder*
A41. Un lit à soi, *par Évelyne Le Garrec*
A42. Le lendemain, elle était souriante…, *par Simone Signoret*
A43. La Volonté de guérir, *par Norman Cousins*
A44. Les Nouvelles Sectes, *par Alain Woodrow*
A45. Cent Ans de chanson française, *par Chantal Brunschwig Louis-Jean Calvet et Jean-Claude Klein*
A46. La Malbouffe, *par Stella et Joël de Rosnay*
A47. Médecin de la liberté, *par Paul Milliez*
A48. Un Juif pas très catholique, *par Alexandre Minkowski*
A49. Un voyage en Océanie, *par Jean-Claude Guillebaud*
A50. Au coin de la rue, l'aventure
    par Pascal Bruckner et Alain Finkielkraut
A51. John Reed, *par Robert Rosenstone*
A52. Le Tabouret de Piotr, *par Jean Kéhayan*
A53. Le temps qui tue, le temps qui guérit
    par le Dr Fernand Attali
A54. La Lumière médicale, *par Norbert Bensaïd*
A55. Californie (Le Nouvel Age)
    par Sylvie Crossman et Edouard Fenwick
A56. La Politique du mâle, *par Kate Millett*
A57. Contraception, Grossesse, IVG
    par Pierrette Bello, Catherine Dolto et Aline Schiffmann
A58. Marthe, *anonyme*
A59. Pour un nouveau-né sans risque
    par Alexandre Minkowski
A60. La vie tu parles, *par Libération*
A61. Les Bons Vins et les Autres, *par Pierre-Marie Doutrelant*
A62. Comment peut-on être breton ?, *par Morvan Lebesque*
A63. Les Français, *par Theodore Zeldin*
A64. La Naissance d'une famille, *par T. Berry Brazelton*
A65. Hospitalité française, *par Tahar Ben Jelloun*
A66. L'Enfant à tout prix
    par Geneviève Delaisi de Parseval et Alain Janaud
A67. La Rouge Différence, *par F. Edmonde Morin*
A68. Regard sur les Françaises, *par Michèle Sarde*

A69. A hurler le soir au fond des collèges, *par Claude Duneton avec la collaboration de Frédéric Pagès*
A70. L'Avenir en face, *par Alain Minc*
A71. Je t'aime d'amitié, *par la revue « Autrement »*
A72. Couples, *par la revue « Autrement »*
A73. Le Sanglot de l'homme blanc, *par Pascal Bruckner*
A74. BCBG, le guide du bon chic bon genre *par Thierry Mantoux*
A75. Ils partiront dans l'ivresse, *par Lucie Aubrac*
A76. Tant qu'il y aura des profs *par Hervé Hamon et Patrick Rotman*
A77. Femmes à 50 ans, *par Michèle Thiriet et Suzanne Képès*
A78. Sky my Husband ! Ciel mon mari ! *par Jean-Loup Chifflet*
A79. Tous ensemble, *par François de Closets*
A80. Les Instits. Enquête sur l'école primaire *par Nicole Gauthier, Catherine Guiguon et Maurice A. Guillot*
A81. Objectif bébé. Une nouvelle science, la bébologie *par la revue « Autrement »*
A82. Nous l'avons tant aimée, la révolution *par Dany Cohn-Bendit*
A83. Enfances, *par Françoise Dolto*
A84. Orient extrême, *par Robert Guillain*
A85. Aventurières en crinoline, *par Christel Mouchard*
A86. A la soupe !, *par Plantu*
A87. Kilos de plume, kilos de plomb *par Jean-Louis Yaïch et Dr Gérard Apfeldorfer*
A88. Grands Reportages, *collectif*
A89. François Mitterand ou la tentation de l'histoire *par Franz-Olivier Giesbert*
A90. Génération 1. Les Années de rêve *par Hervé Hamon et Patrick Rotman*
A91. Génération 2. Les Années de poudre *par Hervé Hamon et Patrick Rotman*
A92. Rumeurs, *par Jean-Noël Kapferer*
A93. Éloge des pédagogues, *par Antoine Prost*
A94. Heureux Habitants de l'Aveyron, *par Philippe Meyer*
A95. Milena, *par Margarete Buber-Neumann*
A96. Plutôt russe que mort !, *par Cabu et Claude-Marie Vadrot*
A97. Une saison chez Lacan, *par Pierre Rey*
A98. Le Niveau monte, *par Christian Baudelot et Roger Establet*